U0903467

国家出版基金项目
NATIONAL PUBLICATION FOUNDATION

"十三五"国家重点图书出版规划项目

西夏学文库
第二辑
著作卷

杜建录 史金波 主编

东千佛洞西夏壁画研究

史伟 著

甘肃文化出版社

图书在版编目（CIP）数据

东千佛洞西夏壁画研究 / 史伟著. -- 兰州 : 甘肃文化出版社, 2021.12
（西夏学文库 / 杜建录, 史金波主编. 第二辑）
ISBN 978-7-5490-2159-8

Ⅰ. ①东… Ⅱ. ①史… Ⅲ. ①敦煌石窟一壁画一研究 Ⅳ. ①K879.414

中国版本图书馆CIP数据核字(2020)第234646号

东千佛洞西夏壁画研究
史　伟 | 著

策　　划 | 郧军涛
责任编辑 | 贾　莉
特邀编审 | 杨学刚
封面设计 | 苏金虎

出版发行 | 甘肃文化出版社
网　　址 | http://www.gswenhua.cn
投稿邮箱 | press@gswenhua.cn
地　　址 | 兰州市城关区曹家巷 1 号 | 730030（邮编）

营销中心 | 贾　莉　王　俊
电　　话 | 0931-2131306

印　　刷 | 西安国彩印刷有限公司
开　　本 | 787 毫米 ×1092 毫米 1/16
字　　数 | 240 千
印　　张 | 17
版　　次 | 2021 年 12 月第 1 版
印　　次 | 2021 年 12 月第 1 次
书　　号 | ISBN 978-7-5490-2159-8
定　　价 | 119.00 元

版权所有 违者必究（举报电话：0931-2131306）
（图书如出现印装质量问题，请与我们联系）

西夏学文库
编委会

主　任：陈育宁

委　员：（以姓氏笔画排序）

牛达生　史金波　白　滨　孙宏开　孙伯君　孙昌盛
孙继民　汤晓芳　刘建丽　杜建录　李华瑞　李范文
李进增　李　蔚　佟建荣　沈卫荣　杨　浣　杨富学
杨　蕤　林英津　罗　丰　周伟洲　周　峰　波波娃
胡玉冰　荒川慎太郎　段玉泉　贾常业　聂鸿音
索罗宁　梁松涛　韩小忙　景永时　彭向前　薛正昌

主　编：杜建录　史金波

编　务：于光建　张笑峰　杜维民

宁夏大学西夏学研究院
中国社会科学院西夏文化研究中心
编

百年风雨　一路走来

——《西夏学文库》总序

一

经过几年的酝酿、规划和编纂，《西夏学文库》(以下简称《文库》）终于和读者见面了。2016 年，这一学术出版项目被列入“十三五”国家重点图书出版规划，2017 年入选国家出版基金项目，并在“十三五”开局的第二年即开始陆续出书，这是西夏学界和出版社共同努力的硕果。

自 1908、1909 年黑水城西夏文献发现起，近代意义上的西夏学走过了百年历程，大体经历了两个阶段：

20 世纪 20 年代至 80 年代为第一阶段，该时期的西夏学有如下特点：

一是苏联学者“近水楼台”，首先对黑水城西夏文献进行整理研究，涌现出伊凤阁、聂历山、龙果夫、克恰诺夫、索弗罗诺夫、克平等一批西夏学名家，出版了大量论著，成为国际西夏学的“老大哥”。

二是中国学者筚路蓝缕，在西夏文文献资料有限的情况下，结合汉文文献和文物考古资料，开展西夏语言文献、社会历史、文物考古研究。20 世纪 30 年代，王静如出版三辑《西夏研究》，内容涉及西夏佛经、历史、语言、国名、官印等。1979 年，蔡美彪《中国通史》第六册专列西夏史，和辽金史并列，首次在中国通史中确立了西夏史的地位。

三是日本、欧美的西夏研究也有不俗表现，特别是日本学者在西夏语言文献和党项古代史研究方面有着重要贡献。

四是经过国内外学界的不懈努力，至 20 世纪 80 年代，中国西夏学界推出《西夏史稿》《文海研究》《同音研究》《西夏文物研究》《西夏佛教史略》《西夏文物》等一系列标志性成果，发表了一批论文。西夏学从早期的黑水城文献整理与西夏文字释读，拓展成对党项民族及西夏王朝的政治、历史、经济、军事、地理、宗教、考古、文物、文献、语言文字、文化艺术、社会风俗等全方位研究，完整意义上的西夏学已经形成。

20 世纪 90 年代迄今为第二阶段，这一时期的西夏学呈现出三大新特点：

一是《俄藏黑水城文献》《英藏黑水城文献》《日本藏西夏文文献》《法藏敦煌西夏文文献》《斯坦因第三次中亚考古所获汉文文献（非佛经部分）》《党项与西夏资料汇编》《中国藏西夏文献》《中国藏黑水城汉文文献》《中国藏黑水城民族文字文献》《俄藏黑水城艺术品》《西夏文物》（多卷本）等大型文献文物著作相继整理出版，这是西夏学的一大盛事。

二是随着文献文物资料的整理出版，国内外西夏学专家们，无论是俯首耕耘的老一辈学者，还是风华正茂的中青年学者，都积极参与西夏文献文物的诠释和研究，潜心探索，精心培育新的科研成果，特别是在西夏文文献的译释方面，取得了卓越成就，激活了死亡的西夏文字，就连解读难度很大的西夏文草书文献也有了突破性进展，对西夏历史文化深度开掘做出了实质性贡献。举凡西夏社会、政治、经济、军事、文化、法律、宗教、风俗、科技、建筑、医学、语言、文字、文物等，都有新作问世，发表了数以千计的论文，出版了数以百计的著作，宁夏人民出版社、上海古籍出版社、中国社会科学出版社、社科文献出版社、甘肃文化出版社成为这一时期西夏研究成果出版的重镇。宁夏大学西夏学研究院编纂的《西夏研究丛书》《西夏文献研究丛刊》，中国社会科学院西夏文化研究中心联合宁夏大学西夏学研究院等单位编纂的《西夏文献文物研究丛书》是上述成果的重要载体。西夏研究由冷渐热，丰富的西夏文献资料已悄然影响着同时代宋、辽、金史的研究。反之，宋、辽、金史学界对西夏学的关注和研究，也促使西夏研究开阔视野，提高水平。

三是学科建设得到国家的高度重视，宁夏大学西夏学研究中心（后更名西夏学研究院）被教育部批准为高校人文社科重点研究基地，中国社会科学院将西夏学作为“绝学”，予以重点支持，宁夏社会科学院和北方民族大学也将西夏研究列为重点。西夏研究专家遍布全国几十个高校、科研院所和文物考古部门，主持完成和正在开展近百项国家和省部级科研课题，包括国家社科基金特别委托项目“西夏文献文物研究”，重大项目“黑水城西夏文献研究”“西夏通志”“黑水城出土医药文献整理研究”，教育部重大委托项目“西夏文大词典”“西夏多元文化及其历史地位研究”。

研究院按照教育部基地评估专家的意见，计划在文献整理研究的基础上，以国家社科基金重大项目和教育部重大委托项目为抓手，加大西夏历史文化研究力度，推出重大成果，同时系统整理出版百年来的研究成果。中国社会科学院西夏文化研究中心也在继承传统、总结经验的基础上，制订加强西夏学学科建设、深化西夏研究、推出创新成果的计划。这与甘肃文化出版社着力打造西夏研究成果出版平台的设想不谋而合。于是三方达成共同编纂出版《文库》的协议，由史金波、杜建录共同担纲主编，一方面将过去专家们发表的优秀论文结集出版，另一方面重点推出一批新的研究著作，以期反映西夏研究的最新进展，推动西夏学迈上一个新的台阶。

二

作为百年西夏研究成果的集大成者，作为新时期标志性的精品学术工程，《文库》不是涵盖个别单位或部分专家的成果，而是要立足整个西夏学科建设的需求，面向海内外西夏学界征稿，以全方位展现新时期西夏研究的新成果和新气象。《文库》分为著作卷、论集卷和译著卷三大板块。其中，史金波侧重主编论集卷和译著卷，杜建录侧重于主编著作卷。论集卷主要是尚未结集出版的代表性学术论文，因为已公开发表，由编委会审核，不再匿名评审。著作卷由各类研究项目（含自选项目）成果、较大幅度修订的已出著作以及公认的传世名著三部分组成。所有稿件由编委会审核，达到出版水平的予以出版，达不到出版水平的，则提出明确修改意见，退回作者修改补正后再次送审，确保《文库》的学术水准。宁夏大学西夏学研究院设立了专门的基金，用于不同类型著作的评审。

西夏研究是一门新兴的学科，原来人员构成比较单一，学术领域比较狭窄，研究方法和学术水准均有待提高。从学科发展的角度看，加强西夏学与其他学科的学术交流，是提高西夏研究水平的有效途径。我国现有的西夏研究队伍，有的一开始即从事西夏研究，有的原是语言学、历史学、藏传佛教、唐宋文书等领域的专家，后来由于深化或扩充原学术领域而涉足西夏研究，这些不同学术背景的专家们给西夏研究带来了新的学术视角和新的科研气象，为充实西夏研究队伍、提高西夏研究水平、打造西夏学学科集群做出了重要的贡献。在资料搜集、研究方法和学术规范等方面，俄罗斯、日本、美国、英国和法国的西夏研究者值得我们借鉴学习，《文库》尽量把他们的研究成果翻译出版。值得一提的是，我们还特别请作者，特别是老专家在各自的著述中撰写“前言”，深入讲述个人从事西夏研究的历程，使大家深切感受各位专家倾心参与西夏研究的经历、砥砺钻研的刻苦精神，以及个中深刻的体会和所做出的突出成绩。

《文库》既重视老专家的新成果，也青睐青年学者的著作。中青年学者是创新研究的主力，有着巨大的学术潜力，代表着西夏学的未来。也许他们的著作难免会有这样那样的不足，但这是他们为西夏学殿堂增光添彩的新篇章，演奏着西夏研究创新的主旋律。《文库》的编纂出版，既是建设学术品牌、展示研究成果的需要，也是锻造打磨精品、提升作者水平的过程。从这个意义上讲，《文库》是中青年学者凝练观点、自我升华的绝佳平台。

入选《文库》的著作，严格按照学术图书的规范和要求逐一核对修订，务求体例统一，严谨缜密。为此，甘肃文化出版社成立了《文库》项目组，按照国家精品出版项目的要求，精心组织，精编精校，严格规范，统一标准，力争将这套图书打造成内容质量俱佳的精品。

三

西夏是中国历史的重要组成部分，西夏文化是中华民族文化不可或缺的组成部分。西夏王朝活跃于历史舞台，促进了我国西北地区的发展繁荣。源远流长、底蕴厚重的西夏文明，是中华各民族兼容并蓄、互融互补、同脉同源的见证。深入研究西夏有利于完善中国历史发展的链条，对传承优秀民族文化、促进各民族团结繁荣有着重要意义。西夏研究工作者有责任更精准地阐释西夏文明在中华文明中的地位、特色、贡献和影响，把相关研究成果展示出来。《文库》正是针对西夏学这一特殊学科的建设规律，瞄准西夏学学术发展前沿，提高学术原创能力，出版高质量、标志性的西夏研究成果，打造具有时代特色的学术品牌，增强西夏学话语体系建设，对西夏研究起到新的推动作用，对弘扬中国优秀传统文化做出新的贡献。

甘肃是华夏文明的重要发祥地之一，也是中华民族多元文化的资源宝库。在甘肃厚重的地域文明中，西夏文化是仅次于敦煌文化的另一张名片。西夏主体民族党项羌自西南地区北上发展时，最初的落脚点就在现在的甘肃庆阳一带。党项族历经唐、五代、宋初的壮大，直到占领了河西走廊后，才打下了立国称霸的基础。在整个西夏时期，甘肃地区作为西夏的重要一翼，起着压舱石的作用。今甘肃武威市是西夏时期的一流大城市西凉府所在地，张掖市是镇夷郡所在地，酒泉市是番和郡所在地，都是当时闻名遐迩的重镇。今瓜州县锁阳城遗址为西夏瓜州监军所在地。敦煌莫高窟当时被誉为神山。甘肃保存、出土的西夏文物和文献宏富而精彩，凸显了西夏文明的厚重底蕴，为复原西夏社会历史提供了珍贵的历史资料。甘肃是西夏文化的重要根脉，是西夏文明繁盛的一方沃土。

甘肃文化出版社作为甘肃本土出版社，以传承弘扬民族文化为己任，早在20多年前就与宁夏大学西夏学研究中心（西夏学研究院前身）合作，编纂出版了《西夏研究丛书》。近年来，该社精耕于此，先后和史金波、杜建录等学者多次沟通，锐意联合编纂出版《文库》，全力申报“十三五”国家图书出版项目和国家出版基金项目，践行着出版人守望、传承优秀传统文化的历史使命。我们衷心希望这方新开辟的西夏学园地，成为西夏学专家们耕耘的沃土，结出丰硕的科研成果。

史金波　杜建录

2017年3月

目 录

前 言

一、西夏及西夏石窟遗迹分布

11世纪到13世纪初叶，我国西北曾经建立了一个以党项羌为主体的，包括吐蕃、回鹘、鞑靼、女真等组成的多民族政权——西夏王朝（1038—1227年）。西夏前期与北宋、辽，后期与南宋、金先后形成鼎足之势。无论是政治、经济还是文化，彼此都有密切联系，且又有各自的特点和贡献，共同为祖国历史写下了光辉的篇章。[①]

历史上党项被称为唐古、唐古特、唐兀、唐括、唐兀惕等。西夏有多个国名，汉文史籍称西夏、夏国，因其位于宋的西部，故宋、辽、金称其为“西夏”。自称大夏、白高国、大白高国和白高大夏国。公元1038年十月十一日李元昊称帝，国号曰“大夏”。如果从唐末其先祖拓跋思恭被封为夏州定难军节度使算起，西夏政权共历时347年（881—1227年）。一个偏居西北的地方民族政权能够屹立如此之久，除其政治、经济、文化的原因外，还与当时的政治形势，以及西夏善于处理同周边政权的关系息息相关。一直以来，西夏与周边民族保持着密切的文化交流，为中华民族文化的繁荣发展做出了不可磨灭的贡献[②]。

党项是我国古代羌族的一支，属于古羌人支系的党项羌，原居住于青藏高原东缘的草原上，即今天的青海、西藏、甘肃、四川的交界处，也被称为党项羌。《旧唐书·党项传》记载：“党项羌，在古析支之地，汉西羌之别种也。魏、晋之后，西羌微弱，或臣中国，或窜山野。自周氏灭宕昌、邓至之后，党项始强。其界东至松州，西接叶护，南杂春桑、迷桑等羌，北连吐谷浑，处山谷间，亘三千里。

---

① 吴天墀著：《西夏史稿》，北京：商务印书馆，2010年。

② 杜建录：《论西夏与周边民族关系及其特点》，载《民族研究》1996年第2期。本文中党项早期社会的发展及其与周边关系的论述参考此文。

其种每姓别自为部落，一姓之中复分为小部落，大者万余骑，小者数千骑，不相统一。有细封氏、费听氏、往利氏、颇超氏、野辞氏、房当氏、米擒氏、拓拔氏，而拓拔最为强族。”[①]

隋末唐初时，党项仍过着逐水草而居的游牧生活。南北朝至隋朝，随着畜牧业的发展、人口的增加，党项族内部产生了很多各自独立的小部落，每一部落为一姓，其中的拓跋部最为强大，在党项羌中起着主要的领导作用。他们主要从事狩猎、畜牧业。这是我国古代各民族大分化、大融合的历史时期。党项人正是在这样一个历史大背景下，与周边民族诸如鲜卑、吐谷浑、吐蕃等交错杂居，逐渐壮大起来。

北周前后，大批党项羌迁居松州，后旭州、会州、金城等地都有党项羌迁居。[②]唐贞观五年（631 年），唐朝在河曲党项居地设置了 60 个羁縻州，内附党项达 34 万口。[③]贞观八年（634 年），唐廷又在拓跋部居地设置了 32 个羁縻州，其首领被授以都督、刺史之类的头衔。[④]早期，党项羌积极向东发展，归附中原王朝，既表明他们向往中原的先进文明，又反映出中华民族的凝聚力与向心力，同时也为唐代党项羌的大迁徙奠定了坚实的基础。通过两次大规模的迁徙，党项不断地走向中原，且越来越强大。

唐初党项羌内附的同时，吐蕃奴隶主政权在青藏高原崛起，北上灭掉吐谷浑，党项拓跋等部为了免遭被奴役的厄运，在唐中央政府的帮助下，由青藏高原东部的松州迁往陇右庆州，是为党项羌历史上的第一次大迁徙。安史之乱爆发后，吐蕃乘虚进入河西陇右，“数年间，西北数十州相继沦没，自凤翔以西，邠州以北，皆为左衽矣”。[⑤]党项羌和吐蕃再度相邻，并经常联合起来攻扰唐朝边郡。出于拆散蕃羌联合的目的，唐廷又把党项拓跋等部从庆州迁往银州之北、夏州以东地区，至此党项羌完成了第二次大迁徙。

通过两次大迁徙，党项人逐步迁移到了适合发展生产与适宜居住的地方。五代战乱后，党项占有河西之地，西起敦煌，东到河套地区。党项羌学习汉人先进的生产技术与文化，推进了生产力和社会经济的发展。这为日后夏州拓跋

① 刘昫等撰：《旧唐书》，北京：中华书局，1975 年。
② 魏征、令狐德棻撰：《隋书》，北京：中华书局，1973 年。
③ 王溥撰：《唐会要》，上海：上海古籍出版社，1955 年。
④ 欧阳修、宋祁撰：《新唐书》，北京：中华书局，1975 年。
⑤ 司马光编著：《资治通鉴》，北京：中华书局，1956 年。

政权的建立奠定了坚实的基础，而且对西夏佛教文化艺术的繁荣兴盛产生了巨大的影响。[①]

公元1038年西夏政权建立时，疆域范围在今宁夏大部、甘肃西部、青海东部、内蒙古西部以及陕西北部地区。“东尽黄河，西界玉门，南接萧关，北控大漠，地方万余里。”[②]景宗元昊时，辖22州，80余万平方公里。西夏前期，其东北与辽接壤，东南面与宋为邻。金朝灭辽、宋后，西夏的东、南、东北均与金相邻，西北与蒙古各部相望。西夏西部、西南分别与回鹘、吐蕃相邻。

西夏曾经拥有灿烂辉煌的文化，尤其是西夏的佛教艺术弥足珍贵。西夏境内寺窟林立，僧尼众多，佛教壁画题材丰富。西夏前期，佛教艺术传承了唐五代的风格，并吸收了回鹘佛教的装饰艺术；西夏后期的佛教艺术又受到藏传佛教的影响，创造出西夏佛教艺术的盛景。

由于封建正统史观的制约，少数民族王朝留存的典籍十分有限，西夏更是如此。元修宋、辽、金三史，仅将西夏作为宋、辽、金的附属国列于附传，且内容极其简略。加之战争，西夏大量的建筑、寺庙、文献及绘画艺术被毁于一旦，从而导致大量的西夏史料亡佚。因此，散处于各地的佛教石窟壁画艺术就成了研究西夏佛教绘画艺术弥足珍贵的资料，其中就包括东千佛洞的西夏绘画艺术。

据考古资料统计，目前有西夏壁画遗存的石窟主要集中在河西走廊、贺兰山，以及内蒙古中部的河套地区。西夏洞窟近百个，其中莫高窟77个、榆林窟11个、东千佛洞6个（第2、3、4、5、6、7窟）、五个庙3个。此外，文殊山、天梯山、贺兰山山嘴沟石窟、阿尔寨石窟等也有西夏壁画遗存。西夏回鹘洞窟共23个，其中莫高窟16个、榆林窟2个、西千佛洞5个。[③]虽然莫高窟的西夏洞窟数量较多，但基本是对前代洞窟的重新装绘，唯独东千佛洞的西夏洞窟全是西夏后

① 此处有关党项发展、内徙及与周边民族的关系等论述除参考相关文献外，还参考杜建录的《西夏史论集》。

② 吴广成撰，龚世俊等校证：《西夏书事校正》，兰州：甘肃文化出版社，1995年。

③ 以上洞窟划分综合参考宿白:《敦煌莫高窟安西榆林窟西夏洞窟分期目次》(未刊油印稿)；刘玉权:《敦煌莫高窟、安西榆林窟西夏洞窟分期》，见敦煌文物研究所编:《敦煌研究文集》，刘玉权:《西夏时期的瓜、沙二州》，载《敦煌学辑刊》1981年第2辑；刘玉权:《敦煌西夏洞窟分期再议》，载《敦煌研究》1998年第3期；沙武田:《敦煌西夏石窟分期研究之思考》，载《西夏研究》2011年第2期；张宝玺:《东千佛洞西夏石窟艺术》，载《文物》1992年第2期；张伯元:《东千佛洞调查简记》，载《敦煌研究》1983年总第3期。

期新建[①]，具有原创性，是西夏石窟艺术研究中传世甚少、鲜为人知的原始材料，具有不可替代的重要意义。尤其是东千佛洞第 2、4、5、6、7 窟的西夏壁画保存最为完好，是本书论述的重点。

本书之所以选择将东千佛洞西夏壁画艺术作为研究对象，除了洞窟为西夏新建外，还因其壁画精美，内涵丰富，具有极高的史学价值和艺术价值。前贤对东千佛洞壁画艺术的研究大多集中于遗址和部分专题。集中、全面、系统的壁画艺术研究，仍然是西夏学研究中较薄弱的环节，有待进一步研究探讨。

二、东千佛洞及西夏艺术研究回顾

1. 国内对东千佛洞的研究

国内学界对东千佛洞的关注较早。1926 年，陈万里《西行日记》一书附录的“官厅调查表”中主要记载了洞窟的数量和各洞窟的大小尺寸，这是有关东千佛洞的最早记载。1945 年，张锡祺、崔文成续修的《安西县志》卷四介绍东千佛洞为接引寺，在县东布隆吉南山，距城一百九十里。共有十三洞，塑像佛画佛像仅六洞。1983 年，胡开儒在《东千佛洞走访记》（载《阳关》1983 年第 2 期）中介绍了洞窟概况及现存的壁画内容，着重介绍了《水月观音图》，并从窟形、绘画技法、时代背景等角度进行初步分析。这是第一篇全面介绍、分析东千佛洞的文章。张伯元在《东千佛洞调查简记》一文中叙述了调查缘起、东千佛洞的位置与地理环境、洞窟分布及旧窟概况，披露了第 1—8 窟的洞窟内容调查情况，并进行简单的分析。该文是迄今为止有关东千佛洞最全面、详细的记录资料，遗憾的是未记录相关的测量数据。

段文杰的《榆林窟党项蒙古政权时期的壁画艺术》（载《敦煌研究》1989 年第 4 期）从经变画、尊像画、供养人画像和装饰图案等方面综述了西夏蒙古时期敦煌和瓜州榆林窟壁画的艺术特色。文中认为，河西走廊西端的敦煌莫高窟、瓜州榆林窟、瓜州东千佛洞等处留下的大量西夏时期壁画，具有显密杂呈、汉藏兼具的佛教思想和艺术特色，指出西夏石窟艺术风格特色主要是中原画派、西藏画派、综合画派。

---

① 关于东千佛洞的开创时期，学界主要有两种看法，新说是建于北朝，主要学者有刘永增（刘永增:《瓜州东千佛洞的图像源流与历史价值——兼谈东千佛洞的初创年代》，载《故宫博物院院刊》2016 年第 4 期）等。传统观点是建于西夏，大部分学者持此说，代表人物有张宝玺等。

段文杰的《玄奘取经图研究》（见《1990年敦煌学国际研讨会文集·石窟艺术编》）一文对东千佛洞第2窟的两幅《水月观音图》和榆林窟第2、3、29窟四幅《水月观音图》进行全面比较研究，认为“东千佛洞水月观音图中的玄奘，不是插曲，而是表现的主题”，并认为这些《水月观音图》以《大唐三藏取经诗话》为脚本，之所以在安西榆林窟和东千佛洞大量出现，与当年玄奘路过瓜州，瓜州刺史独孤达违背圣旨放走玄奘，州吏李昌撕毁牒文，护送玄奘出关等史实有关。这是第一篇利用东千佛洞资料进行专题研究的论文。

张宝玺在《莫高窟周围中小石窟调查与研究》（见《1990年敦煌学国际研讨会文集·石窟考古编》）一文中介绍东千佛洞概况时首次引用了1936年编纂的《甘肃通志稿》和1945年续修的《安西县志》中有关记载；在论述西夏石窟时，主要从壁画题材角度分析了东千佛洞的情况，并录有第2窟和第5窟中的西夏文供养人榜题诗文，文末附有壁画内容位置分布表。张宝玺的《东千佛洞西夏石窟艺术》（载《文物》1992年第2期）一文认为，历史上遗存下来的石窟群中只有东千佛洞是西夏创建的，东千佛洞第2窟西夏壁画的供养人服饰和榆林窟29窟大体相仿，同属功德窟，并指出涅槃变的构图、窟内位置安排、石窟形制与四五世纪的龟兹石窟相似。西夏石窟艺术是融合了我国中原、西藏，以及印度各个流派之后形成的具有民族特色的艺术，赋色具有浓郁的藏密色彩特征，技法上与宋画技法一脉相承。此文是一篇较为全面探讨东千佛洞石窟艺术的文章。

李春元在《西夏艺术明珠——东千佛洞》（载《中国文物报》1992年11月15日第4版）介绍了东千佛洞现存23窟，而留有壁画和泥塑造像者仅10窟，其中西夏6窟、元1窟、清3窟。壁画总面积486.7平方米。彩绘佛教、道教壁画290幅，人物1144身，佛教、道教泥塑像46身。文中介绍的出土文物非常重要，值得重视。

1994年，王惠民发表了《安西东千佛洞内容总录》（载《敦煌研究》1994年第1期）一文，首先介绍了东千佛洞的地理环境、洞窟分布状况、相关历史背景，述及此处还有几十座墓穴窟，然后将第1—8窟内容以总录形式整理刊布。此文还探究了东千佛洞成为西夏佛教美术辉煌点的政治、经济等方面的历史原因。

郭宏、段修业的《东千佛洞壁画颜料色彩规律及壁画病害治理的研究》（载《敦煌研究》1995年第3期）一文通过对东千佛洞第2、5、7窟壁画、彩塑颜料及地仗与崖体的取样分析，探讨了东千佛洞绘画颜料的使用规律，并将东千佛洞颜料与莫高窟同时代颜料进行比较，探讨了东千佛洞的壁画病害与治理。这是第一篇从文物保护角度探讨东千佛洞的文章。

专家学者在对东千佛洞调查、叙录的同时，也发表了一些专题研究。

1992 年，张宝玺发表《东千佛洞西夏石窟艺术》一文，对涅槃变的构图、窟内位置及石窟形制做了探讨。1996 年，周维平在《东千佛洞石窟述论》一文中认为：东千佛洞中心柱两侧的供养菩萨继承了印度佛窟寺壁画画法、人物体态，又具有西夏民族的体态特征；东千佛洞的文化渊源与莫高窟和榆林窟一脉相承。

2002 年，杨国学在《安西东千佛洞取经壁画新探》一文中根据画面的具体内容，梳理东千佛洞与榆林窟两处国宝级取经壁画的关系，不仅具有重要的学术意义，而且对于深入挖掘和准确宣传当地的旅游文化资源具有重要的现实意义。

2006 年，张先堂发表《瓜州东千佛洞第 2 窟供养人身份新探》一文，借助学术界已有研究成果，运用图像学的研究方法，对该窟供养人图像、题记进行了新的探索，揭示该窟系西夏时期瓜州地方具有边检校官职的中级武官作为功德主营造的。

2006 年，刘永增在《安西东千佛洞第 5 窟毗沙门天王与八大夜叉曼荼罗解说》一文中对东千佛洞第 5 窟中所绘的毗沙门天王与八大夜叉曼荼罗进行了专题考证，认为该题材不见于莫高窟及其他石窟，其经典依据也不见于汉译佛经，是西夏受藏传密教影响的一个新题材，有助于东千佛洞佛教艺术的深入与全面研究。2013 年，刘永增在《敦煌石窟尊胜佛母曼荼罗图像解说》（载《故宫博物院院刊》2013 年第 4 期）、《敦煌石窟摩利支天曼荼罗图像解说》（载《敦煌研究》2013 年第 5 期）等文中详细地介绍了这些尊像的佛教造像学特点、理论依据和主要的佛经支持。

2007 年，张宝玺在《瓜州东千佛洞石窟坛城图像考》一文中对瓜州东千佛洞石窟进行了研究，对坛城画进行了系统的考释。

2008 年，王艳云在《西夏黑水城与安西石窟壁画间的若干联系》一文中探求西夏绘画艺术发展的承启和流变。此外，常红红博士对东千佛洞第 5 窟中的妙吉祥文殊的佛教造像出处也做了较为翔实的研究。

2012 年，张宝玺在《瓜州东千佛洞西夏石窟艺术》一书中对东千佛洞西夏石窟艺术做了全面叙录及部分专题研究，书中配有大量图片，为后人的研究提供了丰富的参考资料。

2014 年，常红红在《论瓜州东千佛洞第二窟施宝度母图像源流及相关问题》（《故宫博物院院刊》2014 年第 2 期）一文中讨论了瓜州东千佛洞第 2 窟中心柱南北侧两铺对称的壁画，依据印藏佛教艺术的脉络，将具有波罗风格、过去被判定为男尊的主尊考订为《纳塘百法》与《宝源百法》中所收的施宝度母。

2016 年，刘永增在《瓜州东千佛洞的图像源流与历史价值——兼谈东千佛洞的初创年代》（载《故宫博物院院刊》2016 年第 4 期）一文中根据新发现的东千佛洞老照片，通过和东崖、西崖之间的对比，认为东千佛洞的开创年代始自北魏。同时，作者基于长期的实地考察和研究，对东千佛洞的图像源流和历史价值进行了深入分析。

2. 国内对西夏艺术及佛教艺术的研究

1994 年，霍旭初在《龟兹艺术研究》一书中对克孜尔石窟前期壁画艺术内容、技法描绘等进行了详细研究，书中附有多幅龟兹、高昌等地的彩色壁画和线描画。

2001 年，韩晓忙等著的《西夏美术史》，依据西夏考古资料，将西夏艺术品分成六类，概括了西夏美术的特点，对西夏壁画艺术有所论述。书中对东千佛洞也有论及，认为西夏画风是受中原和藏传佛教画风影响的“浓郁的混合风格”。

2001 年，陈兆复主编《中国少数民族美术史》，论及魏晋、唐、宋、西夏、元、明、清各代的少数民族美术，并将西夏壁画分为三个时间段，对晚期的壁画，尤其是东千佛洞西夏壁画进行了详细研究，对西夏佛教艺术画派有翔实的评述，全面介绍了西夏艺术的发展史。

2002 年，史苇湘著《敦煌历史与莫高窟艺术研究》，论述了敦煌佛教产生的历史依据， 综合评述了莫高窟、榆林窟的唐、五代、宋、西夏、元的壁画艺术。

2002 年，谢继胜著《西夏藏传绘画——黑水城出土西夏唐卡研究》，书中将黑水城唐卡分为五大类，即佛、菩萨、本尊、护法、上师，对画面内容进行阐释与分析，追溯造型渊源，并与邻近地区佛教绘画进行比较，认为黑水城唐卡为早期卫藏波罗艺术风格。该书是一本综合研究西夏绘画艺术的专著，图文并茂，文中注释内容极为详尽，有极高的参考价值，图版还有索引目录，方便使用研究。

2002 年，贾应逸、祁小山在《印度到中国新疆的佛教艺术》一书中对佛教的起源、佛教艺术中的犍陀罗艺术、笈多艺术等特点做了深入的分析，对中亚佛教艺术的特点、西域龟兹中心柱窟的内容和壁画布局、龟兹石窟艺术的特点进行了详细阐述，同时分析总结西域高昌回鹘壁画艺术。此书是一本研究新疆佛教艺术渊源、分类及特点的综合性图书。

2003 年，汤晓芳、陈育宁等编《西夏艺术》一书，图文并茂，较全面地展示了国内遗存的西夏艺术品，认为西夏艺术发展的特点是：一是继承和发展了汉族传统文化艺术，绘画上传承了唐宋人物画、山水画风格；二是大量吸收佛教艺术，尤其吸收了藏传佛教艺术；三是无论是人物造型还是装饰艺术，都顽强地表现本民族的艺术特色。书中配有大量彩图，具有丰富的西夏艺术品图像研究价值。

2006 年，刘晓路主编《中华艺术通史・五代两宋辽西夏金卷》，全书对宋绘画艺术史的论述翔实，书中也提及西夏的绘画作品，赏析比较到位。

2007 年，牛达生的《西夏遗迹》对西夏河西地区莫高窟、榆林窟做了概括论述，对东千佛洞也进行了相关介绍。

2009 年，高春明主编的《西夏艺术研究》分类介绍了西夏艺术，其中包括西夏绘画风格和历史地位的综合论述，书中附有黑水城及西夏各地新近刊布的绘画图片，提供了丰富的西夏图像研究资料，是一本不可多得的研究性著作。

2010 年，陈育宁、汤晓芳在《西夏艺术史》一书中从艺术史的角度对西夏艺术做了全面、系统的论述。该书第二章将西夏绘画分为壁画、卷轴画、唐卡、木板画、版画五大类，并进行了较为细致的论述，中间也有对东千佛洞中个别壁画的评述。该书是当前关于西夏艺术研究较为全面、系统的论著。

3. 国外对西夏艺术及佛教艺术的研究

2008 年，俄罗斯国立艾尔米塔什博物馆、西北民族大学、上海古籍出版社联合编纂的《俄藏黑水城艺术品Ⅰ》，以黑水城出土的唐卡图版为主，并附有几篇论述西夏艺术的文章。书中的图像资料极为珍贵，但是内容不够全面，有的图没有收进去，而且也没有为每幅图配文字说明。

俄罗斯艾尔米塔什博物馆的萨玛秀克博士在《丝路上消失的王国——西夏黑水城佛教艺术》一书中发表专论，从绘画布局和艺术技法等角度对黑水城中国风格卷轴画和西藏风格唐卡进行了全面诠释，对作品空间的处理和背景的设计，主要人物、次要人物的构图及大小配置，人物的姿势、服饰、头饰、发型等各种图像的线条和色彩进行了全面的分析，最后得出：西夏的绘画只是“巧妙的模仿”，即“仿自中国”“仿自西藏”“西夏人没有试图要创立自己的画派”……她还为黑水城唐卡做了断代，认为是在 12 世纪中叶至 14 世纪末。[①]

国外对西夏文化艺术的研究主要集中在俄藏黑水城艺术品方面，但未见到对东千佛洞石窟艺术研究的成果。

三、研究的主要内容与方法

本书以东千佛洞第2、4、5、6、7窟西夏壁画艺术为主要研究对象，分别从东千佛洞西夏壁画的母题与构图布局特色、东千佛洞西夏绘画艺术的审美意蕴、东千佛洞绘画艺术的风格、东千佛洞绘画艺术与周边地区佛教艺术的关系等方面展开研究与论述。采用综合比较研究方法，从时间和地域两个维度综合分析，揭示东千佛洞绘画的艺术风格、东千佛洞绘画艺术与周边地区佛教艺术的关系、东千佛洞绘画艺术的历史地位等。

1. 分析和梳理东千佛洞西夏绘画艺术形成的历史背景。利用新近刊布的西夏文献资料，通过大量的文献考释和专题研究，进一步分析东千佛洞绘画艺术形成的历史背景。

2. 考释与探究东千佛洞西夏石窟形制与内部布局，西夏壁画的母题与构图布局特色，研究中参考相关佛教文献典籍、佛教造像学经典（如成就法鬘、法藏集等），进行壁画母题的图像学平面研究。

东千佛洞既有唐五代以来汉传风格的绘画作品，又有大量藏密风格的绘画作品，两者兼容并蓄。本书研究东千佛洞壁画的母题按照尊像画、经变画、供养人画、装饰图案等分类，以大量图片展示壁画艺术的魅力，通过深入细致的分析得出：在母题与构图方面，东千佛洞西夏壁画既是对汉传佛教绘画艺术的继承，又是对藏传佛教绘画艺术的传播，有些作品更凸显了党项人的审美母题与构图特征。有些洞窟壁画体现出显密同窟，突出密教母题与构图的布局特点。有的以中心柱为中心对称分布，并按主次依次布局，中心柱背面皆绘有大型涅槃图。具体内容见本书第二、三章节。

3. 揭示与阐明东千佛洞西夏绘画艺术的审美意蕴。通过与主题明确的同类壁画（一些标志物）或其他绘画品之间的比照研究，展示、剖析、释读、比较东千佛洞多幅具有代表性的艺术作品，进一步探索和揭示东千佛洞西夏绘画艺术的审

---

① 以上文献研究综述参考胡同庆、宋琪:《安西东千佛洞研究编年述评》，载《敦煌研究》2006年第5期；高春明主编，上海艺术研究所、宁夏民族艺术研究所著:《西夏艺术研究》，上海：上海古籍出版社，2009年；陈育宁、汤晓芳著:《西夏艺术史》，上海：上海三联书店，2010年。

美意蕴。具体分析的壁画作品有涅槃变、文殊变、普贤变、妙吉祥文殊曼荼罗、绿度母、接引佛、净土变，等等。具体内容见本书第四章。

4. 分析与总结东千佛洞绘画艺术的风格特色。通过综合运用历史研究的新视野，用图像诠释历史，依据历史还原图像风格渊源和艺术特征，结合新近刊布的西夏绘画图像资料，借助计算机图像清晰复原技术，更深层次地挖掘蕴含在图像中的历史元素、艺术风格。通过对水月观音、圣妙吉祥文殊、十一面观音、药师佛行道图、普贤变、双龙戏凤、金刚界曼荼罗等壁画代表作品的具体分析，揭示东千佛洞西夏壁画多元化的风格。具体分析见第五章。

5. 运用比较研究与图像史学相结合的方法，通过东千佛洞西夏绘画艺术与榆林窟、敦煌石窟绘画艺术的关系比较，东千佛洞西夏绘画艺术与黑水城及贺兰山西夏统治中心区佛教绘画艺术的关系比较，东千佛洞绘画艺术与同期卫藏、回鹘佛教绘画艺术的关系比较，与印度、尼泊尔等国家佛教绘画艺术的比较等，总结得出：东千佛洞绘画艺术风格是中原艺术风格、西域回鹘艺术风格、吐蕃藏传佛教艺术等多种风格相互学习借鉴，逐步发展提高而形成的彰显西夏党项

图 1　瓜州东千佛洞外景（西崖 2、4、5 窟外部）　笔者拍摄

审美意识的多元化艺术风格，是将中原文人画淡泊意境、梦幻空灵的审美精神和藏密宗教佛画威灵神秘的崇佛情节完美融合于一体的艺术典范。

通过东千佛洞西夏佛教绘画艺术与周边地区佛教艺术的横向比较得出，这是一个多元化的绘画艺术体系结构。这种关系可以从书中“东千佛洞与周边地区佛教艺术关系示意图”中反映出来。

四、研究意义

第一，西夏历史资料极为稀缺，东千佛洞壁画画面精美、内涵丰富，具有浓郁的民族特色和地域特征，是反映西夏历史、宗教文化、民俗生活、宫殿建筑艺术最直观的资料。深入研究东千佛洞西夏壁画，无论是在西夏艺术史上，还是在佛教图像学和藏传佛教历史上，都具有独特的诠释意义和美学研究价值。

第二，东千佛洞西夏石窟绘画艺术代表了西夏石窟绘画艺术的最高成就，通过对壁画艺术的进一步解读，可以深入剖析绘画艺术中折射出大夏王朝的佛教文化艺术风格。

第三，本书中的部分图片经过了计算机图像预处理，借助计算机图形图像技术可以对东千佛洞绘画艺术进行综合的深层次分析、研究，更深入地挖掘隐藏在图像中的历史绘画元素、艺术气息，进一步释读隐含在绘画作品中神秘的西夏艺术史。

第四，对东千佛洞壁画艺术进行系统研究有助于全面了解西夏石窟的形制、内容，以及石窟壁画艺术的内涵特征，还有助于从石窟绘画艺术的角度进一步解读西夏佛教文化。

第五，对东千佛洞绘画艺术进行综合、系统的研究，有利于推动西夏艺术研究向纵深方向发展，对完善西夏学学科建设有积极的推动作用。

第一章　东千佛洞西夏佛教艺术溯源

东千佛洞位于甘肃省河西走廊西端，其具有清新瑰丽的艺术风格，既是河西地区佛教石窟艺术的继承者，又是西夏社会历史文化的体现者。汉魏以来，佛教在河西地区流传发展，汉、鲜卑、回鹘、吐蕃、党项、契丹、女真等民族在这里融会交流。正是这样的多民族文化交融背景，孕育出具有多元化艺术风格的东千佛洞西夏佛教绘画艺术。

第一节　西夏成立前河西地区的佛教及其艺术发展概况

西夏佛教就其直接来源而言，一是汉传佛教，一是藏传佛教。无论是汉传佛教还是藏传佛教，它们都要早于西夏的成立。所以说，西夏成立之时，就已有佛事了。因此，追寻西夏佛教所承续的历史传统，了解河西地区佛教开窟造像的历程及佛教艺术发展的脉络，对于揭示和理解东千佛洞西夏佛教艺术无疑是一条必经之路。

佛教文化艺术的源头要追溯到早期佛教的发展。佛教创立于公元前 6—5 世纪的古印度，到公元前 3 世纪的孔雀王朝阿育王时，佛教开始向印度各地及周边国家地区传播。向南传到狮子国斯里兰卡和东南亚，向北传入大夏、安息以及大月氏[①]，并越过葱岭后传入中国西北地区，最后传入中国内地。学者一般认为传入中国内地的时间在公元 2 世纪中叶，传入西域、新疆最迟不会晚于公元 1

① 大夏、安息及大月氏这几个国家处于中亚地区，是古丝绸之路途经的重要国家，为了方便识别，下面给出它们的中外名称对照及大致范围。大夏——巴克特里亚，今大致在阿富汗。安息——帕提亚，今伊朗及周边。大月氏——吐火罗，早期游牧于河西走廊、祁连山一带，后大部分西迁至伊犁河流域及伊塞克湖附近，后南下，至公元初建立贵霜帝国等国家。佛教传播沿途的犍陀罗、马图拉、笈多王朝，艺术深受希腊—罗马艺术风格影响，尤以写实的佛像雕塑为代表。这些艺术随着大乘佛教传入中国、韩国、日本等地，影响到东亚各地的佛像和石窟艺术风格，如敦煌莫高窟、云冈石窟等，是东西方文化通过丝绸之路交流的见证。

世纪。[①]

印度佛教走出南亚次大陆向外传播有北传和南传两条线路。北传路线又分为北支与南支两条。先是北传的北支，路线是印度→中亚的大夏（今阿富汗）→安息（今伊朗）→大月氏（今新疆伊犁河流域），沿河西走廊进入中国。在南北朝时期（公元5—6世纪），形成了“汉传佛教”（以大乘佛教[②]为主又称北传佛教）。后是北传的南支，经吐蕃（今西藏），大约在吐蕃王朝时期（公元7—9世纪，即藏传佛教的前弘期）形成了“藏传佛教”，沿青藏高原北下，过黄河上游及河套地区，北传至蒙古高原。而印度佛教的南传，是经斯里兰卡进入东南亚国家及我国的云南等少数民族地区，形成了“南传佛教”（以小乘佛教为主）。

佛教和其他宗教的传播方式不太一样，它不但依靠宗教的教义传播，而且在更大程度上要依靠形象材料（即佛教图像）传播。因此在研究佛教时，佛教的图像（佛教艺术）形式是不可低估的。佛教和佛教艺术的发展是相辅相成的。相对于深奥的佛经义理来说，佛教艺术用壁画故事和雕塑等来宣扬佛理，教导有情众生。在欣赏和体验艺术美的同时，佛教义理随之“动人心志”，从而得以广泛传播。

敦煌曾经是古丝绸之路上西域与中原往来的交通枢纽，西去求佛、东来传法的僧侣络绎不绝。公元前111年，西汉分酒泉以西地置敦煌郡，扼守玉门关、阳关。公元前106年，汉武帝分天下为十三州，因河西走廊地处高原，气候寒凉而命名为凉州，敦煌郡就在凉州治内（凉州州治在姑臧县，即今甘肃武威市，古称凉州）。凉州是中国很早修建佛塔的地方之一，《魏书·释老志》载：“佛既谢世，香木焚尸。灵骨分碎，大小如粒，击之不坏，焚亦不焦，或有光明神验，胡言谓之‘舍利’。……于后百年，有王阿育，以神力分佛舍利，于诸鬼神，造八万四千塔，布于世界，皆同日而就。今洛阳、彭城、姑臧、临淄皆有阿育王寺，盖成其遗迹焉。”其中的姑臧即指凉州。汉代，无论是凉州还是敦煌都已成为丝绸之路上东西文化传播的要隘。

在佛教东传的过程中，丝绸之路上的重镇如河西的沙州（敦煌）、瓜州（安

---

① 陈兆复主编：《中国少数民族美术史》，北京：中央民族大学出版社，2001年。

② 大乘是梵语Mahayana的意译，音译为“摩诃衍那”，是大的车乘或道路之意，即大乘佛教；小乘是梵文Hinayana的意译，音译为“希那衍那”，即小乘佛教。二者的主要区别是小乘佛教只把释迦牟尼视为教主，大乘佛教则提倡三世十方有无数佛，并进一步把佛神化；小乘佛教追求个人自我解脱，把“灰身灭智”、证得阿罗汉作为最高目标；而大乘佛教则宣传大慈大悲，自利利他，普度众生，把成佛度世、建立佛国净土作为最高目标。摘自任继愈主编：《佛教小辞典》，上海：上海辞书出版社，2006年。

西）、肃州（酒泉）、甘州（张掖）、凉州（武威）等地，是中国最早受到佛教影响的地区。这些地区日后又相继成为西夏王朝的重镇。这些地方曾是西域高僧云集讲经说法之地，如东汉来华的安息僧人安世高、大月氏僧人支娄迦谶所译的《道行波若经》《般舟三昧经》《问地狱经》等，影响着当时民众的世界观和生死观。

公元 4 世纪初，西晋王朝经永嘉、建兴之乱后走向灭亡，北方战火弥漫，形成多个少数民族政权纷争对立的割据局面，史称“五胡乱华”。这些少数民族中有氐、羌、鲜卑、匈奴、羯等，其中崛起于北方的拓跋鲜卑族，经过多年的发展后，在公元 386 年统一了北方，建立了北魏王朝，结束了五胡十六国的混乱局面，与南朝政权对峙，史称南北朝时期。

魏晋南北朝时，佛教得到了空前发展，成为中国佛教史上佛教和佛教艺术的第一个发展高潮期，主要表现为佛经的大量翻译和佛教石窟寺的广泛开凿上。

魏晋时期，敦煌佛教及其文化艺术对河西佛教的发展起到了重要的推动作用。其中有名的月氏高僧竺法护（昙摩罗刹）和弟子竺法乘在敦煌、长安等地组织译场，翻译佛经，大兴佛事。西晋太康七年（286 年），高僧竺法护在长安译早期的大乘经典《正法华经》。五凉时期，河西佛教进一步发展，首先表现在佛经的翻译方面，当时涌现出多位著名的佛经翻译家，其中又以北凉的高僧昙无谶（385—433 年，中天竺人）和其翻译的《大般涅槃经》最为著名，此经进一步发展了大乘佛教的佛性说，主张“一切众生，皆有佛性”，在中国佛教史上具有重要影响。昙无谶还在凉州修建了天梯山石窟，从而开创了佛教艺术上的“凉州模式”。后来凉州高僧昙曜继承了昙无谶的衣钵，又将“凉州模式”复制到了北魏大同的云冈石窟以及后来的洛阳龙门石窟。

当年笔者考察云冈石窟时看到犍陀罗式的露天大佛（图 1–1），后来去武威天梯山石窟考察，发现石窟壁画上的飞天弯眉大眼、高鼻小口、肌肤丰腴、服饰华丽，与同为河西地区敦煌飞天的飘逸俊美形成了强烈的反差，天梯山的飞天造型具有印度风格，而敦煌莫高窟的飞天是它的变体，是在敦煌做了本土化改良，就像有学者说的那样：印度的飞天在敦煌被撞了一下腰而向着另一个方向变化了。

随着南北朝时期河西地区佛教事业的蓬勃发展，佛寺也是遍地开花。举世闻名的敦煌莫高窟就开凿于前秦，此外还有后秦的麦积山石窟、张掖的马蹄寺、酒泉的文殊山石窟等，其中莫高窟、文殊山石窟等至今还有西夏壁画的遗存。而瓜州东千佛洞有多幅西夏涅槃变壁画，应与五凉时期该地区流行

图 1–1　云冈石窟大佛（北魏）笔者拍摄

的涅槃经有关。①

北魏孝文帝拓跋宏实行了一系列的改革，诸如均田制、禁胡服、断北语、迁都洛阳、推汉姓等，对少数民族文化与汉文化的交融起到了极大的推动作用。同时，北魏大力倡导佛教，发展佛教艺术。孝昌年间（525—527 年），北魏在敦煌罢镇建瓜州，东阳王元荣任瓜州刺史，在敦煌莫高窟大开石窟寺，并将中原南朝的文化元素移植进来。莫高窟北魏、西魏可考的洞窟就有 18 个之多，这些窟多为人字坡、中心塔柱窟，如莫高窟北魏窟第 254 窟著名的佛本生故事、萨埵太子本生壁画，第 259 窟的禅定佛塑像，西魏第 432 窟中心柱窟佛龛内的彩塑一佛二菩萨等，都表现出色彩清新、造型简洁洗练的绘画艺术风格。

佛教在北魏孝文帝及其后的大发展，对后世的佛教艺术产生了深远的影响。如敦煌莫高窟西魏第 285 窟有脑后垂小辫的供养人形象，这是表现“索头鲜卑”习俗的图像。榆林窟西夏壁画与东千佛洞西夏壁画的供养人像中也有相似的法式造型，可以推测早期党项羌被拓跋鲜卑征服过。

① 有学者认为东千佛洞为北朝时创建，见刘永增：《瓜州东千佛洞的图像源流与历史价值——兼谈东千佛洞的初创年代》，载《故宫博物院院刊》2016 年第 4 期。

由于佛教的兴盛，中国享誉世界的大部分洞窟都开凿于魏晋南北朝时期，除了上文提到的河西地区著名的敦煌石窟群外，还有著名的天水麦积山石窟、山西云冈石窟、新疆的克孜尔石窟，等等。佛教与中国的壁画和雕塑艺术也在此时达到了一个前所未有的高峰[①]，在我国漫长的历史文化中写下了浓墨重彩的一笔。

魏晋时期洞窟的形制也发生了根本的变化，源于印度的塔堂窟被改造成了中心柱窟，东千佛洞的窟形在此基础上又借鉴了4—5世纪西域龟兹式的中心柱窟，形成了东千佛洞西夏式的中心柱窟，如图2-8。

除了洞窟形制有所变化，外来的佛教绘画技法及人物造型在中国也颇为流行。艺术家将其引进、改良、消化吸收后，推出了类似古印度佛教艺术马土腊式和笈多式的着装薄透、喜好裸体、崇尚人体美的佛教艺术造像风格，这在中国画史上被称为“曹衣出水”。[②]这种绘画风格突出表现了人物衣装紧贴其身体，并随体形而转折变化的特征，似有一种如沐春雨后的清新与柔美，又被称为“曹家样”。这些来自古印度、尼泊尔等国家的佛教造像艺术与各民族文化艺术相碰撞相融合，后来一并成为中国的“西域风格”，并且直接影响了那个时代的壁画艺术创作。芝加哥艺术研究博物馆12世纪的冥想佛（图1-2），明显具有笈多风格，着装薄透、崇尚人体美。云冈石窟北魏露天大坐佛（图1-1）则明显地吸收了古印度犍陀罗、兔抹罗艺术的精华，佛像鼻直唇薄、面部立体、肌肉劲健，显示出一种浑厚、质朴的造像艺术风格。这些精湛的佛教艺术造像对唐、五代乃至宋、西夏的佛教艺术产生了深远的影响。

图1-2　冥想佛（芝加哥艺术研究博物馆）
笔者拍摄

① 田青主编:《中华艺术通史·三国两晋南北朝卷》，北京：北京师范大学出版社，2006年。
② 贾应逸、祁小山著:《印度到中国新疆的佛教艺术》，兰州：甘肃教育出版社，2002年。

瓜州东千佛洞第 2 窟的观音菩萨（图 1–3），丰乳细腰丰臀，以三折姿势站立，明显地继承了古印度马土腊式的“S”形造型，而且还融入了西夏后期藏传佛教艺术的审美元素，体现了藏密佛画的风格。东千佛洞第 5 窟的绿度母（图 4–12）、第 2 窟的十一面观音（图 3–40），主尊绿度母与十一面观音的造型充分体现了着装透体、造型优雅、突出人体美的造像风格特征。这些正是西夏佛教艺术在一定程度上受到印度笈多、马土腊及后来的波罗艺术风格影响的例证。

图 1–3　观音菩萨（东千佛洞第 2 窟）

在中国佛教艺术史上，河西地区早期的佛教与佛教艺术为瓜州东千佛洞的佛教艺术提供了丰富的创作源泉和范本，这也正是艺术史不断发展传承的价值所在。

隋朝结束了近三百年的南北分裂，佛教文化艺术掀起新的高潮。隋文帝佞佛，尊佛教为国教，在瓜州崇教寺（即敦煌莫高窟）建舍利塔。[①]隋代虽然只有短暂的 37 年历史，却在莫高窟留有洞窟 94 个。如第 407 窟的窟顶藻井团花，藻井井心是八瓣莲花，花心圆圈内是三只相互追逐的兔子，图案构思巧妙而富于动感，色彩明艳。第 305 窟北壁的飞天色彩明丽典雅，形象更趋灵巧多姿，长长的巾带迎风飘舞，满壁风动，为唐代敦煌石窟艺术的兴盛繁荣奠定了基础。

隋代不仅广开佛窟、营造佛像，而且还请高僧译写大量佛经，如沙门慧乘至张掖等地，讲授《金光明经》等。开皇十年（590 年），著名翻译家、印度高僧达摩笈多至敦煌等地译经，所译《药师如来本愿经》等在河西地区民间广为流传。如今，瓜州东千佛洞遗存有多幅东方药师经变壁画和药师佛行道图，也从侧面证明了《药师经》在河西地区的盛行。

唐朝河西地区的佛教得到了空前发展。莫高窟现存唐代洞窟 278 个，其中属于初盛唐的有 143 个，位于瓜州的榆林窟就是在初唐开凿的，这些为数众多的洞窟和精美绝伦的彩塑、壁画，是唐代敦煌艺术乃至整个国家繁荣昌盛的象征。[②]初唐第 329 窟的《太子夜半逾城》，画中四位天人抬着白马的蹄子悄悄出城，生动地再现了悉达多太子毅然从佛的故事；中唐第 112 窟观无量寿经变中的伎乐图，画面设色艳丽，舞者容貌娇美，反弹琵琶动感十足。第 25 窟是榆林窟唐代壁画的代表，窟室覆斗顶，设中心佛坛，窟室内表现净土思想的壁画占据了主要位置，如弥勒净土、无量寿佛净土等，画面琼楼玉宇，富丽堂皇，表现了佛教净土变至高无上的艺术境界。净土变的流行一直延续到西夏，后来在瓜州东千佛洞中也有多幅表现净土世界、阿弥陀净土的壁画。

贞观三年（629 年），玄奘西去取经，往返途中都取道河西。玄奘取经归来，沙州、凉州等地举办了大规模欢迎的仪式。为弘扬玄奘西行取经的伟大壮举，西夏时在瓜州东千佛洞和榆林窟均绘有玄奘取经故事的壁画。安史之乱前，由于统治者的大力提倡，寺院佛塔已遍及河西各地。敦煌的佛寺如雨后春笋般蓬

① 魏征、令狐德棻撰：《隋书》，北京：中华书局，1973 年。
② 胡同庆、罗华庆：《解密敦煌》，兰州：甘肃人民美术出版社，2010 年。

勃发展，见于记载的有龙兴、灵图、开元、大云、普光、金光明等寺。

隋唐政治上的统一促进了文化艺术的交流与繁荣。以张僧繇、阎立本为代表的中原传统，以曹仲达、蔚迟乙僧为代表的西域风格，相互交融，在此基础上又酝酿演绎出唐代赫赫有名的“吴家样”“周家样”。盛唐杰出的画家吴道子，尤擅长画宗教题材的作品，其佛画被誉为“天衣飞扬，满壁风动”[①]，“吴家样”几乎成为之后一千多年宗教艺术样式的楷模。“周家样”以晚唐周昉为代表，是一种以“衣裳劲简，彩色柔丽。菩萨端严，妙创水月之体”为特色的绘画风格。这些画风不仅仅影响了唐代的壁画艺术创作，而且一直延续至五代、宋，还被西夏画师继承，创造出西夏河西地区东千佛洞、榆林窟西夏时期同类题材的佳作——水月观音。

安史之乱爆发以后，吐蕃乘虚而入，占领河西。吐蕃统治河西时期，由于吐蕃赞普贵族佞佛，河西佛教反而得到了空前的发展。当时只有三万人的沙州有上千僧尼，新增报恩、净土、莲台、三界、兴善、永寿、安国、普光、大乘、圣光十余所寺院。这一时期莫高窟仍开窟不止，新开洞窟 55 个，续修前代的洞窟 9 个，重修 28 个，其开窟速度甚至超越了初唐和盛唐。榆林窟第 15 窟、25 窟即为吐蕃占领河西时开凿的，其佛教绘画艺术无论是线描还是设色都达到了一定的艺术高度。除原有的佛教宗派，此时又流行起密宗。密宗是唐开元时由来华的印度僧人善无畏、金刚智等将大乘空宗思想同婆罗门祭祀思想结合起来，移入净土宗后形成的，并将其传入河西。吐蕃的原始信仰苯教与密教在教义上有许多相似之处，经过融合形成了藏传佛教。后来藏传佛教又一路向北传到了我国西北及蒙古等地，到元代向南向东传到了杭州，杭州乃有灵隐寺飞来峰上的密宗。

归义军时期，莫高窟新开了 112 个洞窟，重修续修了 253 个洞窟，如莫高窟第 156 窟《张义潮统军出行图》，第 61 窟供养人图中出现了回鹘供养人像，说明这一时期丝路畅通，曹氏归义军与回鹘等少数民族修好，洞窟中出现了大量的回鹘供养人和回鹘风格的壁画，对西夏时期的壁画风格也有一定的影响。曹氏归义军晚期，沙州回鹘崛起，统治了瓜、沙、肃地区。处在中西交通咽喉之地的沙州回鹘，长期接受“善国神乡”的熏陶，较早地信仰佛教，而且“奉释氏最盛”，敦煌有大量的回鹘文佛经、题记及佛画，并在莫高窟、榆林窟、西千佛洞大肆修

① 段成式:《酉阳杂俎》，北京：中华书局，1981 年。

窟造像，至今有 23 个洞窟。东千佛洞西夏窟布局疏朗，设色艳丽，多受河西回鹘风格影响所致。①

公元 1036 年，河西瓜、沙、肃地区被西夏占领，但实际上西夏对该地区的统治采取的是宽松羁縻的政策。由此可见，在五代至宋初相当长的一段时间里，回鹘佛教艺术与敦煌的汉传佛教艺术是并行发展的，而且还影响着西夏时期的佛教艺术。例如，敦煌莫高窟第 409 窟的回鹘可汗、可敦供养图（图 6–24、6–25），榆林窟第 39 窟回鹘供养人像，东千佛洞第 7 窟回鹘凹凸晕染风格的涅槃变（图 4–4），西千佛洞第 9 窟回鹘涅槃变（图 4–8）等，这些都是回鹘艺术对河西敦煌地区佛教艺术影响的结果。

五代、宋时敦煌佛教艺术除了受回鹘佛教艺术的熏陶外，还有吐蕃藏传佛教的影响，如榆林窟第 25 窟、15 窟，东千佛洞西夏窟第 2、4、5、7 窟中的藏密特征。然而此时敦煌佛教艺术还是基本继承了隋唐的遗韵，以中原汉风为主流，又融入五代、宋以来兴起的山水、花鸟画艺术风格。有笔有墨成为画家的自觉追求，水墨及水墨淡着色山水发展成熟，为西夏后期石窟寺佛教壁画艺术中出现的多幅山水画打下了坚实的基础。

宋代整体上政局不稳，导致赵宋是文弱的。这样的历史背景下形成的柔弱纤巧风格在五代、北宋尤为普遍。这种情节在绘画中就突出地表现出“简古、萧疏、清旷、淡泊、幽远”的文人士族审美情调，典雅之风盛行。

后世称宋人的山水画风为“宋人格法”，可见其尊崇之意。宋代山水画的技法、构图、笔墨成为后世圭臬。宋人强调画作的诗意，甚至规定必须以诗为题，提高了绘画的文学性。正是这种充满诗意的山水绘画，成为文人寄托情怀、陶冶心灵的载体，使人能够从冗繁的世俗生活中解脱出来，超然物外，山水画成为那个时代文人士族的精神寄托。

西夏中晚期石窟绘画艺术深受“宋人格法”之影响，从而出现了“文殊变”“普贤变”“水月观音”等以大型山水为创作背景的佛教艺术佳作。西夏东千佛洞的水月观音、阿弥陀佛接引图、药师行道图等壁画作品都折射出宋代“夏一角”“马半边”的画面构图特色，突出表现了宋代画家重意境、抒情怀的偏角山水绘画特色。

---

① 本节河西地区佛教及其艺术的概括主要参考了胡同庆、罗华庆：《解密敦煌》，兰州：甘肃人民美术出版社，2010 年；段文杰：《榆林窟壁画艺术》，北京：文物出版社，1997 年；刘玉权：《瓜、沙西夏石窟概论》，北京：文物出版社，1987 年。

西夏建立后，在重修莫高窟、榆林窟等前代洞窟的同时，创建了东千佛洞。换言之，西夏东千佛洞艺术是魏晋以来河西佛教石窟艺术的继承和发展。

第二节　西夏前期的宗教信仰及佛教艺术发展概况

西夏建立之前，党项人主要是自然崇拜，其尚处于原始社会末期的氏族时期，生产力极为低下，和其他一些民族一样，在社会发展的初期阶段，他们对打雷、闪电、狂风、暴雨等自然现象，以及日、月、星、宿等自然现象无法解释，因而非常敬畏，认为这些现象都是“天”支配的结果，“天”主宰世间万物，所以开始虔诚地崇拜“天”。《隋书·党项传》记载，党项族在早期“三年一聚会，杀牛羊以祭天”①。在西夏谚语集《新集锦合辞》中，对“天”崇拜的谚语有十多条。后来党项先民先后两次大迁徙，从西南的青藏高原一路迁移到西北的黄土高原，开始崇拜鬼神，同时巫术在西夏也流行起来。宋代沈括在《梦溪笔谈》一书中写道：“盖西戎（指党项族）之俗，所居正寝，常留中一间，以奉鬼神，不敢居之，谓之神明。”②从西夏的一些文献中可以看出，党项人认为神主善，如《文海》中就有多条关于神的条目，其中对神的定义是：“神者，神祇也，守护者之谓。”③类似于我们常说的守护神，所以也叫“守护”。他们心目中的神很多，有天神、风神、地神、山神、水神、龙神、福神、战神、守护神、飞神、大神、护羊神等；党项人又认为鬼主恶，《文海》中对鬼的定义是：“鬼者，害鬼也，魑魅也，魍鬼也，鬼怪也……饿鬼也，鬼魅也，损害之谓。”④

早期党项人崇尚鬼神，巫术盛行。党项人认为能与鬼神交流的人是巫。《文海》中和巫术有关的词有十几条，其中对“巫”的解释为“驱灾害鬼者用是也”⑤，表明巫师具有驱鬼的能力。

由于历史原因，西夏文献资料残缺不全、大量亡佚，提及西夏党项族早期佛教信仰的资料更是微乎其微，目前只能从西夏与周边的宋、辽、金、吐蕃等的佛事交往文献及其有关西夏的文献资料中去爬梳了。

西夏建立时，其东、南、西相邻的宋、吐蕃、回鹘早已有佛事，且佛教文

---

① 魏征、令狐德棻撰：《隋书》，北京：中华书局，1973 年。李延寿：《北史》，北京：中华书局，1974 年。
② 沈括著：《梦溪笔谈》，北京：中华书局，1962 年。
③④⑤ 史金波、白滨、黄振华著：《文海研究》，北京：中国社会科学出版社，1983 年。

化基础深厚。受其影响，西夏统治者也开始崇奉佛教。据统计，西夏统治者崇奉佛教从德明时期就开始了。宋景德四年（1007 年），德明母罔氏下葬，德明要求到山西五台山修供十座寺院，并派阁门祗侯袁瑀为执祭使护送贡物到五台山。[①]公元 1031 年，德明正式向宋朝提出请赐佛经："丁未，定难军节度使西平王赵德明遣使来献马七十匹，乞赐佛经一藏，从之。"[②]西夏这次向宋请经的活动开创了西夏向宋朝求取佛经的先河。公元 1036 年，天竺（古印度）僧人善称等在夏州滞留，翻译佛经。公元 1036 年，西夏攻克瓜、沙，占领佛教圣地敦煌。元昊称帝前两个月，就已经修建了舍利塔，这是目前所知最早的西夏佛教建筑。修塔碑中说元昊"钦崇佛道"，"东土名流，西天达士"[③]都前来敬奉佛舍利。

通过西夏建立前党项先民不同时期的宗教信仰活动，我们了解到，早期党项先民的宗教信仰只是自然崇拜，中期发展到鬼神信仰和巫术的流行，德明时期西夏党项的贵族阶层已经信仰佛教，元昊时期开始赎经、译经，弘扬佛教，佛教艺术也随之走进了西夏的石窟寺院。

众所周知，赎经是佛教发展和传播的重要途径，西夏向宋朝的赎经活动，主要集中在西夏前期四十多年的时间里（从公元 1030 年到 1072 年）。这四十年间，西夏曾先后六次向宋朝赎经。

第一次赎经是德明时期，德明开启了向宋朝求经之门，为西夏佛教的发展奠定了基础。

第二次赎经是元昊时期，据《续资治通鉴长编》记载，宋景祐元年（1034 年）十二月："己巳，赵元昊献马五十匹，以求佛经一藏，诏特赐之。"[④]

第三次是福圣承道三年（1055 年），据《宋会要辑稿》和《续资治通鉴长编》记载，宋至和二年（1055 年）庚子，赐夏国大藏经。[⑤]

第四次是宋嘉祐三年（1058 年），赐夏国主赎大藏经诏。[⑥]

第五次是公元宋嘉祐七年（1062 年），宋给西夏的诏书称："请赎佛经大藏，签牌、经帙等……其请赎经文，已指挥印经院印造，候嘉祐十一年正旦近奉人到

① 李焘撰：《续资治通鉴长编》，北京：中华书局，2004 年；脱脱等撰：《辽史》，北京：中华书局，1974 年。
②④ 李焘撰：《续资治通鉴长编》，北京：中华书局，2004 年。
③《大夏国葬舍利碣铭》天庆三年（1196 年）建于宁夏承天寺，今佚。
⑤ 李焘撰：《续资治通鉴长编》，北京：中华书局，2004 年。徐松：《宋会要辑稿》，北京：中华书局，1957 年。
⑥《宋大诏令集》，北京：中华书局，1962 年。

阙给付。”①

第六次赎经活动是在秉常时期，《宋史》记载熙宁五年（1072 年）十二月：“遣使进马赎《大藏经》，诏赐之而还其马。”②

这些频繁的赎经活动极大地推动了西夏佛教的发展。

公元 1038 年，元昊在兴庆府称帝，从此开创了西夏一百九十年的基业。西夏是以党项族为主体的封建政权，为了加强其政治上的联盟与统一，实行了蕃汉联合统治政策，主张以党项羌上层为主体，联合吐蕃、回鹘上层以及汉族地主阶级，共同治理西夏。这样的治国方略既维护了各统治阶层的利益，又使西夏的佛教艺术在以汉传佛教为基础的前提下兼有吐蕃藏传佛教风格及中亚回鹘风格。

西夏统治者广建庙宇、佛塔。元昊“于兴庆府东……建高台寺及诸浮屠（佛塔），俱高数十丈，贮‘中国’所赐大藏经，广延回鹘僧居之，演绎经文，易为蕃（夏）字”。③

惠宗秉常时期，西夏皇室加强了佛经的翻译，从现藏于北京国家图书馆的一幅西夏译经图（图 1–4）上，我们可以看到描绘皇太后梁氏和皇帝秉常亲临译经现场参与并指导译经工作的生动场面，说明当时西夏皇室对佛经的翻译是何等的重视和推崇。这种皇室直接参与译经的做法具有巨大的推动作用。

图 1–4　西夏译经图 · 北京国图藏

西夏不仅组织了大规模的佛经翻译，而且秉常时期还刻印了许多汉文佛经，如天赐礼盛国庆五年（1073 年）印施的《般若多心经》、大安十年（1083 年）印施的《大方广佛华严经》④等。

西夏为了大力推行佛教，还特别在西夏官署中设立僧众功德司、出家功德司、

① 张鉴：《西夏纪事本末》，兰州：甘肃文化出版社，1998 年。
② 脱脱：《宋史》，北京：中华书局，1977 年。
③ 吴广成撰，龚世俊等校正：《西夏书事校正》，兰州：甘肃文化出版社，1995 年。
④ 中国藏西夏文献编辑委员会编：《中国藏西夏文献》，兰州：甘肃人民出版社，2005—2008 年。

护法功德司三司，西夏官署分五品，这三个管理宗教事务的机构都居“次品”（即第二级），仅次于“上品”（即第一级）的中书和枢密[①]，这足以说明西夏统治者是何等重视宗教事务。

西夏前期，佛教圣地敦煌莫高窟、安西榆林窟等地受到了西夏统治者的青睐。这一时期，西夏通过抹壁重修（绘），装銮了较多的洞窟，同时留下了汉文题记，例如莫高窟第 65 窟就有当时的清沙题记：“甲丑（应为乙丑）年五月一日？全凉州中多石搜寻治，沙洲地界经来，我城圣宫沙满，为得福利报，弃除二座众宫沙，我法界一切有情，当皆共欢聚，遇于西方净土。”安西榆林窟第 16 窟有天赐礼盛国庆五年（1073 年）的题记，其中记录了西夏阿育王寺赐紫沙门慧聪来榆林窟住持四十日，与随从一行七人“看读经疏文字，稍熏习善根种子”[②]。

乾顺朝前期，因其年幼，母党专权，加之不断对宋发动战争，西夏经济衰退，社会动荡，民不聊生。佛教此时已成为西夏统治者重要的精神支柱，以维护其统治。

这一时期佛教得到了极大发展。统治阶级主要做了两件大事：一是西夏天祐民安三年（1092 年）对凉州护国寺感通塔大加修葺，二是西夏永安元年（1098 年）修建了甘州卧佛寺。卧佛寺建成后，乾顺来这里礼佛。

西夏向宋请经、大规模翻译佛经、校勘佛经、开窟造像，以及修缮庙宇、重绘壁画等佛事活动都相当活跃。天祐民安三年（1092 年），西夏已翻译三千五百七十余卷西夏文佛经。天祐民安六年（1095 年），西夏于辽朝进贝叶经。[③]乾顺时期，僧俗常前往敦煌莫高窟和安西榆林窟礼佛，所以多处留有石窟题记，如莫高窟第 285 窟有雍宁二年（1115 年）题记。榆林窟第 17 窟有正德二年（1128 年）题记等。[④]

西夏前期，莫高窟、榆林窟的洞窟被维修或抹壁重绘。莫高窟第 16 窟的唐代壁画被重新绘制了龙凤藻井井心，四披为团花造型，四壁绘千佛，比例要远大于前代的千佛，表现出明显的疏体风格。榆林窟第 15 窟、第 6 窟为唐代窟，后经西夏等重修重绘。

这一时期的高昌是大乘佛教的中心，与之比邻的西夏亦受其影响。回鹘高僧来到西夏，为西夏佛教的传播和佛经的演绎做出了较大的贡献。谅祚生母没藏氏曾于兴庆府戒坛寺出家，后又修承天寺，“没藏氏好佛，因‘中国’赐《大藏经》，

① 西夏文刊本《天盛年改新定律令》第十卷“司次行文门”。
② 史金波著：《西夏佛教史略》，银川：宁夏人民出版社，1988 年。
③ 脱脱等撰：《辽史》，北京：中华书局，1974 年。
④ 史金波著：《西夏佛教史略》，银川：宁夏人民出版社，1988 年。

役兵民数万，相兴庆府西偏起大寺，贮经其中，赐额‘承天’。延回鹘僧登座演经，没藏氏与谅祚时临听焉。”[①]公元1067年，谅祚向辽进贡回鹘僧、金佛及《梵觉经》，此经就是回鹘僧经过二十年才翻译完成的佛典。[②]回鹘僧人在当时的辽、夏都很有地位，有的被请为上师。回鹘对西夏的佛教文化颇有影响，东千佛洞西夏石窟绘画艺术中的凹凸晕染法和画面布局疏朗的特点即受回鹘佛教艺术影响，后文将展开讨论。

第三节　西夏后期的佛教发展及藏传佛教与艺术的影响

公元1139年，乾顺的儿子仁孝继位，第二年被金册封为夏王。学者们一般以仁孝朝为分界线，此前为西夏前期。仁孝在位前期，回鹘叛乱、自然灾害、蕃部起义、任德敬分国等一系列破坏稳定的事件接踵而来，仁孝凭借“以儒治国”“尚文重法”“附金和宋”等方略，为西夏政治、经济、佛教文化的发展创造了良好的内外部环境。[③]

仁孝后期，政局稳定，经济得到极大发展，西夏佛教文化事业高度繁荣。据统计，仁孝期间刊印佛经的规模最大，印量最多。

西夏文《金光明最胜王经》中的描述为这一时期佛教的大发展提供了有力的证据：

> 十行泉流不尽，四法轮转不绝。最后仁尊圣德皇帝已受宝座，使佛事重新，令德法复盛，三宝威显，四本明增。[④]

这一时期，西夏统治阶层将大量的汉文、少量的藏文、回鹘文佛经经过翻译、校勘后，刻印成西夏文佛经，大量散布民间。虔诚的佛教徒把抄写、印施佛经当作一件功德。因此，西夏从皇帝、官员到僧人、平民，都参与其中。从出土的数千件佛经卷中可以看出，皇室发愿印施的最多，其中仁孝期间刊印规模最大。

乾祐十五年（1184年），印施西夏文、汉文《佛说圣大乘三归依经》，并在御制发愿文中写道：“乃救有司，印造斯经番汉五万一千余卷，彩绘功德大小

---

①② 吴广成撰，龚世俊等校正：《西夏书事校正》，兰州：甘肃文化出版社，1995年。
③ 薛正昌：《宁夏历史文化地理》，银川：宁夏人民出版社，2006年。
④ 史金波：《西夏文〈金光明最胜王经〉序跋考》，载《世界宗教研究》1983年第3期。

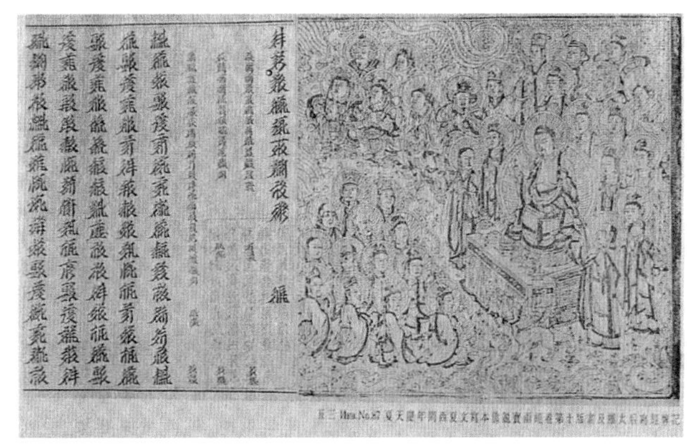

图 1–5　西夏文写本《佛说宝雨经》（国图藏西夏文文献）

五万一千余帧，数串不等五万一千余串，普施臣吏僧民，每日颂持供养。”乾祐二十年（1189 年），仁孝在大度民寺作大法会时“散施番汉《观弥勒菩萨上生兜率天经》一十万卷，汉《金刚经》《普贤行愿经》《观音经》等各五万卷”。[①]其中一些手抄的佛经字形工整划一，字体极其秀美，缮写精绝，堪称传世的书法艺术佳作。我们通过黑水城出土的《佛说宝雨经》手抄本（图 1–5）就可以窥一斑而知全豹了。

随着佛经的大规模刊印和大量手抄本的流行，佛教教义也随之在民众中广泛传播，而且大量的佛经插图也为西夏画师提供了创作的范本。

佛教人物造像一般由佛教经典具体规定，如佛陀造像在佛教典籍《大智度论》卷四中就有明确的规定，谓佛之显著特点具有“三十二相”，如“足下安平立相”“足下二轮相”“手足柔软相”“肩圆好相”等，佛之细微特征满足“八十种好”，即容貌的八十个特征，据《大般若经》三百八十一载：“第一种好，佛的指甲狭长薄润；第三种好，手足指头圆而细长，不见骨节；第二十八好，唇色红润光泽，上下对称……第八十种好，手足及胸皆有吉祥喜旋之相（即卍字）等。”这些烦琐而细致的规定，一般人是无法记住的，但是满足这三十二相与八十种好的佛陀形象却能够永远存驻于有情众生的心间，这就是佛教艺术的魅力所在。晦涩难懂的佛经教理被演绎为生动有趣、活灵活现的佛教故事画，信众在石窟中观赏的同时，佛教故事中的教义教理就潜移默化地植入了内心，这种教化的作用是巨大的。

仁孝时期，上层统治阶级对《观弥勒菩萨上生兜率天经》《金刚经》《普贤行愿经》《观音经》等经典高度信奉，西夏石窟中就有关于弥勒上生经题材的壁画遗存，如河西文殊山万佛洞的弥勒上生经变，东千佛洞的接引佛、净土变等。榆林窟第 19 窟乾祐二十四年（1193 年）的题记真实地记录了绘制密宗壁画的活动，甬道南壁题记：“乾祐二十四年□□日画师甘州住户高崇德小名那征到此画秘密堂记之。”另，第 15 窟门顶右侧、第 16 窟窟口北壁各有一长篇题记，摘

---

① 史金波著：《西夏佛教史略》，银川：宁夏人民出版社，1988 年。

部分内容如下：

> 皇帝万岁，太后千秋，宰官常居禄位，万民乐业海长清；永绝狼烟，五谷熟成，法轮长转。又愿九有四生，蠢动含灵；过去、现在、未来父母师长等，普皆早离幽冥，生于兜率天宫。[①]

这诸多的壁画、题记昭示着仁孝时期西夏佛事活动的频繁，以及西夏社会各阶层对佛经和佛教艺术中所展示出的佛国极乐世界的无限向往。

西夏自仁孝以后，国力日渐衰落，在短暂的三十几年里，历易五帝，从此开始走下坡路，虽然西夏晚期社会动荡，但佛事活动并没有终止。在对日渐衰落和动荡不安的西夏社会失去信心之后，广大劳苦民众只能把佛祖、神仙当作救世主。

公元 1193 年，仁孝逝世，其子纯祐继位。纯祐因循守旧，继续奉行对内安国养民、对外附金和宋的政策[②]。此时西夏相对繁荣安定，佛教文化再度兴盛和发展。

公元 1195 年九月，为纪念仁宗皇帝去世两周年，皇太后罗氏举行了隆重的悼念活动，还发愿印施了《佛说转女身经》。第二年九月，罗太后又举行了大规模的佛事活动，还发愿令人抄写全部西夏文《大藏经》。俄罗斯藏西夏文写本《佛说宝雨经》题记记载了这一重要的佛事活动，译文为：

> 大白高国清信弟子皇太后罗氏全增新写番大藏契经一藏，天下庆赞，已入寺庙上内契经藏中，当为永久诵供养。[③]

然而没过多久，崛起于漠北的蒙古政权在公元 1205 年对西夏发起了猛烈的进攻。此后的三十多年里，西夏内忧外困，五易帝王，其中的两个皇帝先后被废，遭受到前所未有的重创。随后蒙古大军的铁骑终于撞倒了西夏早已松动腐朽的根基。公元 1227 年夏天，西夏终于不堪重击而倒塌了。

综上所述，西夏前期佛教的传播及影响主要来自宋朝和回鹘，而西夏后期佛教除了受这些影响外，更多的是受到了来自吐蕃藏传佛教的影响。

---

① 谢稚柳著：《敦煌艺术叙录》，上海：古典文学出版社，1957 年。
② 李蔚著：《简明西夏史》，北京：人民出版社，1997 年。
③ 罗福成：《< 佛说宝雨经 > 卷第十释文》，《国立北平图书馆馆刊》4 卷 8 号。译文经史金波先生修订。

历史上，党项与吐蕃的接触与交流由来已久。唐初，党项曾与吐蕃比邻，他们地缘相接，文化上互相影响。党项第一次大迁徙后居于河西庆州。安史之乱后，吐蕃乘虚北上，占领了河西，此时党项与吐蕃又相邻了。从公元 7 世纪至 13 世纪，吐蕃和党项在长达 600 多年的交往中，互相学习，互相影响，蕃夏双方曾经多次联姻，交往甚密。传说党项的始祖娶吐蕃女为妻（见《夏圣根赞歌》），吐蕃松赞干布娶弥药王女，建寺时还用弥药人当工头。有的弥药人（如咱米桑杰查巴等）还被列入吐蕃著名译师的行列，可见党项和吐蕃上层早就有过密的往来。[①]

公元 1045 年，夏、宋媾和后，元昊遣使谢宋册封，“又遣蕃僧吉外吉正等报谢景祐中所赐佛经”[②]，反映了吐蕃高僧在西夏参与政治事务的情况。

西夏后期，吐蕃高僧有的在西夏宫廷里充任教师，有的被尊为上师，有的被封为国师、帝师，专门传授西藏密法经义和仪轨，居于尊贵的地位[③]。公元 1159 年，仁孝迎请噶举派初祖都松钦巴，因其未能亲赴，特派其大弟子格西藏索瓦（藏波巴）携经像前往西夏，后被奉为帝师，并组织力量大规模翻译佛经，现存的《佛说宝雨经》西夏文译本就是根据当时的藏译本校订的。后来都松钦巴在粗布寺建白登哲蚌宝塔时，仁孝献赤金璎珞与幢盖等物，都松钦巴圆寂后，又在其焚尸处建造吉祥聚米塔，格西藏索瓦承其师都松钦巴继续在西夏做贡献。[④]

西藏萨迦派祖师扎巴坚赞（1147—1216 年）的弟子迥巴瓦国师觉本也曾被奉为上师。仁孝年间刊印的西夏文法典《天盛改旧新定律令》中明确规定：蕃、汉、西蕃（即吐蕃）三族人可以担任僧官，但必须会诵读十多种经咒，吐蕃文经咒要占百分之五十。[⑤]由此可见，仁孝时期西夏对藏族僧官、藏文佛经的重视，以及藏传佛教在西夏晚期的流行程度。总体来看，仁孝时期藏传佛教在西夏非常盛行。

公元 1189 年印施的西夏文《观弥勒菩萨上生兜率天经》御制发愿文中，记载了在大法会上“念佛诵咒，读西番、番、汉藏经”的事迹，这里把西番经（即藏文佛经）放在了首位，更加突出了藏文佛经的地位，表明西夏晚期藏传佛教有了更大的势力[⑥]。

---

①⑥ 史金波著：《西夏佛教史略》，银川：宁夏人民出版社，1988 年。
② 吴广成撰，龚世俊等校正：《西夏书事校正》，兰州：甘肃文化出版社，1995 年。
③ 王尧：《西夏黑水桥碑考补》，载《中央民族学院报》1978 年第 1 期。
④ 巴卧・祖拉陈哇著，黄灏译：《贤者喜宴》，北京：中国社会科学院民族研究所，1989 年。
⑤ 史金波、聂鸿音、白滨译注：《天盛改旧新定律令》，北京：法律出版社，2000 年。

西夏后期，统治阶层对藏传佛教十分重视，藏传密教在西夏尤为流行。内蒙古黑水城出土的佛像艺术风格与广泛流行于东印度、尼泊尔及中国西藏的金刚衍那派的画法密切相关，如黑水城出土的释迦说法图、药师佛、金刚亥母等内容的唐卡。

前些年，笔者去内蒙古鄂托克前旗的阿尔寨石窟考察，发现其中有不少藏密色彩的壁画，如21观音救八难、喜金刚双修图、忿怒金刚，等等。瓜州东千佛洞西夏洞窟中也有为数众多的密教题材壁画，如十一面观音及观音救八难、顶髻尊胜佛母、绿度母救八难、妙吉祥文殊曼荼罗、金刚界坛城等，威猛神秘、设色浓艳的藏密题材西夏佛教绘画艺术品反映出藏传佛教艺术对西夏佛教艺术的深刻影响，藏传密教绘画风格也成为东千佛洞和西夏黑水城唐卡的突出特色。

敦煌莫高窟和榆林西夏晚期洞窟中也有大量密宗题材的壁画，如榆林窟第3窟的文殊变、普贤变、西方净土等经变画，绘有一个个具有密宗曼荼罗特色的舞蹈人物。[①]

除了受到藏传佛教的影响，西夏对吐蕃的服饰也是充分加以吸收利用。史载元昊“衣白窄衫，毡冠红里，顶冠后垂红结绶”[②]。我们从敦煌壁画、西藏塑像和汉藏文献记载中看到的这些，显然都有吐蕃赞普和回鹘可汗服饰的印迹。

近年来，随着黑水城西夏文献的大量出土和部分西夏艺术研究成果的陆续刊布，我们了解到西夏后期随着藏传佛教的深入传播，藏传佛教绘画艺术传到西夏各地，如榆林窟、东千佛洞、文殊山石窟、黑水城、宁夏银川山嘴沟石窟、内蒙古阿尔寨石窟等地都有藏传佛教壁画作品的遗存，展现出西夏后期藏传佛教在各地蓬勃发展和广泛传播的盛况。这种影响一直延续到元代，元代继续在其上开窟造像，绘画母题及风格也基本延续了西夏风格。

---

① 葛华：《西夏舞蹈遗存及其他》，载《宁夏艺术》1986年第4期。
② 李焘撰：《续资治通鉴长编》，北京：中华书局，2004年。

第二章 东千佛洞的形制与内部布局

第一节 瓜州历史沿革及东千佛洞的初创年代

东千佛洞位于甘肃省瓜州县（安西县）东南祁连山前山延伸地带，长山子北麓。河西走廊东起甘肃乌鞘岭，西至古玉门关，东西长约1000公里。河西走廊自古以来是通往西域的交通孔道，是丝绸之路的咽喉。瓜州地处河西走廊西端，

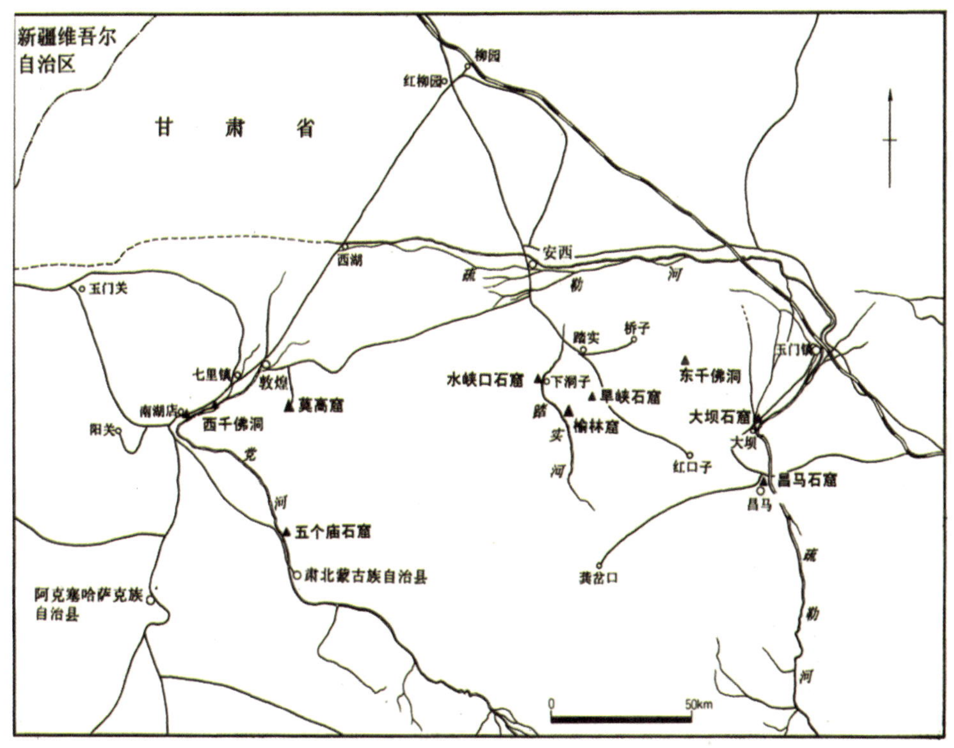

图2–1 河西地区敦煌石窟遗迹分布示意图（载《中国石窟·安西榆林窟》）

西邻敦煌，东接玉门，南部为祁连山前山地带，北部属北山，中部属走廊地带，为疏勒河中游绿洲，南部则系榆林河绿洲（图 2–1）。

东千佛洞因其位于敦煌莫高窟（又名千佛洞）以东而得名，与附近的旱峡石窟、榆林窟、昌马石窟等一同隶属于大敦煌石窟艺术体系。

汉代瓜州属敦煌郡，晋代分置晋昌郡，北魏熙平元年（516 年）置敦煌镇建瓜州，隋改为长乐县[①]，唐高祖武德五年（622 年）置瓜州。安史之乱以后，吐蕃于大历十一年（776 年）占领瓜州[②]，吐蕃占领敦煌时期节度使设在瓜州。此时瓜州虽被吐蕃统治，但瓜州的石窟寺盛行唐代中原风格的大乘佛教艺术。大中二年（848 年），张议潮率众在沙州起义，建立了归义军政权。公元 1030 年，沙州回鹘起事推翻了归义军，并短时期掌管了该地区，瓜沙一带的石窟寺出现了明艳、醒目、疏旷的回鹘风格壁画。

从 11 世纪中叶到 13 世纪初，西夏统治河西地区近二百年。

景祐三年（1036 年），元昊击败沙州回鹘，袭取瓜沙二州[③]。之后，西夏在此置西平监军司治所，是监管河西重镇瓜、沙一带的政治、军事中心，扼守河西走廊西部的咽喉要道，最终也成就了瓜州榆林窟、东千佛洞的西夏佛教艺术盛况。

元代，东千佛洞仍然是宗教活动中心，但是所建之窟明显减少，规模也不及西夏。清世宗雍正元年（1723 年），在此置安西镇，后升为州，东千佛洞得以再度兴盛。民国二年（1913 年）改称安西县。2004 年，复称瓜州县至今。

通过上文对瓜州历史的简要梳理，我们看到作为古代丝绸之路上的重镇，瓜州历来都受到高度重视。汉晋时即为古丝绸之路上的交通枢纽，又曾是唐代瓜州刺史、归义军政权、西夏西平监军司治所。这为东千佛洞西夏佛教文化艺术的兴盛奠定了物质文化基础。

西夏王朝大兴佛寺，创建石窟，东千佛洞现存的主要洞窟基本上是西夏晚期创建的。[④]这里有必要探讨一下东千佛洞的初创年代问题。关于东千佛洞的初创年代，学界主要有两种观点。

---

① 敦煌研究院考古研究所、瓜州县博物馆：《安西县锁阳城遗址内城西北角发掘简报》，载《敦煌研究》2003 年第 1 期。

② 李吉甫撰，贺次君点校：《元和郡县图志》，北京：中华书局，1983 年。

③ 脱脱等撰：《宋史》，北京：中华书局，1977 年。

④ 陈万里在《西行日记》中提及当地口传，得知东千佛洞“有西夏洞窟”，见陈万里著，杨晓斌点校：《西行日记》，兰州：甘肃人民出版社，2002 年。

一是以张宝玺先生为代表的学者认为，东千佛洞创建于西夏，主要依据是洞窟里遗留诸多具有西夏文化特色的实物，如西夏供养人画像及题记，洞窟中普贤变、说法图中出现的一些壁画母题和人物肖像特征等。东千佛洞与榆林窟、莫高窟及黑水城等地西夏相同题材的壁画、唐卡之间存在着相似或者相同的绘画母题造型及绘画风格，因此我们认为东千佛洞是西夏中晚期开凿的。

关于东千佛洞的发现与研究始自20世纪初，相关的考察记录最早见于陈万里1926年著述的《西行日记》。该书卷末附有《官厅调查表》，表中说东千佛洞有6个塑像和壁画的洞窟。1936年编纂的《甘肃通志稿·金石志》及1945年张锡祺、崔文成续修的《安西县志》均延续了陈万里的记录[①]。然而，从《西行日记》的调查记录及书后附载的“旅程表”中可知，陈万里在敦煌千佛洞（即莫高窟）考察三天，在万佛峡（即榆林窟）考察一天，并没有到过东千佛洞，陈氏所提及的东千佛洞有西夏洞窟也是得之于当地传闻，并无相应的考古依据。

有关东千佛洞各窟壁画内容的研究，最早见于张宝玺先生1992年在《文物》杂志上发表的论文《东千佛洞西夏石窟艺术》[②]，这篇文章为中外学者全面了解敦煌石窟提供了重要参考。不过遗憾的是，文中对壁画内容的解释存在诸多问题。之后一些学者对东千佛洞也进行了一些探索性研究，但就壁画内容的认定而言，大都沿袭了张先生的观点。

二是以敦煌研究院刘永增研究员为代表的学者认为，东千佛洞的初创年代大致可以追溯到北朝时期。[③]自2002年以来，刘先生对东千佛洞进行了十余年的考古研究，并且结合榆林窟第3窟相关图像，对东千佛洞现存各窟壁画内容进行了全面解释，认为“东千佛洞现存洞窟的开凿年代，学者们根据洞窟的形制和内容，一致认为开凿在西夏时代，无疑这是对的”。然而，刘先生在网络上发现了几帧拍摄于1923年—1924年的东千佛洞照片，认为这些照片应该是目前发现的关于东千佛洞最早的图像资料，并且根据照片题签上的标注，与东千佛洞第3窟、第8窟的照片内容和有相似背光的图像进行比照，以及与邻近的莫高窟第259窟、榆林窟第3窟等相同壁面壁画布局结

① 胡同庆、宋琪:《安西东千佛洞研究编年述评》，载《敦煌研究》2006年第5期。

② 张宝玺:《东千佛洞西夏石窟艺术》，载《文物》1992年第2期。

③ 刘永增:《瓜州东千佛洞的图像源流与历史价值——兼谈东千佛洞的初创年代》，载《故宫博物院院刊》2016年第4期。

构的比对（与莫高窟北朝壁画比照发现，其中一幅老照片中交脚菩萨和如来坐像都表现出典型的北魏造像特征等），刘先生认为这些造像制作于北魏，而在清代被重修彩绘。通过比对，老照片的确与东千佛洞的外观高度吻合，但个别地方又有着较大的差异。也就是说，1923 年之后，因某种原因，东千佛洞的崖面发生过巨大的变化，导致如此剧变的原因很可能是地震。《安西县志》中说："民国 21 年（1932），玉门县昌马地区发生 7.5 级地震，波及安西半小时，震塌很多房屋。"[①]此次地震将玉门市辖区内的上窨石窟全部摧毁，昌马石窟损失大半。可想而知，附近百里之内的东千佛洞在这次地震中无法幸免，造成局部坍塌，极有可能那些建于北朝的洞窟在这次天灾中被摧毁殆尽。[②]

笔者参阅大量东千佛洞及河西地区其他石窟寺的文献资料，比较认同刘先生的观点，即瓜州东千佛洞始建于北朝，但洞窟多遗存西夏壁画，其中也不乏开凿于西夏中晚期的洞窟，如第 2 窟、第 4 窟、第 5 窟、第 6 窟和第 7 窟等。

第二节　东千佛洞的石窟形制

根据敦煌研究院编的《敦煌石窟内容总录》，东千佛洞现存洞窟 23 个，9 个在东崖，14 个在西崖，其中存有壁画或塑像的洞窟为 9 个，即位于西崖的 1—5 窟，位于东崖的 6—9 窟；壁画面积共计 486.7 平方米；彩绘佛、道图像 290 铺，彩塑造像 42 身。其余洞窟未编号，为无壁画和塑像的遗址窟。

据现场调查，东千佛洞现存洞窟中的壁画大多绘制在西夏时期，塑像则为清末民初的作品。[①]第 2、3、4、5、6、7 窟是开凿于西夏时期的洞窟。

东千佛洞的洞窟形制主要有三种：甬道式中心柱窟、甬道式中心柱加外绕循环道窟、佛殿窟（佛堂窟）加外绕巡环道窟。[②]

1. 甬道式中心柱窟

甬道式中心柱窟也叫中心柱窟（如图 2-2、2-3、2-4），这种窟形源于印度的支提（中心塔柱）窟，北魏时期的洞窟大多采用这种形式，后来西魏、北齐和

---

① 安西县县志编纂委员会编：《安西县志》，北京：知识出版社，1992 年。
② 具体分析请参看刘永增先生的文章。本人阅读后认为东千佛洞初创于北朝的推理较为中肯。
③ 刘永增：《瓜州东千佛洞的图像源流与历史价值——兼谈东千佛洞的初创年代》，载《故宫博物院院刊》2016 年第 4 期。
④ 张宝玺主编：《瓜州东千佛洞西夏石窟艺术》，北京：学苑出版社，2012 年。

图 2–2　东千佛洞第 4 窟中心柱窟

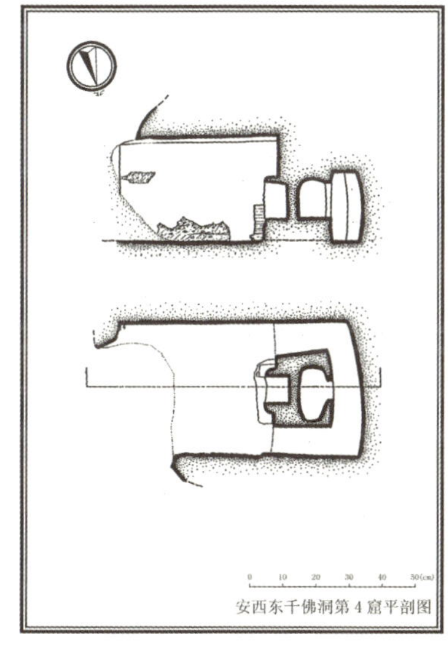

图 2–3　东千佛洞第 4 窟
中心柱窟平剖图

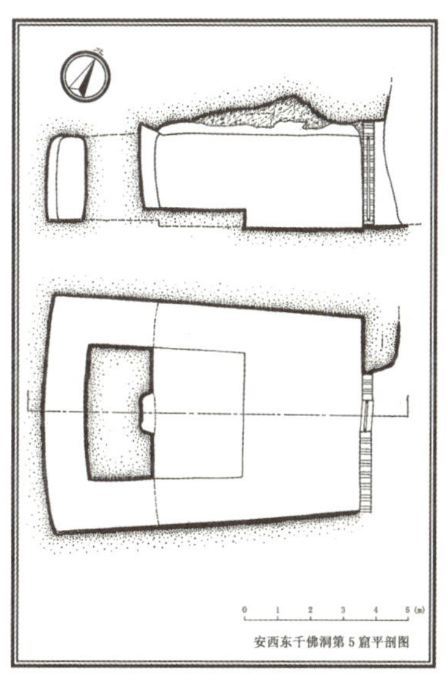

图 2–4　东千佛洞第 5 窟
甬道式中心柱窟平剖图

图 2–5　龟兹中心柱窟内景

高昌回鹘也流行这种洞窟。甬道式中心柱窟有平顶的，也有覆斗形顶和穹隆形顶的。平面为长方形，洞窟有前后室，前室为殿堂式空间，后室中央建一座象征佛塔的柱体，柱体从地面直通窟顶，其前、后、左、右开龛造像，正面龛内基本都绘说法图，侧背面龛内大多是反映释迦牟尼苦修、禅定、降魔等的佛教史造像。柱体与石窟后室形成可以"绕行"的甬道式空间。如莫高窟第 55 窟（图 2–10），平面呈方形，覆斗顶，有中心柱，柱正面开龛，龛内塑像，柱其他三面绘佛教故事画。

东千佛洞的甬道式中心柱窟为平面方形，多为覆斗形顶，如图 2–3、2–4 所示，洞窟分前后室，前室是殿堂式空间。后室置中心柱，并沿左右壁和后壁凿出可以绕柱而行的甬道。

东千佛洞的中心柱窟壁画绘于窟室各壁、甬道两侧和中心柱。中心柱左右壁多绘菩萨像和观音曼荼罗，后壁皆绘涅槃变，其对面的窟室后壁，则画说法图一铺或千佛图。中心柱正壁有的开龛绘上师像（如第 4 窟），有的绘佛教故事画（如第 5 窟），也有的绘坐佛几铺，等等。这不同于莫高窟、云冈石窟的中心柱窟（图 2–7、2–10），后两者的中心柱四壁皆开龛造像，而东千佛洞只在中心柱正壁开龛造像，其余三壁则绘画。后室顶披有的绘卷草莲花图案，中心绘坐佛；有的绘立佛；有的绘忍冬莲花，中间绘七彩圆环，内有双凤。

窟室的前部窟顶画曼荼罗坛城，有的四披各画一幅说法图。窟门甬道顶部有的画卷草图案，有的绘二龙戏凤图。窟室四披与四壁衔接处绘垂幔纹饰，壁面下部画供养人或供养菩萨。各铺壁画之间以各种边饰连接，有的为菱形纹，有的为五彩半圆串珠纹，有的为单瓣莲花纹，还有的背景绘有大面积团状的卷草纹，等等。东千佛洞的这几座中心柱

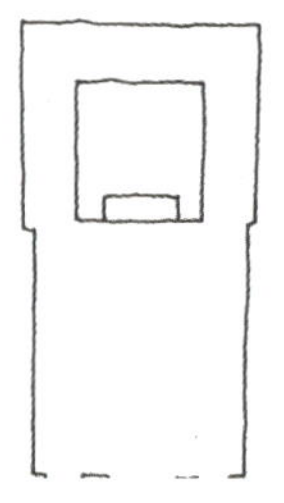

图 2–6　龟兹中心柱窟平面、剖面示意图

图 2-7　云冈石窟第 6 窟中心柱窟中心柱佛陀造像（其中一面）

窟大体上都是这样的布局。东千佛洞的第 4、5、7 窟就是此种窟形(图 2-3、2-4)。

虽然同为甬道式中心柱窟，但第 4 窟明显要比第 5、7 窟低很多，规模也小，且前室大部已坍塌，周围也没有用墙围起来，常年的风吹日晒使壁画破损严重，亟需加强保护。

中心柱石窟（图 2-5、2-6）始于 3—4 世纪西域龟兹，与西夏东千佛洞中心柱窟有些许不同，其前室正壁开龛造立佛或须弥山，后甬道安置涅槃像。东千佛洞甬道式中心柱窟与龟兹甬道式中心柱窟在窟形上是相同的，后甬道都安置涅槃像。龟兹甬道式石窟奉小乘佛教《根本说一切有部经律》，后甬道及左右甬道以释迦牟尼涅槃像为主体，仅仅表现释迦牟尼生平及涅槃前后的故事。东千佛洞甬道式中心柱窟奉大乘密教，后甬道以释迦牟尼涅槃像为主体，左右甬道则是观音菩萨、行道药师佛、文殊菩萨、佛教故事画、坛城图、八大菩萨、佛母等。东千佛洞的涅槃变是单独占据中心柱背面一整铺，其后室正壁多为说法图，而龟兹的则多为中心柱后室正壁设涅槃台塑涅槃像。这是二者明显的差别，具体比较参见表 2-1。

东千佛洞中心柱窟不同于莫高窟、云冈石窟，后二者在中心柱四壁面均开龛造像，而且云冈石窟的中心柱还分为上、下两层，很是壮观，而东千佛洞只有中心柱正壁才开龛造像，其余三壁皆绘壁画。

表 2-1　东千佛洞、莫高窟、榆林窟与龟兹中心柱石窟比较表

石窟名称	东千佛洞	莫高窟	榆林窟	龟兹窟
主要窟形及特点	甬道式中心柱窟，有的为覆斗顶，有的为穹隆顶	佛殿窟、佛坛窟，中心设塔或坛，有的塔后部起背屏直通窟顶，有的为覆斗顶，有的为人字披顶	佛殿窟、佛坛窟，有的中心设坛，坛上置佛像等，有的塔后部设背屏直通窟顶，既有人字顶披，也有覆斗顶	龟兹式中心柱窟，在窟室后部凿出中心柱，以此分为前、后室，多为穹隆顶
中心柱背面／背屏面壁画内容	大型涅槃图	佛教故事画	佛教故事画	一般建涅槃台，上塑（绘）涅槃像
中心柱正面／中心佛坛／背屏面壁画内容	有的绘八佛，有的开龛塑（绘）上师像，或龛两侧绘佛教故事画	在坛上开龛塑像，或直接在坛上的背屏前塑像，背屏画佛胁侍菩萨或菩萨天王等，上绘华盖；有的中心塔柱四面皆开龛	在坛上开龛塑像，佛龛周围为胁侍菩萨及弟子，有的在中心佛坛上置佛像，周围胁侍菩萨天王或弟子	中心柱正面开龛，内置佛像，多为交脚弥勒佛，龛外一般绘圣众听法会，如左侧常绘乾达婆坐像，右侧绘帝释天携眷属聆听佛说法等
佛教派别	大乘佛教	大乘佛教	大乘佛教	小乘佛教
洞窟示例图	见图 2-3、2-4、2-8、2-10	见图 2-9	见图 2-11	见图 2-5、2-6

（※ 注：上文所用洞窟图、示意图，有的为作者实地拍摄，有的自画，有的共享自百度图库，有的引自《甘肃石窟艺术壁画编》《瓜州东千佛洞西夏石窟艺术》，特此说明）

通过比较，我们发现在中心柱背面安置大型涅槃图是西夏东千佛洞效仿西域龟兹中心柱窟的布局，并在此基础上加以改造后形成的一种新的洞窟布局形式。这是东千佛洞绘画布局的独特之处。

2. 甬道式中心柱加外绕循环道窟

甬道式中心柱加外绕循环道窟仅 2 窟（图 2-8、2-11），与甬道式中心柱窟相比，增加了外循环道的功能。其窟室内部结构同甬道式中心柱窟，就是在甬道

图 2-8　东千佛洞第 2 窟中心柱窟内景

式中心柱窟外壁间加凿大循环道，可以绕此道在窟外巡礼。东千佛洞第 2 窟位于西崖中部，为该窟群最大的洞窟，应该是西崖宗教活动的中心。

3. 佛殿窟（佛堂窟）加外绕循环道窟

佛殿窟的空间较大且似殿堂，所以又称殿堂窟。佛殿窟主要有方形覆斗式顶和方形平顶式顶两种形式，其平面为方形，正壁开一龛或三壁各开一龛，龛内供塑像，窟顶中央为藻井。佛殿窟一般有前室和后室，也有单室的。这种窟形最早在古印度及西域早期的佛教洞窟中颇为流行，如东千佛洞第 6 窟就是单室的佛殿窟（图 2-9）。

佛殿窟加外绕循环道窟是东千佛洞的第三种洞窟类型。这种窟形仅见于第 7 窟右邻窟，是近年清理出来的，可惜该窟早年已毁，现仅存遗址。

佛殿窟与佛坛窟是隋唐至宋莫高窟很流行的石窟形制，榆林窟承隋唐风格，也多为此种窟形（图 2-10、2-11）。

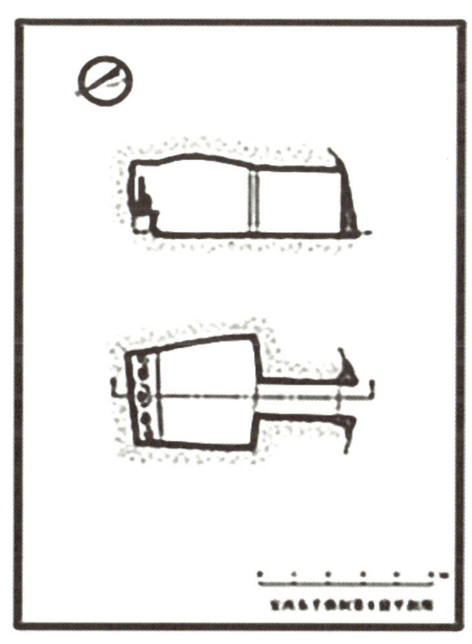

图 2-9　东千佛洞第 6 窟平剖面

图 2-10　莫高窟第 55 窟中心佛坛加背屏佛坛窟内景

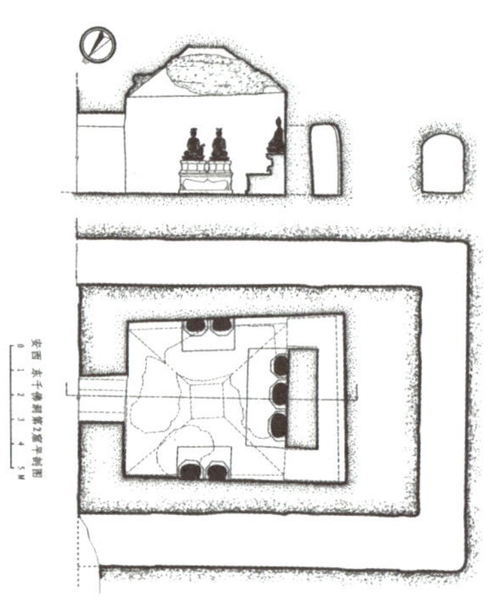

图 2-11　东千佛洞第 2 窟甬道式中心柱加外绕循环道窟平面、剖面示意图

第三节　东千佛洞石窟的内部布局

东千佛洞第 2、4、5、7 窟为中心柱窟，第 6 窟为单室佛殿窟，平面呈方形。中心柱窟石窟平面呈长方形，以中心柱为分界线，将整个窟室一分为二，分前室和后室，壁画就绘制在前室、后室及中心柱的壁面之上。一般来说，前室壁画藏密风格较为浓郁，后室壁画则以汉风为主，整窟壁画汉藏合璧、显密双修。各窟壁画内部布局具体参见各窟示意图（图 2-12、2-13、2-14、2-15）。

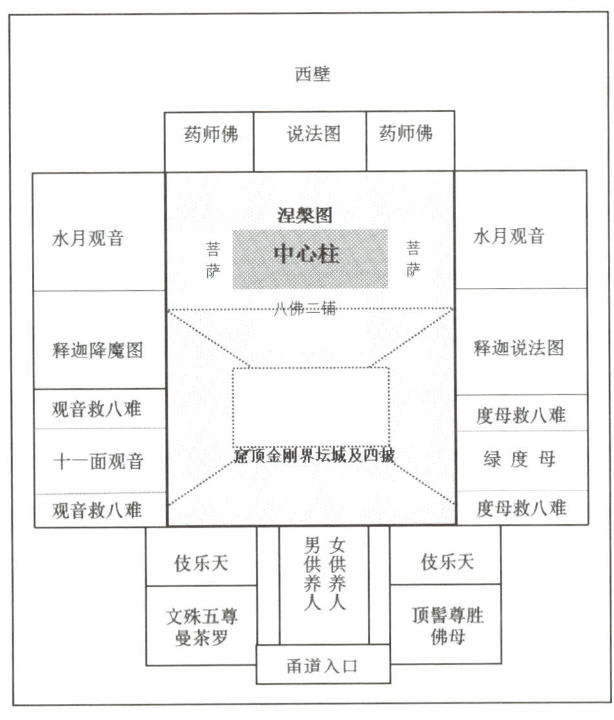

图 2-12　东千佛洞第 2 窟壁画布局示意图

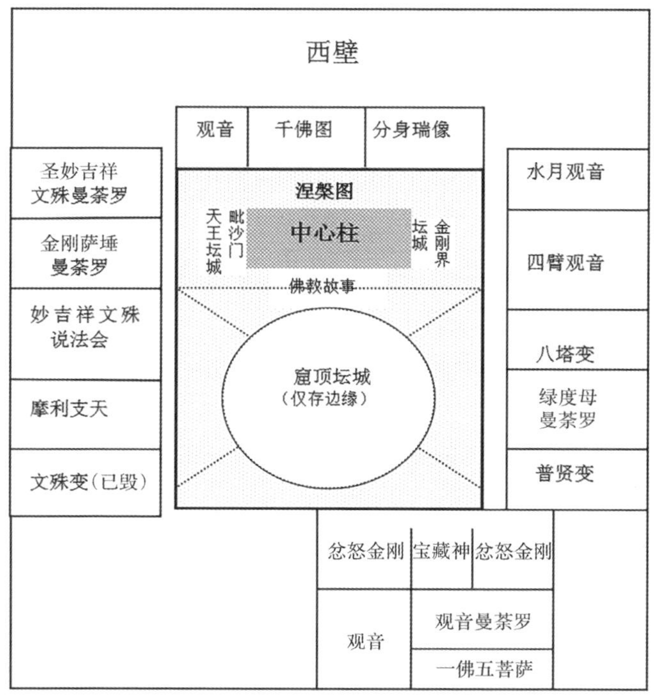

图 2-13　东千佛洞第 5 窟壁画布局示意图

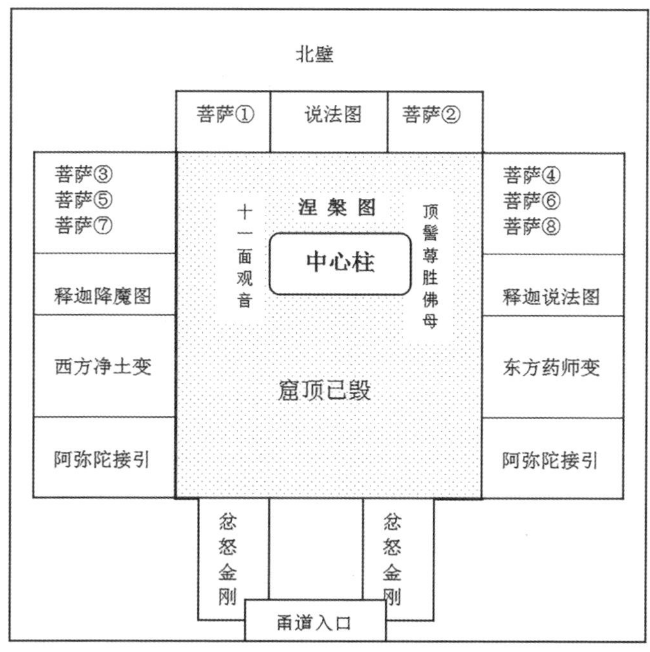

图 2-14　东千佛洞第 7 窟壁画布局示意图

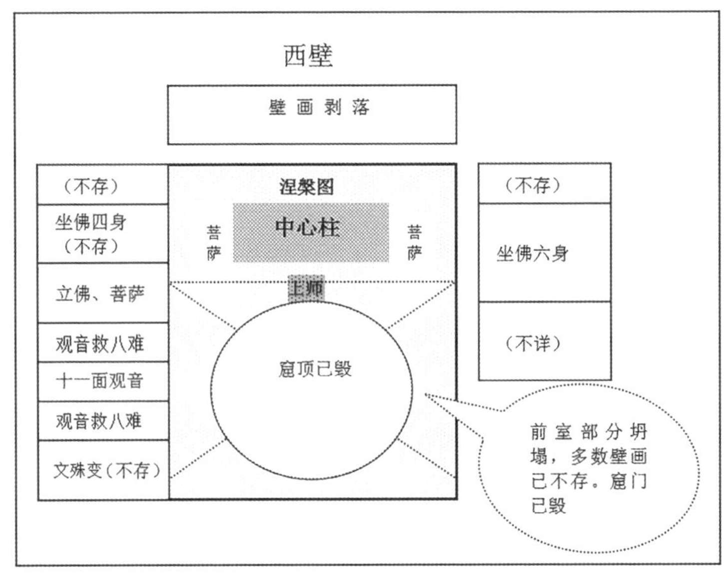

图 2-15 东千佛洞第 4 窟壁画布局示意图

笔者前往瓜州东千佛洞考察，并参考敦煌研究院及张宝玺、刘永增等学者之前的考察结果，现整理出东千佛洞留有西夏壁画的洞窟整体保存情况，具体如下：

第 2 窟是壁画保存最为完善的一窟；第 4 窟前室部分坍塌，壁画大部分已剥蚀不清或不存在了；第 5 窟的窟门甬道壁画已残，只剩下右壁壁画，窟顶所绘曼荼罗只存边缘部位的天王和僧人；第 7 窟窟顶已毁，窟门甬道壁画已漫漶不清，但与其他几窟相比而言，壁画色彩较鲜艳，保存较为完整；第 6 窟起初定为元代窟，后与其他几个西夏窟壁画风格比照后判定为西夏窟，因壁画数量较少，未画壁画布局示意图。

在瓜州东千佛洞实地考察后，笔者的深切感受是：从张宝玺先生 20 世纪八九十年代关注、调查、研究东千佛洞到笔者亲赴东千佛洞调研，时隔二三十年，东千佛洞的整体保护虽然有效，可是也很有限。当笔者拿着张先生当年调查的壁画分布图一一定位、排查，发现有些壁画现已不存或者已无法辨识，窟门甬道供养人题记也荡然无存，只留有一点划痕。第 4 窟前室左壁的文殊变、第 7 窟前室左壁的西方净土变、第 5 窟的文殊变都已不存，第 7 窟右壁的东方药师变也剥蚀严重，实在令人惋惜，希望有关部门加大保护力度。下面先分别论述这五个洞窟的壁画布局及具体内容，然后按洞窟、窟中位置将各窟壁画内容、布局分类汇总于后表（表 2-2）中。

一、东千佛洞第 2 窟

洞窟位置：西崖中部下层。

洞窟形制：甬道式中心柱窟加外绕循环道。窟室内分前后室，平面纵长方形，窟高 5.87 米、深 9 米、宽 6.4 米，前室覆斗顶，后室甬道式中心柱，门道顶为盝形。绕窟室凿以高 2.2 米、宽 1.9 米的外循环甬道。

塑像：正壁佛台上清塑三坐佛，左右壁佛台上各清塑二菩萨。

壁画整体布局：正壁（中心柱正面）坐佛（显密双修）十六身，中心柱两侧上方两幅布袋和尚（显教），中心柱两侧面各有一幅娑罗树菩萨（密教）。中心柱背面涅槃图（显密双修），涅槃图对面墙上中间是说法图（显密双修），两侧绘两幅药师佛（显密双修）。南壁西起绘制水月观音（显密双修）、释迦降魔像（显密双修）和十一面八臂观音救八难（密教），北壁西起绘制水月观音（显密双修）、释迦说法图（显密双修）和绿度母救八难（密教），东壁（前壁）绘制文殊五尊曼荼罗（密教）、顶髻尊胜佛母（密教）和坐佛（显密双修）十四身。此洞窟中出现的显教母题只有一个布袋和尚，出现的密教母题有娑罗树菩萨、十一面观音及观音救八难、绿度母及度母救八难、文殊五尊曼荼罗、顶髻尊胜佛母。

第 2 窟是东千佛洞所有洞窟中规模最大的一窟，壁画尺幅也是最大的，应为东千佛洞石窟群的主窟，占据主要地位。该窟后室正壁两幅左右对称分布的药师佛行道图与中间的大日如来说法图，以及对面的释迦涅槃图共同构成了佛教“三世佛”的大主题。

二、东千佛洞第 4 窟

洞窟位置：西崖上层中部。

洞窟形制：前后室甬道式中心柱窟。平面纵长方形，窟高 3 米、深 7 米、宽 4 米。前室穹隆顶，前壁及左壁前半部已毁。正壁覆钵形塔龛。

壁画布局：第 4 窟是西夏窟中壁画剥蚀最为严重的，其中前室窟顶壁画大部残缺，只有里侧两角残存孔雀衔花图案。中心柱背面壁画已毁，按照前三窟的布局特点，推测这里也应为涅槃图，中心柱两侧壁绘菩萨各一铺。正面是浮雕覆钵形塔龛，塔顶已毁，塔龛两侧各画兽王及象王。龛内正壁绘西夏高僧像，两侧画面已漫漶不清。左壁和前壁墙体已毁，右壁依次分布着文殊变（显密双修，但已不存了），十一面观音及两侧对称的观音救八难（密教），上方一立佛，下方一菩萨。后室的后甬道壁画已剥落。左右甬道外侧壁有上下两排一铺四身和上下两排一铺六身坐佛。后室甬道顶披有立佛数身。

三、东千佛洞第 5 窟

洞窟位置：西崖中段上层。

洞窟形制：前后室甬道式中心柱窟，平面纵长方形，窟高 3 米、深 9 米、宽 6 米。前室穹隆顶，正壁开长方形落地大龛，其前筑与中心柱等宽的方形低台基。前壁右侧已毁。

造像：前室正壁开长方形落地龛，龛内造像不存。

第 5 窟的壁画布局：中心柱背面绘大型涅槃图（显密双修）；左右侧壁由里向外对称分布着圣妙吉祥文殊曼荼罗（四臂文殊，密教）对水月观音（显密双修），金刚萨埵曼荼罗（密教）对四臂观音（密教），妙吉祥文殊说法会对八塔变（显密双修），摩利支天（密教）对绿度母曼荼罗（密教），文殊变（已不存）对普贤变（显密双修）；后室正壁为千佛图（显密双修），分身瑞像；窟脚也分布着西夏供养人行列（剥蚀严重，几乎无法辨识）；等等。

该窟南壁最大的一铺壁画要数位于中央的妙吉祥文殊曼荼罗，为南壁主尊。总体而言，南壁主要表现文殊及文殊说法会，强调智慧内涵，与北壁以观音为主尊的慈悲尊格构成“悲智一如”主题，悲则救度众生，智则证悟无上菩提，共同表现“悲智双运”的修道理论①。

四、东千佛洞第 6 窟

洞窟位置：东崖北端上层。

洞窟形制：方形单室佛殿式小窟，穹隆顶，窟高 2.2 米、深 3.4 米、宽 3.2 米，正壁筑佛台。长卷形门道，高 1.8 米、长 2.4 米、宽 1 米。

造像：正壁佛台上清塑一佛四菩萨。

第 6 窟壁画布局：前壁（即门壁）左右侧各画忿怒金刚（密教），右壁绘文殊变（显密双修，背景为五台山文殊道场）一铺，左壁绘普贤变（显密双修）一铺，窟顶坛城图为五菩萨坛城（密教）。

---

① 郭佑孟：《东千佛洞壁画探秘》，载《历史文物》2006 年第 5 期。

五、东千佛洞第 7 窟

洞窟位置：东崖中段上层。

洞窟形制：前后室甬道式中心柱窟，平面纵长方形，窟高 3.6 米、深 7.8 米、宽 4.5 米。前室穹隆顶，残破严重。正壁开一大龛，前置与龛等宽的供桌。窟前原有佛殿遗址已毁，墙垣及立柱尚存。殿宽 7.06 米、深 8.48 米。

造像：前室正壁大龛经清重修，浮雕三裂拱式龛形，边饰宽带联珠纹和莲花纹，背衬波罗式宫殿，内塑一坐佛，现已毁，唯存束腰座及下垂的衣裙。龛额之上小龛内清塑一坐佛。前室左右壁后部佛台上站立清代所塑的四大弟子（左右各二）。

第 7 窟的壁画布局：后室正壁绘大日如来说法图（显密双修），中心柱背面的对面绘大型涅槃图（显密双修）与大日如来说法图，中心柱两侧对称绘大日如来的胁侍十一面观音与尊胜佛母；在大日如来的两侧还有八大菩萨，每三个一组分列左右壁（显密双修）；两侧各绘一身菩萨（显密双修），左右侧壁对称有阿弥陀接引图（显密双修）两幅、西方净土变（剥蚀严重）、东方净土变（显密双修，剥蚀严重）、释迦降魔图（密教）、释迦说法图（密教）。前壁左右侧各绘制忿怒金刚（密教）一身；甬道已不存在了。[①]大日如来与八大菩萨曼荼罗占据本窟主要位置，壁画尺寸大。

通过以上梳理可知，东千佛洞第 2、4、5、6、7 窟的壁画密教母题显然多于显教母题，显密双修、重在凸显密教母题是西夏晚期石窟壁画艺术的主要特征。同一题材的图式南北壁对称分布，在同一壁大型说法图或降魔图及像绿度母这样的主尊像左右两侧对称分布着菩萨、弟子，在这些题材的下部一般还排列着供养人，表现世俗社会中等级森严的情形，这是东千佛洞壁画布局的又一特色。中心柱背面基本为涅槃变，其对面的正壁多为大型说法图。石窟中所有的壁画都以中心柱为中心，按主次布局，这样的洞窟布局极大地烘托出浓郁的宗教氛围。

通过前文与敦煌莫高窟（图 2–10）[②]、龟兹中心柱窟（图 2–5、2–6）的分析比较，结合东千佛洞各窟壁画布局图（图 2–12、2–13、2–14、2–15）[③]，现

---

① 关于东千佛洞西夏各窟内容等参考张宝玺主编：《瓜州东千佛洞西夏石窟艺术》，北京：学苑出版社，2012 年。同时结合笔者的具体考察及新近的研究成果，对有些壁画名称厘定及石窟断代有了新的界定。

② 敦煌研究所编著：《中国石窟·安西榆林窟》，北京：文物出版社，1997 年。

③ 张宝玺编著：《甘肃石窟艺术壁画编》，兰州：甘肃人民美术出版社，1997 年；刘永增：《安西东千佛洞第 5 窟毗沙门天王与八大夜叉曼荼罗解说》，载《敦煌研究》2006 年第 3 期。同时，结合笔者赴瓜州东千佛洞实地考察洞窟情况后而综合绘制。

将东千佛洞第 2、4、5、7 窟的壁画内容以洞窟中的实际布局，分类梳理并汇总如下（表 2–2）。

表 2–2　西夏瓜州东千佛洞第 2、4、5、7 窟壁画内容一览表

<table>
<tr><th colspan="2">窟名
内容
位置</th><th>第 2 窟</th><th>第 4 窟</th><th>第 5 窟</th><th>第 7 窟</th></tr>
<tr><td colspan="2">甬道</td><td>左右壁西夏男女供养人各六身（已漫漶不清），顶部双龙戏凤图案</td><td>不存</td><td>不存</td><td>壁画已毁</td></tr>
<tr><td colspan="2" rowspan="2">前壁</td><td>文殊五尊曼荼罗、顶髻尊胜佛母</td><td>不存</td><td>右侧不存。左侧上栏右侧为塔龛观音一铺；左侧上为一佛五菩萨，下为观音曼荼罗</td><td rowspan="2">窟门两侧忿怒金刚各一身</td></tr>
<tr><td>底部伎乐天一行</td><td></td><td>下栏宝藏神一身、左右忿怒金刚各一身</td></tr>
<tr><td rowspan="3">左壁</td><td rowspan="2">前室</td><td>绿度母、外围度母救八难，释迦说法图</td><td rowspan="2">不存</td><td>普贤变、绿度母曼荼罗、八塔变</td><td rowspan="2">阿弥陀接引图、东方药师变、释迦说法图</td></tr>
<tr><td>底部伎乐天一行、两端各为金刚高僧</td><td>窟脚绘十王变、供养人（已漫漶不清）</td></tr>
<tr><td>甬道</td><td>落迦山观音（包括唐僧取经内容）</td><td>坐佛上下两排共六身</td><td>四臂观音带胁侍菩萨、水月观音（含唐僧取经图）</td><td>菩萨三身（八大菩萨之部分）</td></tr>
</table>

续表

<table>
<tr><td rowspan="4">右壁</td><td rowspan="3">前室</td><td rowspan="2">十一面八臂观音，两侧观音救八难、释迦降魔图</td><td rowspan="3">文殊变（已漫漶不清），十一面八臂观音及外围观音救八难，其上立佛一身，其下波罗式菩萨一身，有西夏文榜题（现已漫漶不清）</td><td rowspan="2">文殊变（已不存）、摩利支天、妙吉祥文殊说法会</td><td>阿弥陀接引图</td></tr>
<tr><td>西方净土变（已无法辨识）</td></tr>
<tr><td>底部伎乐天一行，两端各有金刚、马宝（多已不清）</td><td>窟脚绘十王变、供养人（已漫漶不清）</td><td>释迦降魔图</td></tr>
<tr><td>甬道</td><td>水月观音（包括唐僧取经图）</td><td>坐佛上下两排共四身</td><td>圣妙吉祥文殊曼荼罗、金刚萨埵曼荼罗</td><td>菩萨三身（八大菩萨部分）</td></tr>
<tr><td colspan="2">正壁（后室）</td><td>中间绘大型说法图，两侧绘药师佛行道图</td><td>壁画剥落，可能为说法图或千佛及胁侍菩萨等</td><td>中绘千佛图，左侧为乾陀啰国分身瑞像，右侧为观音</td><td>中绘说法图，两侧各绘一菩萨（八大菩萨之部分）</td></tr>
<tr><td rowspan="4">中心柱</td><td>正面</td><td>八坐佛两铺、上方左右侧布袋和尚</td><td>正面凿龛绘西夏上师，左右壁西夏男女供养人（已不存）</td><td>正面开龛，佛像已毁，佛龛两侧各分十格画佛教故事画</td><td>佛龛两侧各画一飞天</td></tr>
<tr><td>背面</td><td>大型涅槃图</td><td>壁画剥落，原图可能为涅槃图</td><td>大型涅槃图</td><td>大型涅槃图</td></tr>
<tr><td>左面</td><td>娑罗树菩萨</td><td>菩萨一铺外围眷属</td><td>金刚界坛城图</td><td>顶髻尊胜佛母</td></tr>
<tr><td>右面</td><td>娑罗树菩萨</td><td>菩萨一铺外围眷属</td><td>毗沙门天王与八大夜叉曼荼罗</td><td>十一面八臂观音</td></tr>
<tr><td rowspan="2">顶披</td><td>前室</td><td>顶及四披绘金刚界坛城及四方佛说法图，四披壁画多数已毁</td><td>大部分已残，仅存一角有部分孔雀衔花图案</td><td>窟顶绘曼荼罗，大部残剥，边缘残存僧人、天王等</td><td>窟顶残毁</td></tr>
<tr><td>后室</td><td>甬道顶卷草莲花图案，圆心为坐佛</td><td>甬道顶画立佛</td><td>甬道顶画单枝牡丹图案</td><td>甬道顶大部绘忍冬莲花图案，中部绘七彩圆环，圆心绘双凤</td></tr>
</table>

本章通过对东千佛洞洞窟形制、壁画内容及其布局的分析讨论，比照研究莫高窟、榆林窟及龟兹石窟，总结归纳了东千佛洞壁画在构图布局、壁画内容上的主要特点：

1. 前室藏密风格浓郁，后室以汉风为主，夹杂密教风格；

2. 显密同居一窟，凸显密教母题；

3. 中心柱窟壁画内容均以中心柱为中心依次排列；

4. 中心柱背面几乎都绘有大型涅槃图；

5. 壁画内容对称布局，同一题材的图式或左右或面对面成对排列；

6. 洞窟内南、北壁文殊菩萨与观音菩萨对称布局，营造出“悲智一如”的佛教主题，共同表现“悲智双运”；

7. 窟顶多为密教坛城，起到总摄全窟、凸显佛教教义的作用。

东千佛洞西夏第 2、4、5、7 窟在不同程度上体现了以上这些分布规律和艺术特点，共同形成了西夏晚期东千佛洞浓郁的藏传佛教绘画艺术风格。

第三章　东千佛洞西夏壁画的母题及其特色

第一节　东千佛洞西夏时期的壁画母题

佛画在汉代传入中国时，它的题材就已经基本固定了，并形成了完整的构成法则，以达到宣教的目的。后来，随着传入时代和地域的不同，或多或少地融入了当时、当地的风格和世俗的审美情趣。佛教绘画艺术中有一类多绘制于石窟寺墙壁上，即壁画艺术。壁画一般绘制在打磨光洁的白墙上，多采用单线平涂的技法，先用淡墨或淡色起稿，然后给主要人物着色，再画背景部分，最后统一勾勒线条。绘制各种佛、菩萨像时一般都要依据有关佛教经典，满足相应的佛教造像仪轨，譬如《大智度论》中关于佛陀特征“三十二相”的具体描绘，因此画师一般发挥较少。在绘制力士、明王、罗汉、僧侣及供养人时，就没有那么严格的规定了，在造像经典的基础上可融入画师的审美喜好，形象自然，生动逼真，几乎是那个时代帝王将相、僧众等人物的真实写照。水月观音中的取经图、涅槃变中的末罗族长老等多取材于当时当地的人物形象。壁画中的这些“真材实料”为我们今天的研究提供了极为珍贵的资料。

佛教艺术与当地的民族、地域相融合，衍生出形形色色、千变万化的佛教绘画艺术形象和内容，按照绘画的要求和内容分成以下几类①：

第一类是佛像题材或人像题材，包括佛教的偶像及供养人的画像。主要的偶像有严格的形制规定与特定的想象含义，这在佛经中已明文规定，一般创作的自由较少。

---

① 此种佛画的分类方法主要参考田青主编：《中华艺术通史·三国两晋南北朝卷》，北京：北京师范大学出版社，2006 年；陈育宁、汤晓芳：《西夏艺术史》，上海：上海三联书店，2010 年；张德宝、徐有武绘图，业露华文：《中国佛教图像解说》，上海：上海书店，1992 年。

西夏石窟中尊胜佛母图像是根据宋代法天译《佛说一切如来乌瑟腻沙最胜总持经》绘制的，相似的造像经典还有《大般涅槃经》中对释迦佛涅槃时人物、鸟兽场景的描绘。这些成为佛像题材的图像学经典理论依据。

佛乃梵语音译佛陀的简称，意为“觉悟者”，是对彻底觉悟佛教真谛的人的尊称。小乘佛教所说的佛，往往专指佛教创始人释迦牟尼。大乘佛教中的佛除了指释迦牟尼外，更加强调对佛法的领悟，认为只要掌握了佛法的真谛，无论是谁都能证悟成佛，正如《涅槃经》阐释的“一切众生悉有佛性，如来常住无有变易”，即在成佛的问题上，众生平等，人人都能成佛。

所以，上下四维，过去未来，十方三世有无数个佛，常见的如五方佛、十方佛等。

大乘佛教还有“三身佛”之说，认为释迦牟尼在不同的情况下有不同的身份和性质。这三身佛为：代表着佛法绝对真理的法身毗卢遮那佛（大日如来），象征证得绝对真理的最高智慧的报身卢舍那佛，随缘应机、教化众生的应身佛释迦牟尼佛。东千佛洞第2窟正壁中央的说法图即为毗卢遮那佛说法会。

常见的有现世应身佛释迦牟尼佛尊像、西方世界阿弥陀佛尊像、东方琉璃光世界的药师佛尊像、法身佛毗卢遮那佛尊像，以及未来佛弥勒尊像，等等。

造像经典有严格的规范，为使佛、菩萨的形象更加完美，还要求以佛经中记载的佛陀“三十二相”“八十种好”为依据来绘制。佛的形象基本以释迦佛为基础，各尊佛像的形体、容貌、身体特征基本一致，只不过在手印、所持法器和胁侍菩萨等造像元素上有所不同。这就是为什么千百年来，我国及世界各地佛像都大同小异的原因。

除了上文提到的单独的尊像外，还有一种由佛、菩萨、弟子组合在一起的群像。例如，东千佛洞第2、5、7窟中的释迦涅槃图、说法图、绿度母救八难图、八大菩萨图、阿弥陀接引弥陀三尊图等都是表现佛及弟子众生的群体尊像画。

壁画中除佛像外，第一类是人像题材，多指供养人像，一般是当时社会不同阶层人物的写照，他们多是出资建窟之人，多绘于说法图或一些大型经变画的下方，有的绘于窟门甬道或窟脚。如东千佛洞第2窟的供养人就绘于窟门甬道。石窟中这些供养人的形象是了解当时社会的一面镜子。

第二类是围绕题材起渲染作用的物象与环境。这些物象与环境多是营造和烘托佛教石窟寺宗教氛围的背景，主要包括佛物、法宝、菩提、莲池、台座等物象，以及一些祥瑞的供养动物等。随着时代的变迁，这些题材或多或少地被加以改造、泛化、取代。东千佛洞的佛国境界就被改造成类似西夏王宫的宫阙殿堂，原来的菩提树下被泛化成山水境界、净土变中的莲花化生池，等等。

第三类是文学题材或场景题材，包括描绘佛传、佛经、本生变相等故事场景，以及表现佛教中各种生活、体现宗教观念的“杂画”。这类题材由于以文学题材为背景，更能引起人们的兴趣，是佛画中最受欢迎的题材，也是东千佛洞数量较多的壁画母题。

在佛教壁画中，这三类题材通常出现在同一幅画面上，或被布局在同一洞窟的不同壁面之上，共同构成完整的人物故事，呈现一定的情节和佛国境界。

经变故事中有一类是佛传故事，表现释迦牟尼的生平事迹，如“乘象入胎”“树下诞生”“树下苦修”“树下涅槃”等。东千佛洞第 5 窟八塔变所表现的正是释迦佛生平八个主要事迹的经变图。另一类是本生故事，如其中的“九色鹿舍己救人”“萨埵太子舍身饲虎”“尸毗王割肉贸鸽”等。还有因缘故事，即佛陀度化众生的故事,如“五百强盗成佛”“微妙比丘尼”“恒迦达偷衣犯法”等。这些题材是魏晋南北朝时佛教壁画的主要内容，宋、西夏时已不多见了。另外，还有始于北朝，隋唐时盛行的各类经变题材的壁画，如维摩经变、法华经变、弥勒经变、涅槃经变、药师经变、净土变等，成为我国独创的佛教绘画艺术题材。

西夏佛教艺术前期多承唐五代遗风，东千佛洞西夏绘画也存有数量不少的经变画，如东千佛洞第 7 窟的西方净土变、东方药师变，第 2、5 窟的文殊变、普贤变、涅槃变等，是西夏经变画的代表作。涅槃变是东千佛洞最具特色的经变题材，无论数量还是品质都不逊色于敦煌地区其他洞窟中的同类题材。

以上是石窟壁画较为常见的分类方法，当然也有按照一整幅画反映的题材来命名或加以分类的，如以佛经为题材的经变画、以佛教故事为题材的故事画和以供养人为题材的生活情形绘画等。

结合东千佛洞西夏窟实际留存的壁画题材，综合考虑不同的分类方法，本文将瓜州东千佛洞的壁画题材依次划分为尊像画、经变画、装饰图案画三大类型。

尊像画是佛、菩萨等的端正像，这类壁画多是赞颂和描绘佛、佛母、菩萨、高僧大德等的佛画，当然也包括供养人、世俗人物的尊像。

经变画是主要描绘佛经内容或佛传故事的绘画，由于其形象直观、通俗易懂，易于佛教深奥义理的宣讲和普及，在石窟中非常普遍，如涅槃变、东方药师变、西方净土变、绿度母救八难等。

装饰图案画是指那些在石窟寺中起渲染和烘托作用的背景物象，同时又可以将洞窟中不同的壁画母题自然地衔接，主要包括窟顶藻井、坛城、平棋龛眉、边饰、人物背景（头光、身光、背龛）、地毯、台座等。

下文将按照尊像画、经变画、装饰图案画的顺序来介绍东千佛洞西夏窟中目前保存较为完好、具有一定代表性的壁画作品，主要涉及东千佛洞第 2、4、5、6、7 窟中保存的壁画。

一、尊像画

佛画中佛像的手有不同的姿势，佛教称之为“印相”或“印契”，不同的印相代表不同的含义，这是识别各尊佛像的重要依据，为了便于下文的理解，现简要介绍几种佛教最常见的印相——手印，具体印相见图 3-1[①]。

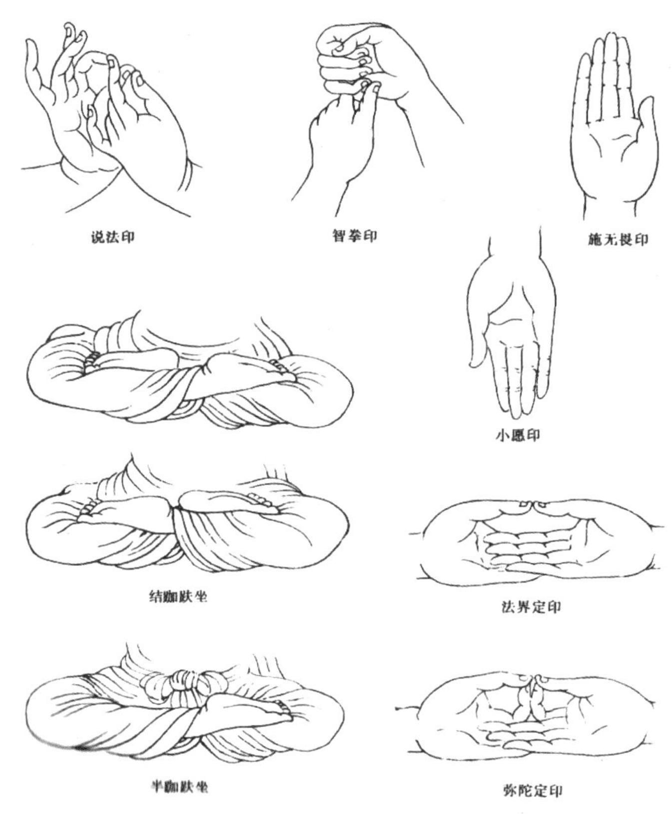

图 3-1　佛画中常见手印、坐像示意图

① 张宝德、徐有武绘图，业露华文:《中国佛教图像解说》，上海：上海书店，1992 年。

说法印，以拇指与中指（或食指、无名指）相捻，其余各指舒散。这一手印象征佛说法之意，所以称为说法印，是佛画中最常见的手印。

降魔印，以右手覆于右膝，指头触地，以示降伏魔众，又称为触地印。

定印，又称禅定印，是以双手仰放于腹前，右手置于左手上，两拇指的指端相接。此手印表示禅思，使内心安定之意。在密教中称为“法界定印”，大日如来多持此手印。

智拳印，其印相为左右二手各结金刚拳，左拳置于胸前，伸出食指，以右拳握之。这种手印是金刚界大日如来（毗卢遮那佛）常用的印相，密宗认为结此印能灭除烦恼，获得佛的智慧。

施无畏印，屈手上举于胸前，手指自然舒展，手掌向外。此手印表示佛为救济众生的大慈心愿，能使众生心安。

与愿印（又作施愿印，小愿印），是以手自然下伸，指端下垂，手指向外，表示佛、菩萨能使众生愿望满足。

本节将分别按照佛、菩萨、佛母、高僧、供养人的顺序展开论述东千佛洞西夏窟内分布的具有代表性的各类尊像画。

释迦降魔曼荼罗

各种佛像中最多、最为常见的要属释迦牟尼佛的尊像了。尊像画中以释迦牟尼佛为主尊的主要有三类：释迦降生像、释迦成道像、释迦说法像。东千佛洞的释迦降生像没有单独列出来，而是组合画在了八塔变中。

释迦成道像是最常见的佛陀形象，此形象的特点是：佛陀结跏趺坐于莲台，左手定印或者托钵，右手为触地降魔印。释迦降魔图是基本的表现形式。

东千佛洞共有两幅释迦降魔图，分别位于东千佛洞第 2 窟南壁（右壁）和第 7 窟西壁（右壁）。东千佛洞第 2 窟南壁的释迦降魔图是西夏晚期绘制的，具有浓郁的藏传风格。

画面中央主尊为释迦牟尼佛，肉色身相，着红色袒右肩袈裟，但红色大多脱落而呈现灰白色，右手作降魔触地印，左手托黑色钵，在方形束腰座承托的四色双瓣莲花座上呈结跏趺降魔坐。

释迦牟尼佛呈棕绿色（卡其色）头光、嫩绿色背光，黑色高尖状肉髻上饰浅色宝石，与拉萨大昭寺主殿右壁绘制的释迦说法图相似。主尊头顶上方为人面鸟喙大鹏金翅鸟，鸟喙下啄着两条交织的黄色蛟龙。这个人首鸟身的大鹏鸟也叫迦楼罗[1]，多出现于佛陀头顶部，为佛教护法神“天龙八部”之一。[2]迦楼罗造像往往置于佛像头顶上方，鸟爪下常有被缚的蛇或龙。释迦降魔曼荼罗（图 3–2）中佛陀头顶部也绘有这样一只大鹏鸟。不仅如此，笔者在大昭寺的金顶及西藏民俗博物馆等多处发现大鹏金翅鸟塑像，由此可见它在藏传佛教中的神圣护法地位。

东千佛洞第 2 窟南壁的这尊释迦佛，佛陀头顶山岩上开的龛内有坐佛，其身前放着供物，左右两边的龛内分别坐着僧人，左右角飘曳着的云纹、火焰纹中各立天人二身，有的举幢，有的托盘，还有的举伞盖。

主尊左右两侧分别有面向主尊斜侧立身的五弟子和五菩萨，其中上三排的五弟子呈“X”形排列，下两排五菩萨上排三位、下排两位。菩萨均坐姿，为典型的波罗风格菩萨造型。其特点是：弯眉长眼，眼睑下垂，长眼形成弯弯的弧形，高鼻薄唇，两道细眉间点有白毫，脸庞多呈长方形，面带微笑。菩萨身白色，头戴五叶冠，白色头光，蓝色身光，身佩金黄色耳环、项链、臂钏、手镯和脚镯。上身裸露，着璎珞。下身着黑色短裙，胡跪

图 3–2 释迦降魔曼荼罗（东千佛洞第 2 窟）

① 迦楼罗，又名金翅鸟。金翅鸟最初是印度教和婆罗门教的三大主神之一毗湿奴的坐骑迦鲁达，后来这种源于印度神话的大鹏鸟斗蛇或龙的母题为佛教所继承，佛经将其译为“迦楼罗”。

② 天龙八部，又称“八部众”“龙神八部”。佛教天神，佛教护法的诸天和龙神等八部的合称。一曰天众，二曰龙众，三曰夜叉，四曰乾达婆（香神或乐神），五曰阿修罗，六曰迦楼罗（金翅鸟），七曰紧那罗（人非人，歌神），八曰摩呼罗迦（大蟒神）。

于莲花座上。

菩萨面部经过明暗晕染的处理，鼻子高挺笔直，两腮和下巴上常出现高光点。双手或结手印，或合掌于胸前，手心被染成暗红色。弟子们均着半披肩袈裟，一排一排相叠绘出，按照前排菩萨的身高推测应为坐姿。整个画面中的人物相貌都或多或少地融入了西夏党项人圆面阔腮高鼻的特质，僧人也表现出藏族僧人的特征。

东千佛洞的这幅释迦降魔图的人物布局与西藏扎塘寺壁画说法图的布局基本一致，体现了西藏早期的佛教壁画布局形式，如图 6–5 所示。

这幅释迦降魔图主要反映的是藏传密教的绘画内容和构图样式，但在色彩的平衡上又有西夏清丽淡彩的审美情趣。这是一幅体现西藏早期佛画风格，但又融入了河西汉族与西夏党项人审美情趣的混合风格壁画作品。

在西夏黑水城出土的唐卡中有释迦降魔图，但是从画面构图、内容及敷色来看，与东千佛洞的释迦降魔图有所不同，如图 3–3 所示。

图 3–3 金刚座触地印释迦降魔图（俄藏黑水城出土唐卡）

首先，黑水城的释迦降魔图还保留着明显的西藏棋格式的布局仪轨，而东千佛洞的释迦降魔图则按照佛、弟子、胁侍、护法神等顺序自然有序地排列于主尊的周围，没有明显的棋格分界线，取而代之的是类似于东千佛洞第 5 窟绿度母（图 4–12）背景中的山峦、祥云瑞木，这样的背景衬托显得自然疏朗，体现了天人合一的思想。画中人物的表情真实而不呆板，多表现出党项人的外貌特征，更具亲和力和说教意义。

其次，从整个画面上看，东千佛洞的释迦降魔图敷色上要比黑水城的清丽许多，黑水城的以幽蓝色为背景，主尊红色的袈裟再配上红色的背光，胁侍菩萨为白色或浅黄色的身形，色彩艳丽，对比强烈，通过色彩的反差突出了画面的立体感。

最后，黑水城释迦降魔图的画面内容也与东千佛洞的有别，其主尊上方为五方佛，而不是左右分列的僧人像。左右胁侍菩萨及头两侧菩萨一共有八身，是当时流行的八大菩萨佛教绘画形式。黑水城唐卡主尊的莲座是少见的单瓣五彩莲座，东千佛洞的主座为双瓣座。黑水城的主尊头光两侧人面鸟身的动物为迦陵频伽，而东千佛洞的则为大鹏金翅鸟。

图 3-4 释迦牟尼成道像（西藏唐卡）

藏传佛教中人首鸟身的动物有三种，即迦楼罗（金翅鸟）、紧那罗（似人而头上有角，有的像人头马身或人首鸟身等）、迦陵频伽（妙音鸟）。

总体来看，东千佛洞的释迦降魔图具有西夏晚期的多元化风格，而黑水城的则在布局上更多凸显西藏风格，人物形象上彰显西夏黑水城佛陀的特质。从风格传承上看，东千佛洞的释迦降魔图既反映出黑水城胁侍菩萨的波罗风格，又有西藏唐卡中一些常见的构图元素，如大鹏鸟、佛陀胁侍弟子，画面的整体设色和人物服饰中又不同程度地表现出河西汉族及党项人的审美喜好。

释迦说法图

释迦说法像也称初转法轮像，这是表现释迦牟尼正式开始传教的尊像画，一般为螺发佛装，结跏趺坐，双手当胸结说法印，下置莲台。

东千佛洞共有两幅释迦说法图，分别位于东千佛洞第 2 窟北壁（左壁）和第 7 窟东壁（左壁）。东千佛洞第 2 窟释迦说法图（图 3-5）与释迦降魔图分别位于洞窟左右壁面。两幅壁画的画面布局、内容、色彩几乎相同，只是佛陀的手印

图 3-5 释迦说法图（东千佛洞第 2 窟）

有细微区别。

画面中释迦端坐于中央，身金黄色，着红色袒右肩袈裟，灰黄色头光，绿色身光，绿色身光中间有一条白色纹饰。佛陀双手当胸结说法印，黑色高尖状肉髻上饰浅色宝石，肩宽腰细，结跏趺坐于四色双瓣莲花座上，莲台下的方座同降魔图中的一样。身后的宫殿是东印度早期宫殿龛门样式。

佛陀头顶有一金翅鸟，鸟喙下缚着两条身躯交织为一团的灰色蛟龙，龙头向外侧展开，两边各正对着一身呈坐姿的波罗风格天人。佛陀绿色背光外侧有一白色面朝外、前蹄腾空立起的狮羊和踩在下面的象王，还有搭在弯钩上的红色飘带。东千佛洞第 2 窟的释迦降魔图与释迦说法图的主尊背龛几乎一样，这种佛龛的绘制形式与黑水城出土的同类题材唐卡十分相似，只是佛陀头顶上方的动物不同，但其与黑水城出土的药师佛唐卡背龛基本一致。[①]

宫殿式佛龛上为蓝色拱形三裂叶龛楣，佛龛以红色为基调，后面为红色马蹄形大背光，虚空中红色的背景衬托出西藏特有的且极具装饰性的不规则菱形状山岩和苍松翠柏，在山石之间的大朵祥云上面有一些举着绿色圆盘、幢、伞盖的天人。附近的层云上散布着鸟、羊、驼、鹏等祥瑞动物。整个画面飘逸灵动。

佛座前胡跪着持金刚轮的菩萨，主尊两侧菩萨、弟子的布局、相貌、服饰与上面的释迦降魔图几乎一样，具有党项人的外貌特质和波罗式的服饰风格。

释迦降魔图和释迦说法图在东千佛洞、黑水城等地频频出现，这必然有其深刻的社会历史根源。

西夏在前期处于吐蕃、宋、辽的包围中，中后期又与金、蒙古冲突不断，多年来战乱频仍，民不聊生。老百姓在动荡不安的现实世界里无法得到安慰与庇护，转而崇拜佛祖，以求庇护。壁画上作降魔印的释迦牟尼，其具有超凡力量、威猛而能降魔，所以这种佛教造像在西夏时期，尤其是晚期颇为流行也就不难理解了。

大日如来说法图

释迦说法图无论是画面布局、人物外貌、衣冠服饰，还是笔墨设色，都表现出浓郁的藏传风格，而大日如来说法图则体现出明显的汉传佛教绘画风格，与莫高窟几幅西夏时期的说法图大体上一致。

东千佛洞共有两幅大日如来说法图，分别位于东千佛洞第 2 窟后室正壁和第 7 窟后室正壁，与中心柱背面的涅槃变相对，显示出其在窟室中的地位。说法图与涅槃变相向对称布局是东千佛洞壁画的一大特色。

位于东千佛洞第 7 窟正壁的大日如来说法图（图 3–6），主尊为汉密风格的大日如来，其两侧立着菩萨、弟子及天王等，表现出大日如来说法会场面的庄严肃穆。壁画上佛陀神态安详，宝蓝色低平肉髻，饰髻珠，身赤赭色，内着浅色的僧祇支，外披几近褪色的袈裟。双手当胸结智拳印，结跏趺坐在多边形束腰青色

① 在藏传佛教的许多绘画、木雕、铜鍱的佛像背光上，都能看到卷草和各种吉祥动物组成的图案。这些动物可以归纳为六大类，称为六拏具。依《佛说造像量度经》所说，六拏具是：1．伽噜拏，意为大鹏，表慈悲；2. 布啰拏，意为鲸鱼，又称摩羯鱼、鳌头、水兽，表保护之义；3．那啰拏，意为龙女或龙子，表救度之相；4．波啰拏，意为童男，表资福之相；5．福啰拏，意为兽王，一般画成狮子或祥麟，比喻自在相；6．救啰拏，意为象王，表善师之相。

图 3-6 大日如来说法图（东千佛洞第 7 窟）

莲花座上。棕色圆形头光，青绿色椭圆形身光，身光外围有火焰纹，佛陀头顶上方有七彩的华盖，周围飘浮着朵朵祥云。

佛陀两侧伫立着二弟子、四菩萨、二天王，画面中所有人物基本呈“一”字形排列，这与释迦说法图中西藏早期以主尊为中心的“包围式”布局风格迥异。人物或眼神低俯，或神情肃然，目视前方。菩萨戴花冠，顶结高鬟髻，秀发披肩，与莫高窟说法图中菩萨的形象基本吻合。二天王身着战衣，紧握双拳，两眼凝视远方。壁画上两角各绘一飞天，托着供盘。整幅画以绿色为主，色彩鲜艳，凸显了西夏绿壁画的特点。

佛教认为，佛有三身说，即法身佛（指代表真理的佛身：大日如来）、报身佛（指获得佛果而显示佛智的佛身：卢舍那佛）、应身佛（指为了教化世间众生而显现的佛身：释迦牟尼佛）。东千佛洞第 7 窟后室的释迦牟尼佛涅槃，只是表示应身佛逝去了，佛身所代表的真理并未消失，而代表这个真理的法身佛即其对面的大日如来，东千佛洞这种壁画布局的方式无疑增加了僧众的信心，象征佛法是永恒的。

东千佛洞第 2、7 窟大日如来说法图继承了唐五代以来的画风，人物形象、构图技法、线描敷色上都表现出对汉传佛教艺术的传承。同样风格的说法图在榆林窟和莫高窟也有。

大日如来是密宗的本尊。东千佛洞不仅有汉密风格的说法图，更多的是藏密风格的大日如来说法图。大日如来说法图一般中间是大日如来，其他四佛呈“X”形位于主尊四周。藏密的大日如来说法图中，主尊多出现在金刚界坛城和胎藏界坛城的中央，是理智不二的法身佛，即密宗世界的根本佛。关于这些将在后文的曼荼罗坛城中详细叙述。

大日如来与八大菩萨

大日如来的两侧有绘八大菩萨的条幅，与大日如来说法图一同构成大日如来与八大菩萨曼荼罗。具体布局如图 3-6-1 所示。

如图 3-6-1 所示，大日如来说法图和八大菩萨条幅构图完整。以大日如来为中心呈左右对称分布，依次为：1. 观音菩萨；2. 弥勒菩萨；3. 虚空藏菩萨；4. 普贤菩萨；5. 金刚手菩萨；6. 文殊菩萨；7. 除盖障菩萨；8. 地藏菩萨。这与《八大

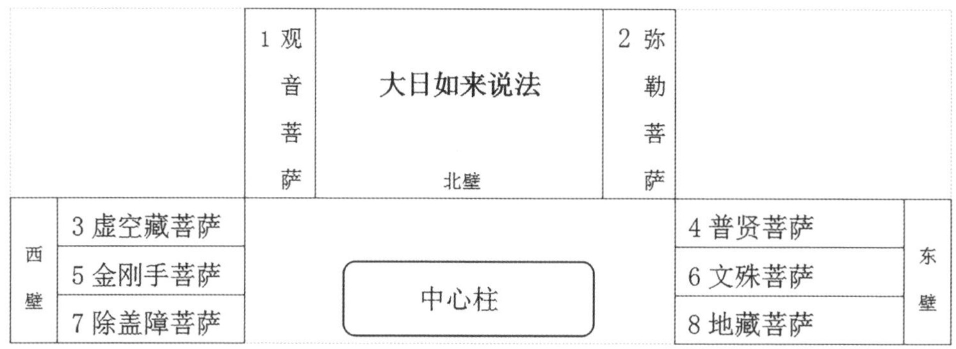

图 3-6-1 大日如来与八大菩萨曼荼罗布局示意图（东千佛洞第 7 窟）

菩萨曼荼罗经》（唐不空译）中的八大菩萨排列顺序是一致的。第 7 窟的壁画内容也是依据《八大菩萨曼荼罗经》绘制。

下面对照《八大菩萨曼荼罗经》逐一进行图像学释读。[①]

（1）观音菩萨

观音菩萨位于大日如来说法图左侧（图 3-6-2），顶戴摩尼宝冠，冠中有化佛，右手下垂施愿印，左手胸前持青莲花，双结跏趺坐。《八大菩萨曼荼罗经》中说："圣观自在赤色身，左手持莲花，右手施愿，头冠中有无量寿如来。"[②]壁画由于长期暴露，颜色发生氧化，观音菩萨已呈黑灰色身相。

图 3-6-2 大日如来与八大菩萨曼荼罗・观音菩萨（东千佛洞第 7 窟）

① 关于八大菩萨图像描述参考了张宝玺、刘永增等人的相关论著。
② ［日］高楠顺次郎、渡边海旭监修：《大正藏》，日本大正一切经刊行会出版，1934 年印行。

（2）弥勒菩萨

弥勒菩萨位于大日如来说法图右侧（图 3–6–3），顶戴摩尼宝冠，冠中有窣堵波，右手施无畏印，左手当胸持宝瓶，结双跏趺坐。《八大菩萨曼荼罗经》记载："于观自在菩萨后，想慈氏菩萨，金色身，左手执军持，右手施无畏。冠中有窣堵波半跏坐。"弥勒菩萨像已严重变色，现为黑灰色，根本无法判断原来是否为金色身相。宝冠中现化塔、右手施无畏印、左手持宝瓶等元素与《八大菩萨曼荼罗经》中的描述完全一致。

图 3–6–3　大日如来与八大菩萨曼荼罗 · 弥勒菩萨（东千佛洞第 7 窟）

（3）虚空藏菩萨

虚空藏菩萨位于西壁，头戴宝冠，身色淡红，右手在胸前，手掌向上，掌心置宝藏，左手胸前说法印，结双跏趺坐。《八大菩萨曼荼罗经》中说："于佛背后，想虚空藏菩萨，左手持宝安于心上，右手施流出无量宝。"虚空藏菩萨与《八大菩萨曼荼罗经》中的描述完全吻合。

（4）普贤菩萨

普贤菩萨（图 3–6–4）位于东壁，头戴五佛冠，左手下垂结与愿印，右手于胸前持剑，身色已变成青灰色，结双跏趺坐。《八大菩萨曼荼罗经》中说："虚空藏菩萨左边，想普贤菩萨，戴五佛冠，金色身。右手持剑，左手施愿。半跏而坐。"除了结双跏趺坐与《八大菩萨曼荼罗经》中的"半跏而坐"有别之外，其他均一致。

图 3–6–4 大日如来与八大菩萨曼荼罗 · 普贤菩萨（东千佛洞第 7 窟）

（5）金刚手菩萨

金刚手菩萨（图 3–6–5）位于西壁，头戴五佛冠，身色肉红色，右手于胸前执三钴金刚杵，左手结定印置于腹前，结双跏趺坐。《八大菩萨曼荼罗经》中说："于如来左边，想金刚手菩萨，右手执金刚杵，左手安于胯。戴五佛冠，身青色，半跏而坐。"除了结双跏趺坐与《八大菩萨曼荼罗经》中的"半跏而坐"、身色有别之外，其他均一致。

图 3-6-5　大日如来与八大菩萨曼荼罗·金刚手菩萨（东千佛洞第 7 窟）

（6）文殊菩萨

文殊菩萨位于东壁，顶戴摩尼宝冠，右手下垂施愿印，左手胸前持青莲花，上托三钴金刚杵，结双跏趺坐。《八大菩萨曼荼罗经》中说："于金刚手菩萨前，想曼殊室利童真菩萨，五髻童子形，左手执青莲花，花中有五股金刚杵。右手作施愿，身金色，半跏而坐。"与壁画中对照，《八大菩萨曼荼罗经》中说文殊菩萨为"五髻童子形"，而此处为宝冠形；文殊菩萨"半跏而坐"，而此处为结跏趺坐；"身金色"，而此处为青灰色，这应该是年久色变所致。其余与《八大菩萨曼荼罗经》中的记述一致。

（7）除盖障菩萨

除盖障菩萨位于西壁，肉红色身相，头戴宝冠，右手于腿部施愿印，左手持虎皮宝幢，结双跏趺坐。《八大菩萨曼荼罗经》中说:“于曼殊室唎菩萨右，想除盖障菩萨，金色身，左手持如意幢，右手施愿，半跏而坐。”与佛经对照，壁画里的除盖障菩萨同样结跏趺坐。有点褪色但能看出金色身色，其他图像与《八大菩萨曼荼罗经》的记述一致。

（8）地藏菩萨

地藏菩萨位于东壁，身色变黑灰，顶戴摩尼宝冠，右手胸前施安慰印，左手胸前捧宝蓝色琉璃钵，结双跏趺坐。《八大菩萨曼荼罗经》中说:“于如来前，想地藏菩萨，头冠璎珞，面貌熙怡寂静，愍念一切有情。左手安脐下拓钵，右手覆掌向下，大指捻头指作安慰一切有情想。”壁画中的菩萨图像与《八大菩萨曼荼罗经》中的描述完全一致。

通过将东千佛洞八大菩萨壁画与《八大菩萨曼荼罗经》中的记载一一对照、释读，我们发现佛经中菩萨的坐相多为半跏坐，而东千佛洞壁画中全部为双跏趺坐；壁画中菩萨的身色多数褪变为黑灰色了，许是年久色变所致。其他如菩萨冠带、手印、持物等均与《八大菩萨曼荼罗经》中一致。

八大菩萨身着华丽的衣冠，菩萨身后有绿色圆形头光和身光，其边缘绘有七彩云纹和霓虹纹饰，绚丽多姿。菩萨头顶绘有镶奇珍异宝的华盖，在虚空中显得华丽飘逸，衬托出主尊大日如来的威严高大。

东千佛洞第7窟是唯一一座绘有八大菩萨壁画的西夏石窟[①]。每个菩萨以单条幅的形式绘制。西夏时八大菩萨题材绘画较为盛行，一般多见于雕版、唐卡、木板画等，作为胁侍或眷属侍于佛祖两侧，如黑水城唐卡释迦降魔图（图3-3）中的八大菩萨。

在印度和我国西藏地区，八大菩萨曼荼罗的造像和绘画曾广为流传。刘永增指出:“敦煌石窟的八大菩萨[②]在图像表现上与印度密教美术有着强烈的一致性，不空系密教美术曾给予敦煌石窟以深刻影响。”[③]

---

① 霍巍:《早期密教图像在敦煌的传播及其来源的新探索——田中公明〈敦煌密教与美术〉评介》，载《敦煌研究》2006年第2期。

② 敦煌石窟八大菩萨多为唐、五代、宋时期的，如榆林窟第25、20、35、38窟，莫高窟第14窟、170、234窟。西夏时期的只有东千佛洞第7窟这一幅，故而格外珍贵。

③ 刘永增:《敦煌石窟八大菩萨曼荼罗图像解说（下）》，载《敦煌研究》2009年第5期。

行道药师佛

药师佛即“药师琉璃光如来”的简称，又称为大药王，是东方琉璃世界的教主。据《药师如来本愿功德经》（隋代达摩笈多译）记载：“……佛告曼殊室利，东方去此，过十殑伽沙等佛土，有世界名净琉璃，佛号药师琉璃光如来……彼世尊药师琉璃如来，本行菩萨道时，发十二大愿，令诸有情所求皆得。”

药师佛的造像一般有坐像和立像，据《药师念诵仪轨》记载，药师佛“左手持药器，名无价珠，右手结定印，身披袈裟，结跏趺坐，安坐于莲台上”。一般常见的药师佛坐像是以药师三尊（图 3–7）的形式出现，即药师佛居中，日光菩萨、月光菩萨左右胁侍。石窟寺中也常出现释迦牟尼、阿弥陀佛、药师佛合供的三世佛，如山西五台山寺庙、云冈石窟、龙门石窟等。东千佛洞药师行道图（图 3–8、3–9）中一佛二弟子是以立像形式出现的。

行道佛的形象早在南北朝就出现了。持锡杖、药钵的行道药师佛立像在敦煌莫高窟中比较常见。莫高窟中的行道药师佛具有明显的高昌回鹘风格，而东千佛洞的药师佛则具有明显的西夏党项风格。

图 3–7　药师三尊（黑水城出土唐卡）

西夏中后期，河西石窟中的药师佛形象多承唐五代绘画传统，并一定程度上受到高昌、沙州等回鹘壁画艺术风格的影响，从内容到表现手法都开始趋于简约和疏旷。药师行道图多数为两幅，一般绘于龛外两侧或甬道两侧壁，呈较为狭长的条幅状。画面中的药师佛形象高大、面形丰腴，呈现出回鹘风格。药师行道图多数为佛陀的单身持杖像，偶尔有几身弟子随侍左右，空中往往弥漫着淡淡的云气。

药师行道图中的锡杖是佛与弟子所持的重要杖具。据《锡杖经》载，锡杖为智德之表征，有轻、明、不回、悭、不慢、疏、采取、成等义。

日僧觉禅的《觉禅抄》记载药师尊像“唐本持钵、锡杖”，并收有《唐本药师像》。初唐，敦煌石窟壁画中亦见持钵、执锡杖的药师佛。但药师佛持锡杖行道的形象未载于经典或仪轨，说明行道药师佛的形象可能多少融入了画师的审美喜好。在东千佛洞第 2 窟中有两幅药师行道图，画面显得更加世俗，无形中拉近了药师佛与僧众间的距离。

图 3–8 行道药师佛（东千佛洞第 2 窟）

东千佛洞的两幅药师行道图位于后室正壁大日如来说法图左右两侧。这是典型的对角线构图法。左侧一幅的左下角有四个小童预接佛陀施药丸。画面中主尊被特意放大，突出面部表情。药师佛的造型以唐五代中原传统绘画为基础，同时兼有党项人圆面阔腮高鼻的外貌特征，体现了不同地域、不同民族的审美喜好，可以说是一幅兼具汉、夏（蕃）风格的绘画艺术品。

左侧的药师佛行道图（图 3–8）中的人物被分成两组，分别居于对角线的上下两端。一组是身形放大的药师佛及身后二弟子，几乎占据了整个画面的四分之三。另一组是四个身形缩小的小童，居画面左下角，其中一个孩子被另外三个高高托起，伸手去接药师佛俯身赐给的小药丸。画面突出表现药师佛救苦救难、救死扶伤的大爱形象。壁画中人物表情惟妙惟肖，药师佛目光慈祥，身躯向右前方微倾，满含慈悲关爱。药师佛身赭红色，低平肉髻，着内白外红的佛装，面相同释迦牟尼佛，但有党项人身材高大、高鼻、两腮饱满的外貌特征。其左手执锡杖，右手曲臂下垂，手托琉璃色药钵。药师佛右下方的四个孩童流露出欢喜雀跃的神情。这种对角线布局方式更加彰显了药师佛大爱、慈悲、拯救众生的无量功德。南宋时的“夏一角”“马半边”的构图模式在这里得到了充分展示。

图 3–9　行道药师佛（东千佛洞第 2 窟）

两个随侍弟子立于药师佛右侧身后，一个双手抱拳，一个合掌。二人神情平和地注视着这一幕。药师佛跟孩童们的互动与二弟子的肃穆形成一动一静、动静呼应的构图效果，将原本庄严肃穆的佛画题材变得鲜活灵动起来，生动活泼的世俗氛围使佛教的深刻义理变得通俗易懂，更突出了药师佛的世俗感与亲切感。这与黑水城及西藏地区药师佛肃穆的形象完全不同。这种画面布局无形中拉近了药师佛与信众的距离，正应了药师佛“令诸有情所求皆得”的济世观。

右侧的药师行道图（图 3–9）主尊发饰涂成海蓝色，低平肉髻，饰髻珠，身赭红色，穿百衲袈裟，双脚立于莲花座上，微侧身缓缓前行。药师佛右手持环锡杖，斜靠在肩上，左手托透明的琉璃色药钵于胸前。二弟子双手合十左右胁侍而立，虚空间背衬彩云。画面中师徒三人均朝向中央的大日如来佛。一般来说，药师佛形象多是低平肉髻，赭红色身相，如云冈石窟中北魏的药师佛。东千佛洞第 2 窟的药师佛也不例外。

东千佛洞的两幅药师佛行道图着重表现了药师经中的济世观。整个画面对角线构图，简约疏朗，突出主要人物药师佛的形象。人物表情惟妙惟肖，刻画细致入微。整个画面设色清薄透明，药师佛及两弟子三人近乎透明的头光穿越薄薄的云雾，着装淡雅而飘逸，衣褶随体形自然飘动，形象逼真。整幅画从构图、线描、设色上都表现出明显的汉传佛教绘画风格，有种云淡风轻的画面质感。尤其药师佛的面貌，还略带党项人的特征，是同类题材中不可多得的佳作。

东千佛洞第 2 窟后室正壁左右对称分布的两幅药师佛行道图与中间的大日如

来说法图、对面的释迦涅槃图共同构成了佛教“三世佛”的大主题（图 3–10）。药师佛既满足了解除受众现世的疾苦，又是来世东方往生之净土世界的佛。大日如来是未来法界的佛，释迦牟尼佛涅槃后的接班人。东千佛洞第 2 窟后室的“三世佛”生动地诠释了佛教“三世佛”的寓意及深刻内涵。这是东千佛洞西夏佛教绘画艺术布局的一大典型特色。

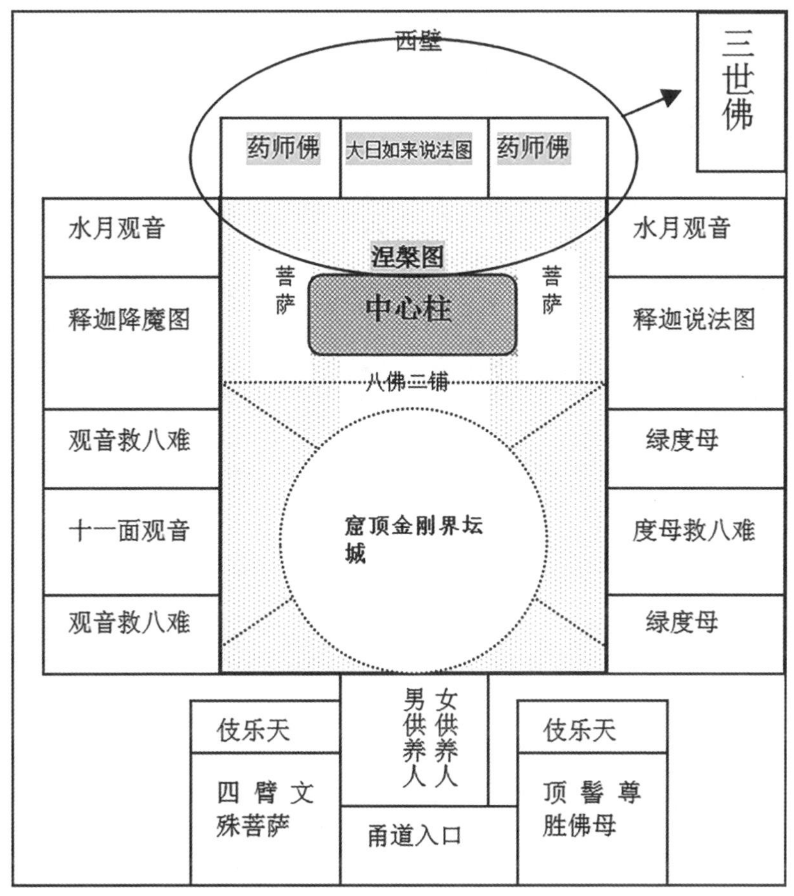

图 3–10　东千佛洞第 2 窟壁画布局及“三世佛”示意图

阿弥陀佛

阿弥陀佛又称作“无量寿佛”“无量光佛”等，是佛教所说的西方极乐世界的佛。北魏时，我国已出现各种阿弥陀佛的造像。据《无量寿经》《观无量寿经》记载，阿弥陀佛在极乐净土中，高坐于莲台上，左右胁侍分别为观音菩萨和大势至菩萨，

图 3–11　阿弥陀佛接引图（东千佛洞第 7 窟）

三者构成“西方三圣”组像。胁侍菩萨手持莲台，表示接引众生往生西方净土、莲花化生之意。依净土之说：“……修净土法门者，具足善根福德因缘，持名念佛，乃于一心不乱，于临命终时，阿弥陀佛必来接引往生净土。”

东千佛洞第 7 窟因前室左右壁对称地绘有阿弥陀佛接引图而著称，东千佛洞也因此得名“接引寺”。这两幅阿弥陀佛接引图内容几乎一样，右壁保存完好，左壁大都漫漶不清了。位于右壁的阿弥陀佛（图 3–11）侧立于画面右侧，双足立于云团衬托的莲台之上，身黄绿色，两眼平视，着五彩同心圆环状头光，右手向下施小愿印，左手当胸施无畏印。阿弥陀佛两侧立着二弟子。前面靠右侧乃观世音、大势至二胁侍菩萨，共同执着一朵盛开的大莲盘，俯视着下方，这就是佛经里所说的执金刚台。左下角壁画已漫漶不清，无从辨识了。阿弥陀佛身后立着环顾左右的二天王。深蓝色的虚空中掩映着一座天宫楼阁，祥云缭绕，奇花烂漫，正是往生者的西方净土世界。

左壁阿弥陀佛接引图大部分已漫漶不清，仅可见左上侧部分。佛正视前方，站在中间，观世音菩萨、大势至菩萨共同抬着一朵盛开的大莲花立于阿弥陀佛前，

图 3-12 阿弥陀佛（纽约大都会博物馆藏西藏 11 世纪唐卡）

其身后站立着虔诚的弟子和气宇轩昂的天王。右侧画面已漫漶不清。虚空隐现天宫楼阁，飘浮着祥云，散落着天花。

东千佛洞壁画中多见阿弥陀佛净土信仰，西夏其他地区亦如此。1909 年出土于内蒙古额济纳旗黑水城遗址、今藏于俄罗斯圣彼得堡艾尔米塔什博物馆的西夏绘画中阿弥陀佛就有七件之多（图 4–18、4–19）。画面右上方的阿弥陀佛及观世音菩萨、大势至菩萨共同抬着一朵盛开的大莲花。画面左下角有随佛归去的僧众等往生者，有将要登上大莲花的化生童子，有树下坐禅的僧人，有老人、妇女等。他们都笼罩在从佛额顶引出的化光中，等待被佛接引去往生西方净土世界。众多的阿弥陀净土作品反映出西夏对净土宗信仰的虔诚。

东千佛洞的阿弥陀佛接引图与黑水城出土的唐卡有所不同，没有黑水城对角线式的构图法，也没有出现随佛往生的众生等形象。东千佛洞阿弥陀佛接引图是满构图，色彩更加清丽，画面中有护法的天王、胁侍弟子等。人物刻画比较细腻，主尊阿弥陀佛表情自然，整体上更贴近生活，敷色饱满生动。人物形象具有党项人圆面高准的体貌特征，是一幅多元化的西夏晚期绘画艺术品，具有较高的欣赏价值。

纽约大都会博物馆收藏的一幅 11 世纪西藏的唐卡（图 3–12），设色、人物布局与黑水城唐卡药师佛三尊像（图 3–7）相似，画面下端两角绘制了预往生的僧俗人物，是一幅内容完整的藏传佛教风格的阿弥陀佛来迎图。

落迦山观音（水月观音）

观世音菩萨，又称“观自在菩萨”“光世音菩萨”等，其字面意义为“观察（世间民众的）声音”的菩萨，此种说法源于《首楞严经》中所说的“观听十方，圆明无碍；观世音之名，遍闻十方世界”。《法华经》中的解释为“观其音声皆得解脱”。

在佛教造像中，观音菩萨像是最常见的。《佛说观无量寿佛经》中描述观音菩萨：“头顶有肉髻，戴中间有立佛的佛冠，面部金色，眉间有白毫放光，臂为红莲花色，上饰璎珞……”然而不同地区观音菩萨形象变化很大，汉传佛教与藏传佛教中的观音菩萨形象就有很大的区别。观音菩萨一般为一面二臂。但在藏传佛教密宗中也有一面四臂的四臂观音，显忿怒相的多面多臂多足的马头观音、十一面观音，汉传佛教密宗中的千手观音，等等。

《法华经·普门品》中说观音有“三十三身”，本节主要论述的落迦山观音也

图 3–13 水月观音（东千佛洞第 2 窟南壁）

叫“水月观音”，就是“世间所绘观水中月之观音”，[①]也是佛教三十三观音之一。

落迦山，全称布呾落迦山，是印度主要的佛教圣地。在我国，普陀山和布达拉宫均由此得名，都是观音菩萨的道场。

佛典记载落迦山是观世音菩萨显圣的地方：

> 西面岩谷之中，泉流萦映，树木蓊郁，香草柔软，右旋布地。秣剌耶山东有布呾落迦山，山径危险，岩谷敧倾，山顶有池，其水澄镜，派出大河，周流绕山二十匝，入南海。池侧有石天宫，观自在菩萨往来游舍。其有愿见

① 丁福保编：《佛学大辞典》，上海：上海书店，1991 年。

菩萨者，不顾身命，厉水登山，忘其艰险，能达之者，盖亦寡矣。而山下居人，祈心请见，或作自在天形，或为涂灰外道，慰喻其人，果遂愿。[1]

由此可见，观音菩萨修行之地山高路险，需要跋山涉水渡过千难万险方能抵达。所以，虔心的信徒只有在山下隔山隔水遥拜。

图 3-14 水月观音·唐僧取经图（东千佛洞第 2 窟南壁）

① [日] 高楠顺次郎、渡边海旭监修:《大正藏》，日本大正一切经刊行会出版，1934 年印行。

《华严经·入法界品》记载："观自在菩萨于金刚宝石上结跏趺坐，无量菩萨皆坐宝石恭敬围绕，而为宣说大慈悲法，令其摄受一切众生。"（《华严经》）汉传佛教中的观音菩萨多为这一形象。

东千佛洞共有三幅水月观音图，分别位于第 2 窟前室甬道南北壁、第 5 窟前室甬道左壁。其中第 2 窟前室甬道南北壁对称分布的两幅水月观音图构图相似，都采用对角线式构图法。一侧上方均坐着落迦山观音，而另一侧为唐僧与猴行者一行，大河上漂浮着护行的大梵天王（或帝释天）等，呈现了唐僧一行拜谒落迦山观音的场景。

东千佛洞第 2 窟南壁的水月观音图（图 3–13），右上部主尊观音菩萨结跏趺坐于水边岩石的金刚宝座上，身后一轮圆月。头戴宝冠，秀发垂肩，左手放在腹间，右手握经卷，双目注视其间。观音菩萨身着菩萨装，一条浅绿色的薄纱带从颈部绕于双臂间，袒露的胸腹被璎珞和披发遮掩，腰间饰有宝石、丝带等饰品。下身着红色罗裙，裙摆自然散开。身体其他部位皆饰有项圈、璎珞、钏、镯等物，局部敷贴金箔。身后是淡淡墨色勾染的朵朵祥云，浓墨渲染的奇石与嵯峨的山岩，山石间的缝隙里冒出几只翠竹，树上盛开着红色的小花。菩萨座前的河边漂浮着几朵红莲花，宝座边缘和岩山用点金法描绘出金色的流苏，显得格外耀眼夺目。再加上观音菩萨身旁开启的经箧，高台上随风摆动的净瓶杨枝，整体给人一种悠然清静的意境。

菩萨对面河心的一块浅滩上，有一棵枝繁叶茂的菩提树，树下立有师徒二人（图 3–14），隔岸举手向观音菩萨遥遥相拜。师父是一位眉清目秀、年轻英俊的青年，身着大袖僧袍，斜披袈裟，脚蹬云头履，为典型的汉僧着装，正双手合十侧身向观音礼拜，十分虔诚。其身后站着一个行者装束、身材矮小的徒弟，长发披肩，头戴束发箍，塌鼻子圆眼，毛脸雷公嘴，甚至有几分丑陋。徒弟身着长衩衣，腰束带，小口裤子，足蹬麻鞋，左手齐眉瞭望，右手牵着马缰，跟随在僧人身后，显得机警干练。从外貌及装束上看，他应是当年玄奘西行取经途经瓜州时所收的徒弟——石盘陀，他曾一度担任玄奘的向导。行者身后立有头向里尾朝外的枣红马，也在侧首仰望观音，鞍鞯上并未驮物。画面中两岸的菩萨、师徒目光相对，突出了唐僧师徒赴落迦山拜别观音菩萨准备远赴西天取经的主题。

画面下方飘浮着葡萄状的云海，大梵天（或帝释天）一行向观音菩萨作供养礼拜（图 3–14）。一行人以红色的火焰纹为背景，天衣随云海上的风浪飘然而起。其中，大梵天着帝王装，头戴通天冠，身穿大袖袍，腰束蔽膝，手捧曲柄香炉，

图 3-15 普贤变局部·唐僧取经图（榆林窟 3 窟窟门西壁）

神情自如。前有侍女举幢，后有文吏抱着文卷，随行武士张旗护持，彩旗随风飘荡，好似天人在水中荡漾，增添了画面的律动感。[①]

① 关于东千佛洞水月观音下方的水波中漂浮的大梵天等人的图像解读，学者有不同的看法。著名敦煌学专家宁强教授认为，图中头戴通天冠、身穿大袖袍者为西夏的皇帝，皇帝可能生病了，从画面看其的确面部消瘦，背有点弓，不挺拔，钟馗前来为皇帝驱鬼除病。此图表现的就是唐代流传的“钟馗捉鬼”的故事。皇帝身后的官员就是钟馗。通过仔细读图，笔者也比较认同宁强先生的观点。

这幅壁画描述的是玄奘于大唐贞观三年（629 年）沿丝绸之路远赴印度求法的一个场景。当时，玄奘向朝廷奏请西行求法，但未被批准，西行之路千难万险、危机四伏，随时都可能被朝廷缉捕。然而玄奘为了求佛法，还是义无反顾地踏上了西行取经之路。此图表现的正是玄奘出瓜州偷渡葫芦河，行前膜拜观音菩萨，以求得观音菩萨的护佑。图中玄奘一副宽袍大袖汉人唐装的打扮，枣红色马背上也没有经包，这里画的是枣红色马而非《西游记》中的白马。当时瓜州一位老者被玄奘西去求法的坚定信念打动，特将自己的一匹识途老马换给了唐僧。

唐僧一路西行求法，途经上百个国家，他一边游历，一边学习梵文经典，并在多个国家讲经论道，名声大噪，前后历时 17 年，终于在贞观十九年（645 年）满载着佛经经典和荣誉东归大唐。

《大唐西域记》[①]是玄奘根据西天取经一路上的所见所闻而写的一部纪实作品，反映他十七年来途经各个国家的政治、地理、文化、佛教（宗教）等，具有极高的文献价值和研究价值。

不仅东千佛洞有唐僧取经图，瓜州榆林窟也有。榆林窟第 3 窟西壁窟门一侧，与文殊变左右对称分布的普贤变中也有一幅唐僧取经图。其与东千佛洞第 2 窟的唐僧取经图有所不同，虽然画面上也是唐僧师徒二人，但是画面的意境已发生了许多变化。

榆林窟第 3 窟的唐僧取经图（图 3–15）中，白马背上已有了熠熠生辉的莲花座，其上放置裹着佛经的经包，说明唐僧师徒已历尽千难万险取回佛经，这是东归大唐的画面。壁画上唐僧师徒二人正向普贤菩萨行礼致谢。

唐僧的手势也发生了变化，双手合十，但手指向下，表示唐僧是在感谢普贤菩萨和文殊菩萨对他师徒二人的护佑。师徒二人的周身腾起一片祥云，说明他们已成为圣者了。二人的服饰也发生了明显的改变，为窄衣紧口的西夏服饰了。

为什么把唐僧取经图画在了普贤变中呢？其实唐僧西天取经图中的猴行者——悟空的原型源自另一本经典，它就是《大唐三藏取经诗话》[②]，据书中

---

①《大唐西域记》，简称《西域记》，为唐代著名高僧唐玄奘口述，门人辩机奉唐太宗之敕令而编。《大唐西域记》共十二卷，成书于唐贞观二十年（646 年）。

②《大唐三藏取经诗话》，又名《大唐三藏法师取经记》，作者不详。世多以为宋刊，鲁迅认为作者或为元人。全书三卷，十七段，叙述唐玄奘取经故事，其中猴行者为主要人物（原本描写唐僧取经故事中都是以唐僧为主人公，而在话本中则改为猴行者——孙悟空的原型），他为扶助三藏法师大显神通。与上面的《大唐西域记》等为《西游记》的创作奠定了基础。

记载：

图 3-16 猴行者石雕
（泉州开元寺·南宋）

> 僧行六人，当日起行。法师语曰："今往西天，程途百万，各人谨慎。"小师应诺。行经一国已来，偶于一日午时，见一白衣秀才从正东而来，便揖和尚："万福，万福！和尚今往何处？莫不是再往西天取经否？"法师合掌曰："贫僧奉敕，为东土众生未有佛教，是取经也。"秀才曰："和尚生前两回去取经，中路遭难，此回若去，于死万死。"法师云："你如何得知？"秀才曰："我不是别人，我是花果山紫云洞八万四千铜头铁额猕猴王。我今来助和尚取经。此去百万程途，经过三十六国，多有祸难之处。"法师应曰："果得如此，三世有缘。东土众生，获大利益。"当便改呼为猴行者。

辅佐唐僧西天取经的这位白衣秀才说自己前世是花果山紫云洞八万四千铜头铁额猕猴王，西天取经一路艰辛，前途未卜，今来襄助唐僧取经的。唐僧得一高徒，便改称白衣秀才为猴行者了。壁画中孙悟空猴首人身的特殊造型正源于此。

书中又载：

> 僧行七人，次日同行，左右伏事。猴行者乃留诗曰："百万程途向那边，今来佐助大师前。一心祝愿逢真教，同往西天鸡足山。"三藏法师诗答曰："此日前生有宿缘，今朝果遇大明贤。前途若到妖魔处，望显神通镇佛前。"
>
> ……女王与女众，香花送师行出城，诗曰："此中别是一家仙，送汝前

程往竺天。要识女王姓名字，便是文殊及普贤。”

但书中并未交代猴行者孙悟空手里到底拿的是什么兵器，为什么《西游记》中是金箍棒呢?

东千佛洞第 2 窟北壁水月观音中的唐僧取经图（图 3–17）与南壁的唐僧取经图（图 3–14）相比，我们会发现猴行者手里拿的正是金箍棒。为什么在这里出现了呢？这说明是西夏时期河西地区画师发挥个人想象力而创作出来的，此图为《西游记》中孙悟空手持金箍棒的形象塑造奠定了基础。

孙悟空除了拿金箍棒，他还用什么兵器呢？其实他还使大刀，这是我们在福建泉州开元寺的一座南宋猴行者石质雕像上挖掘出的信息（图 3–16）[①]。猴行者为猴首人身，头戴金箍，项带佛珠，手持一把大刀，武士打扮。他旁边白龙化身的武士则拿着类似金箍棒的兵器。

从东千佛洞第 2 窟南壁的唐僧取经图、第 2 窟北壁的唐僧取经图（猴行者持金箍棒）到榆林窟第 3 窟的唐僧取经图（唐僧师徒双手合十拜谢普贤菩萨，马背上有经包），再到福建泉州开元寺的猴行者石雕（猴行者手持大刀），我们通过对上述唐僧取经图的释读与分析，可以看出西夏文明为中华文明的形成所做出的卓越贡献。中华文明是各民族共同创造的。

通过解读这几幅西夏时期的水月观音图，我们从中梳理出东千佛洞水月观音与榆林窟水月观音及唐僧取经图的艺术特色及其关联。

首先，东千佛洞和榆林窟的水月观音图整体呈现对角线布局的特点，“虚”与“实”界线分明，身形较大的观音与比例缩小的大梵天（可能为西夏帝王）按对角线布局，形成强烈的对比效果，这种绘画风格运用了南宋画家马远、夏奎等的“偏角构图”“意到笔不到”的构图原理，充分体现了中国画的空白处理技法，使山水画更具特殊魅力，被当时的人戏称为“马一角”“夏半边”。

第二，东千佛洞的水月观音图与榆林窟的相比，场面宏大，画幅拓宽，画面内容更加丰富了，整体设色更加明亮、柔和、清透，刻画得也越发细腻、流畅，极具观赏性。较之榆林窟敷色厚重的“绿壁画”，东千佛洞的水月观音图色彩上要含蓄、柔和、明亮许多。

---

① 以上关于猴行者形象溯源的分析受著名敦煌学专家宁强教授的启发。也有学者如日本的中野教授认为泉州开元寺的猴行者形象是受印度史诗《罗摩衍那》里神猴哈奴曼的影响。

图 3-17　水月观音·唐僧取经图（东千佛洞第 2 窟北壁）

第三，在具体人物肖像的刻画上，东千佛洞的水月观音只绘头光，身后是蜿蜒曲折的山岩、青翠欲滴的修竹，以及色彩斑斓的花朵，菩萨的表情祥和、淡定，所着衣裙随行云流水而自然飘逸，精细的游丝描塑造了观音菩萨潇洒非凡的气质。

第四，马背上的造型也有所不同，东千佛洞第 2 窟南北壁的唐僧取经图中马背上无经箧包，而榆林窟的唐僧取经图中则有熠熠生辉的经箧包。如果将这两个场景放在一起，正好构成了完整的西天取经图。

第五，从莫高窟到榆林窟，再到东千佛洞，水月观音图的绘制规模越来越大，画面越来越精美，观赏价值也越来越高。东千佛洞西夏艺术得魏晋之韵，仿唐宋之法，在水月观音题材的创作上充分地吸收汉风古韵，同时又恰当地融入了西夏党项人的审美喜好和人物外貌特征，形成了一种“混搭”的综合艺术效果。

水月观音像出现于中唐。张彦远《历代名画记》卷十载：“（周昉）妙创水月之体。”卷三载：“（西京）胜光寺……塔东南院，周昉画水月观自在菩萨掩障。菩萨圆光及竹，并是刘整成色。”[①]朱景玄《唐朝名画录》也有“今上都有画水月观自在菩萨”的记载。自中晚唐以来，仅在莫高窟、榆林窟、东千佛洞、五个庙石窟、酒泉文殊山等处，留有五代至元代的水月观音共 30 余幅，其中属西夏时期的有 16 幅，约占半数。敦煌藏经洞发现的纸绢本水月观音也有五六幅，这些水月观音旨在突出观音菩萨，具体配景和情节有所不同，榆林窟第 3 窟窟门西壁的唐僧取经图（图 3–15），表现的是唐僧师徒参拜普贤菩萨及文殊菩萨的场景。

东千佛洞第 2、5 窟的三幅水月观音图都有表现唐僧师徒参拜落迦山观音的场景，这应该是西夏时期的画师为了反映唐僧师徒经瓜州出关去西天取经的史实而作，有独特的历史价值。

下文根据《中国石窟・敦煌莫高窟》（敦煌研究院编，文物出版社，1987 年版）、《中国石窟・安西榆林窟》（敦煌研究院编，文物出版社，1997 年版），将莫高窟五代、宋、西夏的水月观音壁画，东千佛洞、榆林窟、五个庙的宋、西夏的水月观音壁画予以整理，以示对照（表 3–3、3–4）。

---

① 张彦远著：《历代名画记》，上海：上海人民美术出版社，1964 年。

表 3-3　敦煌莫高窟水月观音像统计表

年代 / 窟内布局		五代				宋				西夏		
		6 窟	124 窟	294 窟	331 窟	176 窟	203 窟	427 窟	431 窟	95 窟	164 窟	237 窟
前室	顶					*						
前室	北壁龛外门西						*					
前室	西壁门上			**				*	**			**
甬道	顶	*										
甬道	南壁		*									
主室	中心柱东面的甬道口上方									*		
主室	西壁帐门南北壁										**	
年代题记			后周广顺时					乾德八年	太平兴国五年			

（注：表中 ** 代表 2 幅图对称分布，下表同。）

表 3–4 东千佛洞、榆林窟、五个庙的水月观音像统计表

石窟名称	窟号	年代	洞窟方位、水月观音像布局
东千佛洞	第 2 窟 **	西夏	坐西朝东，在前室甬道左、右壁对称分布。2 幅上均绘有唐僧取经图
	第 5 窟 *	西夏	坐西朝东，在前室甬道左壁分布
榆林窟	第 2 窟 **	西夏	坐东朝西，在主室西壁门两侧对称分布，其中 1 幅绘有唐僧取经图
	第 20 窟 **	北宋	坐北朝南，在前室门上方左右对称分布
	第 21 窟 **	西夏	坐北朝南，在前室东壁药师佛像上方华盖左右对称分布
	第 29 窟 **	西夏	坐北朝南，在主室北壁佛像左右对称分布
五个庙	第 1 窟 *	西夏	坐西朝东，分布在南壁

（注：表中 ** 代表 2 幅图对称分布）

文殊菩萨

文殊菩萨，全称文殊师利，新译曼殊室利，意为德、吉祥。据说他出生时家中出现许多吉兆，因此而得名。常见的有二臂文殊和四臂文殊，主要表现形式有文殊菩萨单尊像、文殊菩萨与胁侍组成的文殊五尊曼荼罗、文殊变、文殊说法会，等等。

东千佛洞有多幅文殊菩萨的壁画，但目前保留下来的只有两幅四臂文殊和一幅文殊菩萨说法会，它们分别位于第 2 窟前壁右侧和第 5 窟右壁（后室甬道）。四臂文殊又作文殊施智慧，主要造像依据《圣妙吉祥真实名经》①。两幅四臂文殊壁画，因其周围有四位胁侍菩萨，构成圣妙吉祥文殊曼荼罗，故又称为圣妙吉祥文殊。文殊菩萨说法会又称妙吉祥文殊说法会或者曼荼罗。

①《圣妙吉祥真实名经》又名《文殊真实名经》，是密宗重要的经典之一，11 世纪由仁钦赞布译为藏文，西夏时期由释智译成西夏文。此经是文殊菩萨发菩提心愿文，明五智勇识之真实名。该经以偈颂体写出，是佛教的重要经典，并有多种注释。

据西晋优婆塞聂道真译的《文殊师利般涅槃经》记载，文殊出生在古印度舍卫国的一个婆罗门家庭，后随释迦牟尼出家。释迦牟尼灭度后，他来到云山，为五百仙人解释十二部经。后来，他又回到出生地，在尼拘陀树下结跏趺坐涅槃。

又据《文殊师利宝藏陀罗尼经》(亦名《文殊师利菩萨八字三昧法》)记载："尔时世尊，复告金刚密迹主菩萨言，我灭度后，于此赡部洲东北方，有国名大振那[①]。其国中间，有山号为五顶。文殊师利童子，游行居住。为诸众生，于中说法。及有无量无数诸天龙神药叉罗刹紧那罗摩睺罗伽人非人等。围绕供养恭敬于是。"因此，五台山成为文殊菩萨说法道场，是佛教圣地之一。

在大乘佛教中，文殊菩萨的地位很高。他是众菩萨之首，被认为是如来"法王"之子，因此被称为"法王子"。他是智慧的化身，经常协同释迦牟尼宣讲佛法。在《维摩诘经》中，他又代表释迦牟尼，率领众弟子前去探望病中的维摩诘，并与其反复讨论大乘佛教教义，宣说大乘佛法玄理。

在佛教图像中，文殊菩萨、普贤菩萨、释迦牟尼共同构成"释迦三尊"。文殊菩萨像多身骑狮子，狮子勇猛，表示文殊菩萨智慧威猛。骑狮子的文殊菩萨常与骑象的普贤菩萨图像对称出现，如东千佛洞第 5 窟南北壁正对的文殊变与普贤变。作为大日如来的胁侍与护法，文殊菩萨多以群像形式出现。单尊的文殊像多以金属塑像或唐卡的形式出现。笔者在西藏和纽约大都会博物馆参观考察时遇见的多是单尊形式的文殊像。

文殊菩萨因汉传佛教和藏传佛教的不同教派、教义而有多种形象。按顶髻的形状，一般可分为一髻文殊、五髻文殊、八髻文殊等。密宗则依据贞言陀罗尼（咒）的字数，分为一字文殊、五字文殊、六字文殊、八字文殊等。其中以五字五髻文殊为本体，也最为常见。一般的文殊菩萨像多为头戴五髻宝冠的童子形，其造像依据《八大菩萨曼荼罗经》："于金刚手菩萨前，想曼殊室利童真菩萨，五髻童子形，左手执青莲花，花中有五股金刚杵。右手作施愿，身金色，半跏而坐。"[②]

五髻表示内证五智（法界体性智、大圆镜智、平等性智、妙观察智、成所作智）。童子形则喻天真纯洁。左手执青莲花，花上放般若经梵箧，表示般若之智一尘不染。右手执宝剑，以金刚宝剑能斩群魔，比喻大智慧好像一把锋利的宝剑，

---

① 振那：即震旦，古中国又名震旦国，有山号为五顶，应指五台山。
② ［日］高楠顺次郎、渡边海旭监修：《大正藏》，日本大正一切经刊行会出版，1934 年刊印。

图 3-18 圣妙吉祥文殊五尊曼荼罗（东千佛洞第 2 窟）

能断一切无明烦恼。身坐白莲台，表示清净。

文殊菩萨的身色一般有黄色、红色、白色、黑色及绿色等。其中红、黄身色的文殊最为常见，是文殊师利的“标准像”，也称“正文殊”，其多为骑狮持剑、智慧、勇猛的形象。白文殊为增长智慧的文殊师利身形，黑文殊与前几款文殊不同，是文殊师利的忿怒相。其一面二臂三目，头戴五骷髅冠，身形类似忿怒金刚，其主要是消除魔障。黑文殊形象多出现在唐卡中，笔者曾在芝加哥艺术研究博物馆、西藏博物馆和北京雍和宫参观考察时见过。

圣妙吉祥文殊

第 2 窟的圣妙吉祥文殊（图 3–18）与顶髻尊胜佛母分别置于前壁左右两侧，共同把守着石窟的大门，强调“智慧内涵”的尊格，表现“悲智一如”的成佛境界。整个画面设色厚重，主要为红、绿、深蓝三基色，人物红色身形，形象夸张，颇具藏密风格。

画面由五尊佛组成，中间偏上为主尊圣妙吉祥文殊，周围有四身胁侍菩萨护佑，所以也称作圣妙吉祥文殊曼荼罗。主尊文殊菩萨的右上手持剑，右下手胸前扣弦，左上手欲拉弓射箭，左下手当胸握蓝色经箧。其头部微微向左边倾斜，上身自然靠向右边，结跏趺坐于红绿相间的仰覆莲花宝座之上。此幅图中的文殊菩萨与东千佛洞第 5 窟后室甬道壁上的四臂文殊（图 3–19）极为相似，壁画内容、主尊造型与黑水城出土的佛经版画中的文殊①（图 3–21）如出一辙，均依据《圣妙吉祥真实名经》绘制。

主尊圣妙吉祥文殊红色身形，三面四臂，右面浅绿色，左面白色。头戴红白条带组成且镶满红绿色宝石的三叶冠。高筒状发髻，束着丝带。黑水城的波罗菩萨也是红色身形，点缀着镶满宝石的金耳环、项圈、璎珞、臂钏、手镯，显得格外醒目。腰间系黑白相间的短裙，裙上点缀着细密的花纹。

菩萨着马蹄形双层白色头光及绿色身光，头光顶部摄一象征智慧且充满威严的兽首（疑似狮首），身后是波罗风格的宫殿式龛门，两侧弯钩上挂着白丝巾，未见狮羊和象王，样式同黑水城释迦降魔图（图 3–3）。宫殿式佛龛后是一个大马蹄形的深红色背龛，背龛的外缘镶嵌着无数组平行的红、蓝、绿、黄、白五色构成的彩条纹，将佛龛外侧飘浮的云朵也晕染成五彩的了。画面上部左右角各有

---

① 黑水城出土佛经《圣妙吉祥真实名经》的封面版画。

一位驾着深蓝色云光的天人，着菩萨装。右边的天人正捧盘献物，左边的天人倾净瓶向下滴甘露。

文殊身旁的四身胁侍菩萨[①]，左右各分布两身。胁侍菩萨的外形和服饰基本同主尊，只是身色、姿态及所持法器有别，与黑水城出土的唐卡中的胁侍菩萨极像。四身胁侍菩萨长发披肩，左上为绿色金刚萨埵菩萨，双手举到头顶，红色掌心举黄色金刚杵；左下金刚持菩萨，肤色白润，神态雅致，两眼俯视，若有所思，右手于胸前持金刚杵，左手于腿际握金刚铃；右上金色白莲花菩萨，身上为浅橘色，右手于胸前拿莲花，左手于腰际下垂；右下菩萨身肤色，双手举头顶作舞姿状。四身胁侍菩萨被描绘得栩栩如生。

第 5 窟右壁的文殊菩萨壁画（图 3-19）由于年久失修，壁面已经大面积脱落，露出了草泥地仗。依据佛经、菩萨的身形及所持器物可以判断其为四臂文殊。画

图 3-19　圣妙吉祥文殊（东千佛洞第 5 窟）

① 关于胁侍菩萨的图像释读参考张宝玺主编：《瓜州东千佛洞西夏石窟艺术》，北京：学苑出版社，2012 年。

面设色清淡雅致，背光简约，只在马蹄形环状背光处略施淡彩，近乎白描。线描流畅婉转，背景接近裸色，花纹装饰精美。画面整体布局简约疏朗，色彩淡雅，与第 2 窟的圣妙吉祥文殊曼荼罗大面积地使用红色和深蓝色的藏密风格完全不同。

主尊圣妙吉祥文殊菩萨及其周围的四眷属均为白色身相，主尊大身形，居于

图 3–20　文殊菩萨坛城（11 世纪阿基寺克什米尔风格壁画）

画面中央，一面四臂，饰项圈、璎珞、臂钏、手镯。左肩斜披的赭色璎珞由左肩下垂系于腰间，着蓝白相间的花卉纹饰红色短裙。腿部着卷草纹和菱格形几何纹的丝质裤子，与11世纪阿基寺克什米尔风格的文殊菩萨壁画中主尊的裤装花纹相似（图3-20）。因此，我们推测东千佛洞第5窟的圣妙吉祥文殊菩萨图像的范本极有可能直接来源于克什米尔或尼泊尔等地。四臂文殊的右上手虽已剥蚀，但从右臂上举的姿态可以断定其举智慧剑；右下手于胸前扣弦，左上手张弓射箭，左下手于胸前持经箧。主尊的身姿、手势及所持法器与黑水城出土的西夏佛经《圣妙吉祥真实名经》首页版画（图3-21）中的圣妙吉祥文殊菩萨完全一致，说明其造像出处同样源于《圣妙吉祥真实名经》，只是背光和莲座图案的装饰有别。

图3-21 圣妙吉祥文殊
（黑水城出土《圣妙吉祥真实名经》版画）

主尊结跏趺坐在束腰的白色莲花座上，台座上绘有卷草纹。壁画背景为白色，装饰以团状的卷草纹。第5窟的八塔变和四臂观音（六字观音）中也大面积地使用卷草纹样，这是第5窟在装饰纹样上的一个特点，也是东千佛洞壁画装饰图案的一大特色。

东千佛洞第2窟和第5窟的圣妙吉祥文殊菩萨，第2窟的身相为红色，第5窟的身相为白色，他们都手举智慧长剑，握经箧，双臂倾力拉弓射箭。第2窟的人物造型、布局、设色与黑水城出土的唐卡中胁侍菩萨的背景、布局较为相似，设色浓艳厚重，布局规矩严正，凸显藏密绘画风格。第5窟的人物外貌、布局、背景设色等普遍表现出简约疏朗、色彩淡雅的中原绘画风格。

妙吉祥文殊说法会（曼荼罗）

东千佛洞第5窟南壁的文殊菩萨说法图（图3-22），造像位于中央主尊的位置。无论从壁画的构图上还是布局上来说，这种情况都较为罕见。画面中央是

图 3-22 妙吉祥文殊曼荼罗（东千佛洞第 5 窟）

一面十臂的文殊菩萨，周围有多身佛、菩萨、明王及夜叉等，表现文殊菩萨大型说法会的场景。学者张伯元、张宝玺认为是如意轮观音，王惠民、刘永增认为是十臂观音。[①]近几年又有学者提出新的观点，认为其与尼泊尔早期名等诵文殊像的年代大致相当。[②]有学者将此铺文殊菩萨定名为妙吉祥文殊曼荼罗，还有研究表明此为一面十二臂妙吉祥文殊[③]，并认为该文殊图像与美国福特夫妇收藏的一件被认定为尼泊尔 12 世纪的主尊像极为相似。[④]据学者研究，其成像于公元 6—7 世纪，为法界曼荼罗之经典，曾在尼泊尔非常流行，但在尼泊尔以外很罕见。[⑤]常红红与刘永增的研究在文殊菩萨定名上虽稍有差异，但均认为该图像直接来源于尼泊尔。

---

① 张伯元：《东千佛洞调查简记》，载《敦煌研究》1983 年第 3 期；张宝玺：《东千佛洞西夏石窟艺术》，载《文物》1992 年第 2 期；王惠民：《安西东千佛洞内容总录》，载《敦煌研究》1994 年第 1 期；刘永增：《安西东千佛洞第 5 窟毗沙门天王与八大夜叉曼荼罗解说》，载《敦煌研究》2006 年第 3 期。

② 刘永增：《瓜州东千佛洞第 5 窟名等诵文殊曼荼罗图像解说》，见“古丝绸之路：亚洲跨文化交流与文化遗产国际学术研讨会”论文，2001 年、2013 年。

③ 常红红：《甘肃瓜州东千佛洞第五窟研究》，首都师范大学硕士论文，2011 年。

④ Pratapaditya Pal, *Desire and Devotion: Art from India*. Nepal, and Tibet in the *John and Berthe Ford Collection*（Baltimore：The Walter Art Gallery, 2001.

⑤ Pratapaditya Pal, *Art of Nepal*, p200,John C. Huntington &Dina Bangdel, The Circle of Bliss.

由此，我们就可以解释东千佛洞出现的那些具有印度—波罗风格的图像应是12世纪左右往来于丝绸之路上的高僧大德从印度、尼泊尔通过佛教文化传播输入的，东千佛洞的圣妙吉祥文殊菩萨和妙吉祥文殊说法会应该就是依据那些佛经插图或者贝叶经插图绘制的。

东千佛洞第5窟主室南壁的圣妙吉祥文殊说法会与北壁的八塔变相对，八塔变右侧依次有六字观音、水月观音。北壁主要表达观音菩萨的慈悲内涵，这与南壁以文殊菩萨为主的智慧尊格呼应，表现其“悲智一如”的佛教主题，南北合壁则共同体现“悲智双运”“圆满生命”的修道伦理。

主尊文殊菩萨结跏趺坐于莲花宝座上，四周围绕诸佛、菩萨、明王及夜叉等，构成了一幅浩浩荡荡的圣妙吉祥文殊说法会盛景。自盛唐后，敦煌壁画中的人物数量呈明显下降趋势，尤其是文殊题材的壁画。但东千佛洞的这幅文殊说法会人物之多、画幅之巨实属罕见。

整个画面构图新颖别致、色彩清新，其风格也有别于黑水城和敦煌石窟的壁画。通过对东千佛洞西夏壁画圣妙吉祥文殊菩萨的考证，我们进一步认定东千佛洞的佛教壁画创作极有可能依据的是来源于印度和尼泊尔的佛教造像范本。

洞窟因年久失修导致该铺壁画左下部分残损，并且本窟与普贤变对称的南壁文殊变壁画也已漫漶不清。

尊胜佛母曼荼罗

尊胜佛母，简称尊胜母，又称乌瑟腻沙尊胜佛母、顶髻尊胜佛母、佛顶尊胜佛母。在印度后期密教及藏传密教中，尊胜佛母是十分流行的题材之一，尊胜佛母源自佛顶尊的信仰，最早的经典传译可追溯至公元683年佛陀波利翻译的《佛顶尊胜陀罗尼经》①。经中所说的佛顶尊胜是如来相好之一的“顶上肉髻相”，宋法天译之为乌瑟腻沙。此经主要是宣说《佛顶尊胜陀罗尼经》“能净一切恶道，能净除一切生死苦恼，又能净除诸地狱阎罗王界畜生之苦，又破一切地狱能回向善道”，多流传于中原一带。

敦煌石窟中的尊胜佛母图像出现在榆林窟第3窟南壁东侧、榆林窟第10窟甬道、东千佛洞第2窟东壁北侧、东千佛洞第7窟中心柱东向面，以及莫高窟第

① ［日］高楠顺次郎、渡边海旭监修：《大正藏》，日本大正一切经刊行会出版，1934年印行。

465窟西天井。据敦煌研究院的《敦煌莫高窟内容总录》记载，以上几个洞窟多开凿于西夏，而这些尊胜佛母图像主要是依据宋代法天译的《佛说一切如来乌瑟腻沙最胜总持经》《佛顶尊胜陀罗尼经》绘制的，并且多流传于西藏、青海及河西敦煌地区。与之相似的经典还有《成就法鬘》[①]，不过两者之间在佛教思想和信仰上有明显的差异，《成就法鬘》中的佛教信仰主要是为速证菩提，而《佛说一切如来乌瑟腻沙最胜总持经》则强调往生净土的思想。

尊胜佛母的藏音“朗觉玛”。在藏传佛教中，顶髻尊胜佛母乃长寿三尊之一，可主长寿。信众经常将其与无量寿佛、白度母合称为长寿三尊，象征福寿吉祥。佛经记载尊胜佛母是一尊救苦度难的女性菩萨。

密宗认为，修持尊胜佛母法门，能增长寿命及福慧，消除众生一切罪业，免除一切凶灾，所以深受信众的欢迎。

法天译的《佛说一切如来乌瑟腻沙最胜总持经》[②]中记载：

> 尔时无量寿如来，复说成就帧像之法，令诸众生获寿无量，远离轮回解脱众苦。先用童女洁净合线，尺寸依法织成素帛，用上好彩色画彼乌瑟腻沙最胜总持功德形像并微妙字，用像安于塔内。身有千光，坐莲华月轮，一切庄严，面如满月像有三面三目八臂。右面善相金色，左面作忿怒相利牙青莲华色，正面圆满白色。右一手在心执羯磨杵，第二手执莲花，上有无量寿佛，第三手执箭，第四手作施愿印。左第一手作金刚拳，执索，竖头指，第二手执弓，第三手结无畏印，第四手执宝瓶，顶戴塔。

顶髻尊胜佛母在西夏时颇为流行，黑水城遗址出土的木版画顶髻尊胜佛母（现藏俄罗斯艾尔米塔什博物馆）就有三幅，西夏乾祐十四年（1183年）刻印的《顶尊胜相总持经》卷首有雕版印画《顶尊胜相佛母》，贺兰县拜寺沟方塔出土雕版画顶髻尊胜佛母残片，贺兰山山嘴沟西夏石窟残存一幅顶髻尊胜佛母壁画，可考见的就有六幅之多。[③]顶髻尊胜佛母有单尊的，也有多尊的，主尊多在塔龛内。

---

① 《成就法鬘》是一部梵语文献，记载了印度初期密教至后期密教间的与金刚乘诸尊像相关的文献312篇，原为12世纪的密教大师护无畏编纂，后逐渐扩大，最终形成了今天的这部著作。

② [日]高楠顺次郎、渡边海旭监修：《大正藏》，日本大正一切经刊行会出版，1934年印行。

③ 谢继胜著：《西夏藏传绘画——黑水城出土西夏唐卡研究》，石家庄：河北教育出版社，2002年。

黑水城遗址出土的两幅木版画顶髻尊胜佛母坛城图（图 3-23）[①]，覆钵形佛塔内的顶髻尊胜佛母右侧侍立白色身形的观世音菩萨，左侧侍立蓝色身形的金刚手菩萨，其上飘飞着两身持明童子。坛城四方守护着四方神：东方不动明王、南方咤枳明王、西方鹿王、北方大跋蓝（大力神）。坛城四隅及主尊莲座下方蹲着五尊菩萨，均右手持吐宝兽猫鼬布袋，左手分持金瓶、白莲花、虎皮伞幢等物。

东千佛洞共有两幅尊胜佛母壁画，分别位于第 2 窟主室前壁左侧和第 7 窟中心柱左侧。第 2 窟中的主尊与周围的胁侍菩萨一起构成了尊胜佛母曼荼罗（图 3-24）。

图 3-23　佛顶尊胜佛母曼荼罗（黑水城出土版画）

---

① 高春明主编，上海艺术研究所、宁夏民族艺术研究所：《西夏艺术研究》，上海：上海古籍出版社，2009 年。

图 3-24 尊胜佛母曼荼罗（东千佛洞第 2 窟）

下面根据法天译的《佛说一切如来乌瑟腻沙最胜总持经》对照东千佛洞第 2 窟的尊胜佛母壁画进行解说。

主尊顶髻尊胜佛母为三面三目八臂，结跏趺坐于有塔形背龛笼罩的莲花宝座中央，左右两侧各有三身胁侍菩萨。画面布局疏密有致，设色较为艳丽厚重，与黑水城的释迦降魔图中胁侍菩萨的着装外貌基本一致。整个画面透露出浓浓的藏传佛教风格，与上述佛经中的造像仪轨基本吻合。

据《如来顶髻尊胜佛母现证仪》的描述，顶髻尊胜佛母的形象为：身如秋月，皎白无瑕，有三面八臂，每面各具三眼慧眼，呈坐势。三面颜色各异，中间白色，右面红色（或金黄色），左面蓝色，分别表示三种不同事业。中间的佛母白色，相貌慈悲庄严，表示平息灾障；右面黄色，呈愉悦笑貌，代表增福益寿；左面蓝色，寂静微具怒容，代表降伏恶道。佛母头梳高髻，戴花冠，项戴珍宝璎珞，丝宝严身，背衬头光身光，端庄肃穆，威严慈祥，双足结跏趺坐于莲花宝座中央。

对照第 2 窟、7 窟的尊胜佛母壁画，确与佛经记载吻合。

佛经记载，佛母有八臂八只手，或结印，或持器物。主臂两手在胸前，右手持羯磨杵（双金刚），左手拿绳索。其余的手伸向两侧，右侧第二只手托一尊无量光小化佛，第三只手持箭，第四只手结施愿印；左侧第二只手上举结施无畏印，第三只手拿弓，第四只手置膝上，手心托住装满甘露的宝瓶，瓶口有一朵盛开的花。这些手印和持物表示各种佛法义理，具体为：

1. 主臂右手持四色十字金刚羯摩杵，表降魔降灾事业的成就。

2. 右侧第二只手托阿弥陀佛（或为大日如来），表怀爱。

3. 右侧第三只手持箭，代表勾召众生的悲心。

4. 右侧第四只手做施愿印，置于右腿前，表示满足一切众生的心愿。

5. 主臂左手忿怒拳印持罥索，代表降伏一切难调伏之众生。

6. 左侧第二只手上扬做施无畏印，代表使众生远离一切怖畏。

7. 左侧第三只手持弓，代表超胜三界。

8. 左侧第四只手结定印，上托甘露宝瓶，表示使众生长寿无病。

通过对照，东千佛洞第 2 窟的尊胜佛母形象与佛经描述的基本一致，也持有相同的器物或法印。尊胜佛母的头顶戴有化佛冠，下端右侧是浅棕黄色身形的观音菩萨，左侧是蓝色忿怒形的金刚手菩萨。主尊莲座下方出现种子符号，应是法天译《佛说一切如来乌瑟腻沙最胜总持经》中所说的“微妙字”[①]。

画面上部云端为两身净居天，正往下倒宝瓶中的甘露。主尊身后的三裂叶式七彩身光、身龛及佛塔式背龛，这是西夏后期特有的造型样式，在多处壁画和佛经插画中都有体现。东千佛洞第 2 窟的十一面观音、绿度母，第 7 窟的十一面观音、尊胜佛母，第 5 窟的八塔变等，还有黑水城出土的佛经《顶尊胜相总持经》中卷首版画《顶尊胜相佛母》（俄藏）也出现了类似的身光、背龛、胁侍菩萨与天人造型，说明东千佛洞与黑水城在该题材造像上可能有相同的绘画粉本。

东千佛洞第 7 窟的尊胜佛母壁画（图 3–25）位于中心柱东向面，曼荼罗中央为头戴化佛冠的三面八臂尊胜佛母，两侧观世音及金刚手菩萨胁侍护佑，上方

---

① 法天译《佛说一切如来乌瑟腻沙最胜总持经》中说：“用上好彩色画彼乌瑟腻沙最胜总持功德形像并微妙字，用像安于塔内。”

图 3-25 佛顶尊胜佛母曼荼罗（东千佛洞 7 窟）

左右画净居天。主尊佛母身色已完全氧化变黑，依照佛经所言原为白色。额上有第三眼，右面已变色，左面忿怒相，青色。右侧第一只手当胸执羯摩杵；第二只手执莲花枝，莲花上舒头顶，上有禅定印无量寿佛；第三只手执箭；第四只手做与愿印。左侧第一只手竖头指执索，第二只手执弓，第三只手作施无畏印，第四只手于腹前持宝瓶。身光是蓝、褐、白、绿相间的带状光环。没有第 2 窟尊胜佛母头上的“顶戴塔”头光，衣冠服饰也不及第 2 窟那般华丽。胁侍菩萨的造型同主尊，令人遗憾的是壁画变色较为严重。

西夏高僧图

佛教在西夏广泛传播，成为党项人普遍的宗教信仰。西夏佛教前期主要受宋和回鹘的影响，后期主要受藏传佛教的影响。西夏佛教文化对后世产生过重要影响，元代的帝师制就是在西夏的国师制度基础上产生的。西夏在藏传佛教东传中也起到了重要的桥梁作用[①]。

① 史金波:《西夏的藏传佛教》，载《中国藏学》2002 年第 1 期。

西夏对高僧大德特别崇拜，所以高僧在西夏享有很高的地位，尤其是吐蕃来西夏传法的高僧，有的被封为上师，有的被封为国师，有的甚至被封为帝师（图 3–26）。其中帝师地位最高，西夏开佛教帝师封号之先河。

图 3–26　西夏帝师像（黑水城出土 · 俄藏）

帝师一般是由吐蕃和天竺的高僧担任，是帝王的精神导师，在处理西夏与吐蕃关系等方面起到了重要的作用。比较著名的有贤觉帝师波罗显胜（西夏仁孝皇帝的帝师）、藏波巴帝师（噶玛噶举派创始人都松钦巴的大弟子，也叫格西藏索瓦，1159 年来西夏传教弘法），以及热巴国师（1200 年来西夏传法）等。封设帝师制度不仅推动了西夏佛教的发展，对中国佛教制度的发展也产生了重大影响。

图 3–27　西夏高僧像（东千佛洞第 5 窟）

石窟一般会在洞窟的重要位置安置高僧的画像或塑像以便供养膜拜。东千佛洞的高僧图像主要出现在第 2、4、5 窟中，第 2 窟的高僧像位于前室侧壁上，第 5 窟的高僧像（图 3–27）位于窟顶残破的坛城边上。

东千佛洞第 4 窟是一个安置上师影像的中心柱窟，上师像（图 3–28）绘于前室正壁中心柱塔龛内。按照第 2、5、7 窟的布局规律，前室正壁中心柱塔龛内应放置主尊佛的塑像或画像，但在第 4 窟安放了一位上师，说明此窟是纪念这位上师的影窟。

上师袒右肩着袈裟，最外层披一件灰白色竖条纹图案的氅衣，白色卷

图 3–28　西夏上师像（东千佛洞第 4 窟）

叶纹波浪形头光，浅绿色马蹄形背光。从这位上师的衣冠服饰，特别是他头戴的白色“三山形”头冠判断，他也许是一位藏传佛教噶举派的高僧，因该教派创始人玛尔巴和米拉日巴在修法时多穿白色僧裙，故噶举派又称白教。西夏晚期，噶举派和西夏王室交往甚密，仁孝时就曾迎请过西藏高僧，噶举派创始人都松钦巴的弟子格西藏索瓦曾来西夏传法，后来还被尊为上师。[①]东千佛洞西夏上师所着僧袍与黑水城出土的唐卡释迦降魔图中的上师服饰极为相似，也是带有竖道的条纹，衣纹随身形流走。不过噶举派上师多戴黑色帽子，这里上师戴的是白色僧帽，再加上龛旁没有明确的榜题文字（应该已毁），所以其具体身份还需要做进一步考证。

世俗尊像——供养人画

供养人就是开窟造像的施主和石窟寺庙的捐助者。一般开窟后，供养人会在石窟窟门两侧下方、甬道两侧下方等处留下自己、家人及属下、奴仆等人的肖像，以示功德供养。有的施主会在供养人画像旁边留有题记，主要书写姓名、官位等，有时还留下造像时间等信息；还有的在窟壁上留有发愿文和功德记。东千佛洞西夏窟的这些供养人壁画包括西夏的皇亲国戚、文武百官、窟主

图 3–29　门道南壁男供养人简图（东千佛洞第 2 窟）

① 巴卧・祖拉陈哇著，黄灏译：《贤者宴喜》，北京：中国社会科学院民族研究所，1989 年。

眷属等社会各阶层人物。

这些供养人画描绘的多是当时社会中的真实人物，生活气息浓厚，多用写实的手法，具有鲜明的时代特征，为我们深入了解当时的社会历史背景，如职官制度、人物服饰、生活民俗等提供了弥足珍贵的形象资料。

东千佛洞第2窟门道南北两壁绘男女供养人（图3–29、3–30）各六身。大部分供养人像身体下部残缺、漫漶不清，但其头冠部分、上身衣饰，特别是衣领部分相对清晰，可以据此做出一些基本判断。南壁供养人呈面西四分之三侧立姿态，六身均一字形排列，且身高依次降低，以显示他们的职位高低不同，等级尊卑有别。第2窟的供养人身份学者已做过相关专题探讨。[①]这六身男供养人像只有前四身还能分辨，他们均头戴尖圆形金镂冠，身着圆领窄袖紫色长衫，腰间佩腰袱。腰袱是西夏武官常见的服饰。右起第一、二身男供养人的衣饰比较清楚，后二身已漫漶不清。排在首位的供养人手持长柄香炉，画面中人物的形象和服饰，尤其是头冠和腰袱等与榆林窟第29窟西夏武官（图3–31）冠带基本相同。榆林窟第29窟为西夏乾祐二十四年（1193年）创建，此窟断代可以作为同期其他石窟的时间坐标，所以供养人图像年代的确定也是东千佛洞为西夏晚期营造的有力证据。

图3–30 门道北壁女供养人简图（东千佛洞第2窟）

据《宋史·夏国传上》记载，西夏显道二年（1033年），李元昊建立西夏衣冠制度，规定："文资则幞头、鞾笏、紫衣、绯衣；武职则冠金帖起云镂冠、银帖间金镂冠、黑漆冠，衣紫旋襕，金涂银束带，垂蹀躞，佩解结锥、短刀、弓矢韣、马乘鲵皮鞍，垂红缨，打跨钹拂。便服则紫皂地绣盘毬子花旋襕，束带。民庶青绿，以别贵贱。"[②]其中武官的头冠分为"金帖起云镂冠""银帖间金镂冠""黑漆冠"。图中供养人的衣冠基本与上述西夏衣冠制度中武官的规定一致。比照榆林窟第29窟男供养人（图3–31）服饰，第2窟前两身所戴应为金镂冠，第三身为黑漆冠，表示前两人的身份要高于后者；前两身腰间佩腰袱，腰袱也是西夏武官

① 张先堂：《瓜州东千佛洞第2窟供养人身份新探》，载《敦煌学辑刊》2006年第4期。
② 脱脱等撰：《宋史》，北京：中华书局，1977年。

常见的服饰，因此可以判断其应为瓜州本地的西夏武官。

图 3-31 男供养人（榆林窟第 29 窟）

他们具体的职位如何呢？一般供养人旁边都有题名，虽然东千佛洞的这组男女供养人也有西夏文榜题，但已漫漶不清，很难辨识。只有左壁的第三身供养人有两行题名可以辨认，译文为“行愿者□□□□/边检校□□□□”。“行愿者”就是发愿造窟的功德主，是佛教的常用语。“边检校”在西夏到底是什么官呢？

西夏法典《天盛改旧新定律令》卷四共有七门八十五条，其中有多条涉及边检校，如“边地巡检门”第三条：

> 大小检人住地段上及退转失察，逃者口入敌界未觉者，与敌人、盗贼进入，畜、人、物未入手依人数承罪法比较，检主管、检人等减罪二等，及管事军溜盈能等，边检校、正副统等，各自依次减一等判断。①

由《天盛改旧新定律令》上述条款可以推断第二行“边检校”是西夏武官官名，其主要职责就是防御敌寇、盗贼入侵，保护边疆安全，属西夏中级武官。瓜、沙二州属于西夏边陲，故设边检校之职。按照职位高低排序，站在首位的武官职位应比第三身高，具体是什么职位，由于没有榜题而无从考定。不过比照榆林窟第 29 窟供养人画像，此窟应是西夏社会地位较高的地方中上级武官所开的功德窟。

东千佛洞第 2 窟门道北壁六身女供养人像（图 3-30），均头戴高耸的桃形金冠，冠后佩长花钗，鬓边垂冠缨，身着交领右衽窄袖长袍。北壁六位女供养人中只有

---

① 史金波、聂鸿音、白滨译注：《天盛改旧新定律令》，北京：法律出版社，2000 年。

一身还存西夏文榜题，但也模糊难辨了。

东千佛洞和榆林窟是沙州境内相邻的两个石窟寺，供养人画像有着相同的时代风貌。榆林窟第 29 窟男供养人像，职务最高的题名是“沙州监军摄受赵麻玉”，“摄受”是代理兼任之意。次则题名是“□内宿御史司正统军刺史”。以下为军士、监军，乃西夏官衔不等的武官，他们的衣冠服饰比较清晰，男供养人头戴尖圆形金镂冠，身穿圆领窄袖紫旋襕，腰间佩腰袱（职位低者没有腰袱）。腰束长带，垂于腹前，脚蹬乌靴。对应的女供养人头戴高耸的四瓣桃形金冠，冠带垂鬓，冠后插花钗，身着交领右衽窄袖开衩长袍，足穿尖头钩履，双手合十，鲜花供养。她们应该是对面男供养人的家属。

西夏贵妇的头冠有龙凤冠、花钗冠，衣服有长袍、百褶裙等。服装样式有窄袖交领或大翻领，足尖钩履。

图 3–32 女供养人（榆林窟第 29 窟）

西夏贵妇的冠服禁忌起源于元昊妻野利氏，据《续资治通鉴资料长编》记载，野利氏喜欢戴金起云冠，后就不许他人戴此种头冠了。

《天盛改旧新定律令》也有相关的法规："……中等司正以上嫡妻、子、女、媳等冠戴，此外不允冠戴。"又如，禁止"官民女人冠子上插以真金之凤凰龙样一齐使用"。[①]由此可见，只有三品以上的命妇才可以戴缀有花钗的冠子，而饰有金缕的龙凤冠则是西夏王妃的专属品。

通过与榆林窟第29窟供养人在洞窟中的位置布局及衣冠服饰等因素进行综合比照，结合壁画上遗留的西夏文榜题汉译文"……出家和尚庵梵亦一心皈依，行愿者……正月成一心皈依"，可以看出供养人生前专心礼佛，有往生西方净土的愿望。对照壁画内容、题记位置、形式等，我们发现这两窟的供养人画像极为相似，可以推断出北壁六身女供养人应为南壁六身男供养人的家眷。通过对供养人壁画的深入细致分析，我们得以进一步认识和理解西夏晚期的职官制度、衣冠服饰、宗教信仰。

二、经变画

经变又称变相、佛经变相，是主要描绘佛经内容或佛传故事的图画。图画可将晦涩难懂的佛教义理转化为简单直观的展示，易于佛教的宣讲和普及，在古代非常流行。其取材多与当时的佛教思想有关，如南北朝时期的经变多来自小乘佛教经典，宣扬自我牺牲的精神，风格朴拙。内容以本生经变相、佛传故事居多。隋唐以后，大乘佛教思想盛行，经变其内容更加丰富、多变，主要有维摩诘经变、金刚经变、金光明经变、法华经变、弥勒经变、涅槃经变、药师经变、净土变等。经变已成为我国独创的佛教绘画艺术形式。

现存经变多以壁画表现，唐代尤盛。两宋以后，经变则多绘于缂丝、绣像、绢画上。西夏黑水城出土的一些经变画就多绘于缂丝或绢画上。在文献方面，《历代名画记》所存有关经变记载最多。《历代名画记·杨庭光》记载："杨庭光与吴（吴道子）同时，佛像、经变、杂画、山水极妙，颇有似吴生处，但下笔稍细耳。"[①]

东千佛洞主要有涅槃经变、文殊变、普贤变、八塔变、东方药师经变、西方

① 张彦远：《历代名画记》，上海：上海人民美术出版社，1964年。

净土变、绿度母及度母救八难经变画等遗存。

涅槃变

佛像按体姿大致可以分为立像、坐像、卧像三种。卧像通常描绘释迦牟尼佛，在拘尸那城娑罗双树间涅槃时的情景。

佛经记载：“释迦牟尼四十五年间说法教化众生，化缘既尽，于中天竺拘尸那城跋提河边双树间，一日一夜说《大般涅槃经》毕，头北面西，右胁而卧，乃入灭。”涅槃图就是表现佛教创始人释迦牟尼涅槃入灭的图像。

东千佛洞共有 3 幅涅槃图，分别位于第 2、5、7 窟的中心柱背面，与正壁大日如来说法图相对。这种壁画布局特点是东千佛洞仅有的，与三四世纪西域龟兹中心柱窟的布局相似。不同的是，甬道式中心柱龟兹石窟尊奉的是小乘佛教根本说一切有部经律，后甬道及左右甬道以释迦牟尼涅槃像为主体，仅仅表现释迦牟尼生平及涅槃前后的故事；而东千佛洞甬道式中心柱窟则尊奉大乘密教，后室正壁为大日如来说法图，中心柱背面仍以释迦牟尼涅槃像为主体，但左右甬道是观音菩萨、行道药师佛、文殊菩萨、佛教故事画、坛城图、八大菩萨、佛母等图像。这正是大乘佛教与小乘佛教在佛涅槃图人物布局上的重要区别。

东千佛洞的这 3 幅涅槃图与佛经的描述基本相符，但在人物数量、画面布局、鸟兽供养的数量、种类等方面有所变化。

涅槃变中出现的人物通常有菩萨、弟子、大梵天和帝释天、摩耶夫人、四大天王、末罗族长者、执金刚神、密迹力士，还有伎乐供养、鸟兽供养、裸形外道，等等。东千佛洞第 2、5、7 窟的涅槃图中都有以上绘画物象元素。通过对照各涅槃图，我们发现不同的图中，绘画物象的排列位置、人物、衣冠服饰、配饰有所差异。例如第 2、5、7 窟释迦牟尼佛头前分别立着大梵天和帝释天、恸哭的摩耶夫人、老年弟子迦叶；足跟处分别站立着末罗族长者及两弟子，俗装贵人理佛足；寝床前左侧有悲伤倒地的弟子，中间和右侧有作为鸟兽供养的狮子、老虎、孔雀、凤凰、龟、鹤等祥禽瑞兽；佛的寝床边沿纹饰也不同，有的是菱形、方格形装饰，有的则为小树冠形装饰；佛的头光也各异，第 2 窟和第 7 窟释迦牟尼佛有头光，而第 5 窟没有头光。

在洞窟壁画布局上，东千佛洞将涅槃图单独绘于中心柱背面，画幅较大，画面人物众多，但中心人物尤为突出，画面布局极具层次感。在人物形象的刻画上，有悲哀号哭的，也有庄严肃穆的，动静结合，惟妙惟肖。特别是伎乐和鸟兽供养，使得整个画面的表现形式更加丰富和生动。在具体的线描和设色上，“运用色彩叠晕，线压色、色盖线，效果明艳醒目”[①]。

东千佛洞第 2、5、7 窟涅槃变人物与其他物象概述

东千佛洞第 2、5、7 窟的三幅涅槃变（图 3-33、3-34、3-35）属显密双修的壁画，图中释迦牟尼佛头前或站立身着天人装、双手合十、神情肃然的大梵天和帝释天，或站立着恸哭的摩耶夫人。天人头顶黑色秀发上结满饰花钿的扇形发髻。他们都是额部开天眼，双唇上下分别蓄八字形和蝌蚪状胡须，圆形头光。大梵天和帝释天是涅槃经中常见的天神。在犍陀罗艺术中，释迦牟尼佛的守护神大梵天和帝释天往往成对出现，如“从忉利天降下”“涅槃”“树下诞生”等场景屡屡出现大梵天和帝释天的组合。他们多以王侯贵族的形象出现，有时也着菩萨装或以天人形象出现。

释迦牟尼佛的头部处有两个侍从天女搀扶的摩耶夫人，她身穿红色衣裙，头饰珠宝，有头光，面相阔圆，神情凄楚，用衣袖拭泪。摩耶夫人的右边一前一后有两个举哀者。前面举哀的年少者，身穿交领窄袖衣，耳饰环，双臂上举，悲痛万分；后面举哀的老者，上身袒露，戴项圈、臂钏和腕钏，双手合握，仰面哭泣。

释迦牟尼佛身后站立着带有头光的十一二位举哀的弟子和徒众，他们是涅槃像中重要的人物，有的目视释迦牟尼佛、手扶床沿痛哭，有的哀不自胜、依杖支扶，有哀伤至极、相互搀扶，等等。释迦牟尼佛的足前方还绘有四五个身着世俗服装吹拉弹唱及舞蹈的乐人。东千佛洞涅槃图中弟子举哀的场景表现得特别生动，人物表情描绘得细腻而又夸张，或仰天号啕大哭，或近于昏厥而不能自持，或合抱痛哭，或弯腰低首暗自哽咽，更多的是陷于沉思。

俗人抚摸佛足供养是这三幅涅槃图中共有的一个情景，人物形象鲜明生动，外貌服饰也很有特色。第 2 窟的一幅涅槃图中一个世俗老者两手抚摸佛足，身后站立着一位头戴通天冠的官人。释迦牟尼在古印度末罗国拘尸那城入灭后，葬仪由当地居民末罗族人举办。在犍陀罗涅槃像中，末罗贵族颇常见，做举哀动作，

---

① 张宝玺：《东千佛洞西夏石窟艺术》，载《文物》1992 年第 2 期。

这里则加入了一些官员和世俗民众等，其中就包含了当地的文化、服饰等方面的形象材料，是我们研究瓜州历史及西夏晚期佛教艺术的宝贵资料。第 2 窟、第 7 窟涅槃图中在佛床尾部为佛理足的贵族长老，头戴通天冠，身穿的大袖袍是明显的唐装汉服，这是瓜州当地官员或大族衣冠服饰的最好写照。

寝床前两侧悲咽欲绝、跌倒在地的金刚神和密迹力士，都睁大双眼、张大嘴巴，似仰面号啕大叫，又似仰望上方有所乞求。他们均着力士装，头顶结发，佩项圈、臂钏，裸身缠腰布，下着裙，体魄健壮；右边的右手抚胸，一副悲痛欲绝的样子；左边的举右臂，紧握拳头，悲痛之中显示出力量。寝床前方还呈“一”字排列着凤凰、狮子、孔雀、老虎、龟、鹤等，是为鸟兽供养。站立的凤凰展开双翼，坐的狮子回首张望，孔雀欲展翅开屏。《涅槃经》中屡屡提到鸟兽供养：“……复有二十恒河沙等诸飞鸟王……持诸花果，来至佛所，稽首佛足，却住一面。”①世间万物齐聚举哀，表现出佛对一切有情的大爱无疆。

通过比较东千佛洞各涅槃图的画面布局与具体内容，总结列表如下：

表 3–5　东千佛洞第 2、5、7 窟涅槃图内容

画面布局与内容	第 2 窟	第 5 窟	第 7 窟
佛涅槃像	右胁侧卧，曲右臂，枕右手，伸左臂，叠双脚	右胁侧卧，曲右臂，枕右手，伸左臂，叠双脚	右胁半卧，曲右臂，右手支头，伸左臂，叠双足。额顶化光中有一坐佛，背衬娑罗树及化光
头前	站立大梵天、帝释天	恸哭着的莫耶夫人，站在身后仰面的密迹力士	站立大梵天、帝释天、抚摸床沿的老年弟子迦叶
身后	悲伤的众弟子，泣哭的阿难劝止阿那律	悲伤的众弟子，一铺伎乐供养	悲伤的众弟子，身着戎装的四大天王

---

① ［日］高楠顺次郎、渡边海旭监修：《大正藏》，日本大正一切经刊行会出版，1934 年印行。

续表

足根	站立着末罗族长者，跪着的俗装贵人，双手理佛足	站立着两弟子	站立着末罗族长者，跪着俗装贵人，双手抚摸佛足
寝床前	卧地的执金刚神、密迹力士，凤、狮子、孔雀等鸟兽供养，裸形外道	卧地的人身兽爪执金刚神，站立裸形外道，倒地的阿难劝止阿那律，凤凰	倒地的阿难、阿那律，扶床沿的裸形外道，跪着举拳的持金刚神，老虎、孔雀、龟、鹤等鸟兽供养，一组伎乐供养

通过以上对涅槃图的释读与分析比较，我们发现东千佛洞的释迦涅槃图与河西其他石窟（莫高窟、榆林窟、西千佛洞）的涅槃图相比有如下特点：

1. 画面中菩萨、弟子、天人、祥瑞鸟兽等各类举哀天众均以主尊释迦牟尼佛为中心，呈椭圆形分布，错落有致地排列于壁画上。

2. 壁画中人物的比例与以往涅槃经变相比，释迦牟尼佛的形体大，周围举哀众弟子则相应缩小，尤其是释迦牟尼七宝床前的阿难、须跋陀罗和密迹金刚，人

图 3–33　涅槃图简图[①]（东千佛洞第 2 窟）

① 东千佛洞第 2、5、7 窟涅槃图简图出自张宝玺编著的《甘肃石窟艺术壁画编》一书。

图 3–34 涅槃图简图（东千佛洞第 5 窟）

物比例变得更小，突出了主尊的伟岸身躯。

3. 用笔更加细致严谨，运用简洁流畅的线条描摹众弟子的悲哀，刻画人物面部表情：双手合十、张口号啕、摸足哀思、双手捂两颊、依杖支持、双眼紧闭而晕厥等，惟妙惟肖。佛陀身后及两侧的圣众虽然只是绘出了上身像，但他

图 3–35 涅槃图简图（东千佛洞第 7 窟）

们的面部表情真实地表现出百感交集、痛不欲生的举哀场面。

4. 画面整体肃穆、庄严。在构图与布局上，释迦牟尼的脚后端通常绘制在七宝床前的伎乐供养。

5. 东千佛洞涅槃图创造了神异的鸟兽动物供养形象，这在敦煌石窟中也是非常少见的。

6. 画面背景处理也很有特色，比佛经记载得更丰富。东千佛洞的涅槃图最外层绘万道佛光，在释迦牟尼头部的举哀弟子身后布置了开满白花的娑罗树，营造出更加祥和的环境，“时大地震动，天鼓自鸣，四大海水，波浪翻倒，须弥山自然倾摇，狂风奋发，木材摧折，萧索枯悴，骇异于常”。[①]

绿度母及度母救八难

度母信仰大约出现在6世纪。度母，全称救度佛母，藏传佛教称多罗菩萨、多罗观音，共有二十一尊，皆为观世音菩萨之化身。绿度母即二十一尊度母之一，在藏传佛教中被称作二十一度母的“总度母”。

藏传佛教认为修持绿度母法门，能灭除一切魔障、疾苦，并且能增福寿、智慧、权威，凡有所求者，无不如愿。松赞干布的两个王妃——文成公主与尺尊公主就被认为是白度母和绿度母的化身。

据藏族史料记载，尼泊尔尺尊公主嫁给松赞干布，她随身带来一尊檀香木度母雕像，后置于大昭寺中，这可能是西藏最初的度母像。到藏传佛教后弘期，度母的忠实信仰者印度高僧阿底峡（982—1054年）尊者于公元1042年进入西藏，翻译并书写了有关度母的佛经和著作，度母信仰在西藏蓬勃发展。直到现在，西藏各地度母信仰还非常流行。

西夏时期，绿度母的作品大都是唐卡、经卷插图、绢画，壁画则少见。瓜沙地区的石窟也仅东千佛洞有绿度母遗存。

东千佛洞第2、5窟各有一幅绿度母壁画，画面内容丰富，色彩厚重，线描刚劲柔美，凸显藏传密教风格绘画母题，是西夏绘画艺术中不可多得的佳作。

① ［日］高楠顺次郎、渡边海旭监修：《大正藏》，日本大正一切经刊行会出版，1934年印行。

位于第 2 窟前室左壁的绿度母救八难壁画（图 3–36）画面分三部分，中间为主尊绿度母及胁侍菩萨，两侧分别为棋格式分布的度母救八难的八个场景。主尊白色头光，五颜六色的彩虹纹外加一层联珠纹组成了巨大的马蹄形身光背龛，绿度母端坐于四色双瓣莲花宝座之上。笔者通过比较发现，东千佛洞的莲花宝座多为双瓣莲花，而西藏和黑水城的则多为单瓣莲花，这应该是东千佛洞西夏晚期特有的莲座样式。

图 3–36　绿度母救八难（东千佛洞第 2 窟）

主尊身绿色，一面二臂，头部微微右倾，头戴金黄色波罗式三叶头冠，高耸发髻，头发浓密，呈扁平波浪状，发辫结成球状，垂于两肩，蓝色宝缯外飘。身穿白色开襟坎肩，腰系镶红绿等各色宝石的白色围裙，佩戴金黄色耳环、项链、璎珞、臂钏、手镯和脚镯。舒右腿，以游戏自在状坐在红、绿、蓝、白四色的仰覆莲花座上，右脚踩在与莲座主莲相连的小莲蓬座上。右手掌向外，置于右膝上，施愿印。左手置于胸前，持蓝色乌巴拉花，花有的含苞待放，有的已怒放，身旁则开着一枝红色莲花。

主尊四色仰覆莲花座由一根茁壮的主莲茎支撑，主莲茎两侧回旋着枝叶茂密的侧茎，中心盛开着莲花，黑色衬底使绿色枝叶、粉红色莲花显得格外鲜艳夺目。[①]

度母信仰最吸引人的地方就是她善于救人于水火之中。早期有度母救八难，后来又发展成救十六难。东千佛洞第 2 窟有度母救八难的壁画，两边各四难，对称绘制于棋格式的方框内。

主尊左右两侧共有八个方格，为度母救八难情节，左侧自上而下为水难、牢狱（镣铐）难、盗贼难、非人难；右侧自上而下为火难、蛇难、象难、狮难。

图中每个方格内都绘有侧身而坐的度母。主尊身绿色，戴三叶冠，结高筒状发髻，佩戴金黄色耳环、项链、璎珞、臂钏、手镯和脚镯，以游戏自在状坐在莲花座上。一手拿莲花，一手作施愿印，神态慈祥地俯视着眼前的受难者。画面呈对角线构图，度母位于对角线的上端，遇难者则居丁对角线的下方，身形较小。绿度母慈悲地俯视着下方弱小的受难者，表现出极大的关怀和救苦救难的慈悲情怀。

关于绿度母救八难的主题图像，法贤译的《佛说一切佛摄相应大教王经圣观自在菩萨念诵仪轨》中所列诸难有毒药、刀剑、狮子、象、蛇、火、贼、禁缚、海鬼等。鸠摩罗什译的《妙法莲华经观世音菩萨普门品》也是佛教绘画常见的题材，所列八难有水难、牢狱（镣铐）难、盗贼难、非人难、火难、蛇难、象难、狮难。东千佛洞第 2 窟的绿度母救八难情节应主要依据《妙法莲华经观世音菩萨普门品》绘制。

每幅小图下方的遇难者双手合十或双手下垂，站立在度母面前，显得既柔弱又无比虔诚。图中显示了一些灾难来临时的场景：水难，度母面前站一人，双手合十，上方一龙兴雨，一缕水光云气迎面而来；牢狱难，度母面前站一人，头戴铐枷，上方为高墙牢狱；盗贼难，度母面前站一人，双手合十，上方为一空行盗贼；非人难，一人双手合十向度母参拜，上方为一蓬发垢面、身材枯瘦的非人；火难，度母面前站一人，双手合十，上方冒着一缕火光；蛇难，一人双手合十参拜度母，上方一条蛇在游荡；象难，度母面前站一人，双手合十拜度母，上方一象袭击而下；狮难，一人双手合十拜度母，上方一狮调头向下袭来。救八难的具体位置分布见表 3-6 。八幅小画面展现的均是绿度母救有情众生于

① 张宝玺主编:《瓜州东千佛洞西夏石窟艺术》，北京：学苑出版社，2012 年。

水火等灾难之中的场景，表现出绿度母的大智、大勇、大爱。

绿度母救八难依据的应是《圣救度佛母二十一种礼赞经》[①]，相似题材的壁画在内蒙古阿尔寨石窟也有遗存，不过主尊是十一面千手观音，背景中有观音救二十一难的棋格式壁画，画面布局同东千佛洞第2窟的绿度母救八难。具体见下节。

表 3-6　绿度母救八难分布示意图

<table>
<tr><td>1. 水难</td><td rowspan="4">中央主尊绿度母及
外围度母救八难</td><td>5. 火难</td></tr>
<tr><td>2. 牢狱难</td><td>6. 蛇难</td></tr>
<tr><td>3. 盗贼难</td><td>7. 象难</td></tr>
<tr><td>4. 非人难</td><td>8. 狮难</td></tr>
</table>

十一面观音及观音救八难

观音信仰在西夏非常流行，现存的西夏绘画中有许多是观音题材。黑水城出土的部分唐卡和东千佛洞、榆林窟、莫高窟等地的石窟壁画中观音形象很多，其中有相当一部分是传承唐五代以来的中原造像风格，多为一面二臂造像；一部分秉承了藏传佛教绘画传统，如黑水城出土的部分唐卡，东千佛洞、榆林窟等地的十一面观音，流行的马头观音，以及汉藏合璧的千手观音等壁

图 3-37　千手观音壁画（韩国庆州佛国寺）　笔者拍摄

① ［日］高楠顺次郎、渡边海旭监修：《大正藏》，日本大正一切经刊行会出版，1934 年印行。

画，基本上为多首多臂的特殊造型。

在壁画中，观音菩萨一般为阿弥陀佛的左胁侍。观音菩萨与阿弥陀佛及其右胁侍大势至菩萨一起构成“西方三圣”，流行于我国大部分地区。自盛唐以来，千手观音图像流传很广，并传播至朝鲜、日本、越南等地。笔者在韩国考察佛教遗址时发现寺院中多有千手观音塑像或壁画（图 3–37），基本是唐代风格。

东千佛洞十一面观音壁画共有三幅，分别位于第 2 窟、第 4 窟前室右壁及第 7 窟中心柱右壁。十一面观音造像主要依据北周天竺僧耶舍崛多译的《佛说十一面观世音神咒经》：“身长一尺三寸，作十一头，当前三面作菩萨面，左厢三面作笑面，右厢三面似菩萨面，狗牙上出，后有一面作大笑面，顶上一面作佛面，面悉向前，后着光。其十一面各戴花冠，其花冠中各有阿弥陀佛，观世音左手把净瓶，瓶口出莲花。展其右手以串瓔珞，施无畏手。其像身须刻出瓔珞庄严。”塑造此像，为诵持密宗心咒。唐阿地瞿多译的《佛说陀罗尼集经》卷 4《十一面观音神咒经·掐数珠印》中写道，观世音菩萨向佛说她有心咒名十一面，诵此咒可以收到种种好报，趋利避害。

十一面观音为密教六观音（圣观音、千手观音、马头观音、十一面观音、准提观音、如意轮观音）之一①。6 世纪左右，十一面观音的造型在印度出现之后，便流传到许多地方。

我国的十一面观音图像首见于初唐，至盛唐时已大为流行。到了西夏、元以后，中原样式的十一面观音不常见了，但藏传佛教风格密教式样的十一面观音和汉藏合壁的千手观音还是十分流行的。东千佛洞的这三幅十一面观音壁画基本都是以藏密风格为主的观音图像。

东千佛洞第 2 窟的十一面观音（图 3–38）位于前室右壁，中央主尊为大身形的十一面观音，与外围的观音救八难一起构成了十一面观音曼荼罗造像。主尊结跏趺坐于马蹄形背龛的莲花宝座上，头光有五层十一面，置于葫芦形的复合头光中，头光外圈为五彩串珠纹和红、绿、黄三色相间的条纹；身光有三层，内层为海蓝色背光，外镶嵌红绿色宝石的黄色彩环，呈马蹄形；中层身光褪色严重，原来可能是深红色的马蹄形背光；最外层是由红、绿、黑、白四色组成的火焰纹，呈四分之一弧形向上方中央聚拢，最终合于头光的上方，形成五彩的圆环。

主尊身旁的随侍菩萨都有椭圆形头光和马蹄形背光。这幅十一面观音是笔者

① 任继愈主编：《佛教小辞典》，上海：上海辞书出版社，2006 年。

图 3-38 十一面八臂观音救八难（东千佛洞第 2 窟）

迄今见到的最为繁华而又别具一格的身光造型。仅从身光造型上就足以说明东千佛洞西夏晚期佛教绘画艺术的非凡水准了。

主尊观音菩萨白色身相。十一个面相共五层，由下而上分别为三面、三面、三面、一面，再加主像一面，如金字塔状相叠。《佛说造像度量经》中所记的十一面观音头部的排列也是如此。其中，前三层每层的三面色相为铁红色和绿色交替：第一层正面白色，右面绿色，左面铁红色；第二层正面红色，右面白色，左面铁红色；第三层同第一层，正面白色，右面绿色，左面铁红色；第四层一面青色，三只慧眼笑怒相；最上面一层为铁红色佛面，由下而上构造出一个金字塔形的十一面观音像。

观音身佩金色耳环、项链、长瓔珞、臂钏、手镯和脚镯，手镯上还镶嵌着金刚杵等法器，着深绿色短裙。八臂的布局及造型依次为：主臂双手合十置于胸前；左侧三手依次持金莲花枝、握宝瓶、执弓箭；右侧三手依次持佛珠、作施愿印、持法轮。

观音两侧有八身胁侍菩萨，左右各立四身。站在前面的四身菩萨为全身像，后面四身仅露头部和肩部。主尊两侧的胁侍菩萨身形、衣冠服饰，以及双脚并拢面向主尊的立姿，均与黑水城出土的唐卡金刚座触地印释迦降魔图中胁侍菩萨的造像（图 3–3）如出一辙。整体画面布局与 12 世纪扎塘寺的壁画（图 6–5）基本一致。由此可见，东千佛洞绘画深受吐蕃风格影响，又被西夏造像学吸收，这是西夏晚期藏传佛教壁画的一大特点。

图 3–39　十一面观音唐卡（黑水城出土）

十一面观音图像在西夏非常流行，东千佛洞和榆林窟多有遗存，敦煌、黑水城也有遗存，如莫高窟第 170、234 窟及榆林窟第 35 窟。黑水城出土的十一面观音唐卡（图 3–39）现藏于俄罗斯圣彼得堡艾尔米塔什博物馆，编号为 X.2355，棉布，画幅长 132 厘米、宽 94 厘米。

画面中央为主尊十一面观音菩萨，白色身相，在金色波罗式背龛内结金刚跏趺坐，面部圆满，胸臂壮硕，形象俊秀。十一面观音如塔状相叠，头光外侧的背龛两端各有一金鹅面朝外侧，塔状的头光外围绕一圈金色的卷云纹，显得格外华丽。主尊相貌具有典型的中原风格，宽肩细腰，兼具波罗风格。整个画面中大面积地使用红色和深蓝色，棋格式的布局则透出浓浓的藏传佛教绘画风格，这是一幅兼具汉藏风格的唐卡，由此反映出东千佛洞壁画和西藏唐卡在创作粉本方面的差异，以及绘画风格随地域环境流变的特征。

观音外围的棋格里分布着结半跏趺坐的八大胁侍菩萨，观音与八大胁侍菩萨组合的造像唐卡应依据的是《高王观世音经》的另一个版本，即以观音菩萨为主尊、八大菩萨为胁侍的曼荼罗图像。

图中八大菩萨均为坐姿，手中所持法器与东千佛洞第 7 窟的大日如来和八大菩萨手持法器比较接近，主尊莲座右下方的除盖障菩萨白色身相，头戴宝冠，右手于腿部作施愿印，左手持虎皮宝幢，结半跏趺坐。其与《八大菩萨曼荼罗经》

几乎完全一致，只是身色非红色。

黑水城唐卡中的观音菩萨与八大菩萨曼荼罗造像的设色、布局及人物衣冠服饰具藏传佛教风格，但人物相貌又具有中原造像特征，整体呈现一种混搭的艺术风格。

通过解读东千佛洞第 2 窟十一面观音及胁侍菩萨、扎塘寺壁画及黑水城唐卡十一面观音造像，现总结如下。

东千佛洞第 2 窟的十一面观音及外围的胁侍菩萨壁画（图 3–38），在布局上结合了西夏黑水城棋格式的严整与扎塘寺壁画的自由，形成了一种严谨中透出自由的布局之势，外围还组合了观音救八难的场景，壁画人物的外貌、衣冠服饰与黑水城的十一面观音唐卡如出一辙，显示出西藏风格，但与东千佛洞第 7 窟的大日如来和八大菩萨的壁画有别。第 7 窟的八大菩萨是独立的条幅，布局于大日如来的左右两侧，人物外貌有西夏党项人圆面高准的特征，头戴类似于中原贵妇的高花冠，且上面镶有五佛（五佛冠）。

通过比较扎塘寺、东千佛洞、黑水城三地的观音及外围八大菩萨的造像，我们得出东千佛洞的十一面观音及观音救八难壁画是综合了西藏风格、黑水城西夏风格，又融入了河西地区汉人的审美喜好。这是西夏人原创的壁画范式。

内蒙古阿尔寨石窟也有十一面观音造像，第 31 窟的十一面千手观音及观音救难图（图 3–40），主尊为十一面千手观音立像，身白色，由下而上为十一面观音，呈 3、3、2、2、1 排列，外围为观音救二十一难的棋格式布局。其虽与东千佛洞第 2 窟观音救八难在主尊外形、手臂个数、救难数量等方面存在差异，但整体画面布局一致。

十一面观音菩萨救八难的图像最早源自印度，按照佛教的说法，八难指不得遇佛、不闻正法之八种障难。

据《长阿含经》卷九《十上经》、《中阿含经》卷二十九《八难经》记载："一地狱难，二饿鬼难，三畜生难，四长寿天难，五边地难，六盲聋喑哑难，七世智辩聪难，八生在佛前后难。"

若依《四分律卷》卷三十四、卷三十八记载："指行受戒、自恣等之时，若有八难事来，则听许略说自恣。"八难即"王难、贼难、火难、水难、病难、人难、非人难、毒蛇难"。

法贤译的《佛说一切佛摄相应大教王经观自在菩萨念诵仪轨》所列诸难有毒药、刀剑、狮子、象、蛇、火、贼、禁缚、海鬼等。

综合以上经典，见于石窟有固定数量、均衡对称的观音救八难雕刻及壁画，

图 3-40 十一面千手观音及观音救难图（阿尔寨石窟） 笔者拍摄

统计有 12 例，仅西印度阿旃陀就有 6 例，一般是画面中央绘主尊观音菩萨，两侧列八幅遭遇危难并寻救的场景。①这种布局的观音救八难图像在藏传佛教常见。

十一面观音救八难的故事分别位于两侧的小方格内。观音救八难图的佛经依据是《妙法莲华经观世音菩萨普门品》，主尊左侧自上而下依次排列着水难、牢狱（镣铐）难、盗贼难、非人难；主尊右侧依次排列着火难、蛇难、象难、狮难。

东千佛洞第 2 窟的观音救八难与《妙法莲华经观世音菩萨普门品》中描述的一致，也与前文提到的绿度母及度母救八难的内容构成、壁画形式基本一样。

从十一面八臂观音造像看，藏传佛教中的菩萨造型与中原菩萨相比更为复杂。

① [日]宫治昭著，李静杰译：《斯瓦特的八臂观音救难坐像浮雕——敦煌与印度间的关系》，载《敦煌研究》2000 年第 3 期。

对此，著名藏学家李安宅先生曾分析："因为佛教有法身、报身、化身三种不同的佛体显现，变化无方，什么都是，什么都不是，根本不能有科学的分类。藏传佛教中的所有形象都是一种象征，一种民族信仰的需要。"①

八塔变

佛教将在释迦牟尼一生中发生八个重大事件的地方所建的宝塔称为"八大宝塔"，如蓝毗尼园佛降生处宝塔、尼连禅河畔佛成道处宝塔、鹿野苑中初转法轮处宝塔、曲女城边从忉利天为母说法处宝塔、跋提河边娑罗林中入涅槃处宝塔等。

八塔变相，称八相成道，亦称八相示现，是指释迦牟尼佛为了度化众生、化身示现的八种相状，即佛在人间的八种相。其中成道是八相之一，位居八相的核心地位，所以一般都绘制在壁画的中央位置。

八塔变的佛经依据主要有《四教义》，八相分别为：一从兜率天下、二托胎、三出生胎、四出家、五降魔、六成道、七转法轮、八入涅槃。②又依《佛说八大灵塔名号经》所载，八大塔分别为迦毗罗城龙弥你园佛生处、摩伽陀国泥连河边菩提树下佛证道果处、迦尸国波罗奈城转大法轮处、舍卫国祇陀园现大神通处、曲女城从忉利天下降处、王舍城声闻分别佛为化度处、广严城灵塔思念寿量处、拘尸那城娑罗林内大双树间入涅槃处。③再依《阿育王传》卷二《十地经论》卷三所载之八相成道说，阿育王于佛生处、成道处、转法轮处、涅槃处各建塔，加祇陀园现大神通处等四塔，演变成八大灵塔。④

东千佛洞仅有一幅八塔变相（图 3–41），位于第 5 窟前室北壁中间，与妙吉祥文殊说法会相对。

释迦降魔成道大塔作为主塔，位于整个画面中心，而其他七个小塔（表现七相）则围绕着中央的释迦降魔成道图，从画面右侧下方的诞生大塔开始，向上方按逆时针徐徐展开。中央上方为"涅槃"，其两侧左右对称排列着"从忉利天降下""舍卫城神变""诞生""调服醉象""初转法轮"和"猕猴奉蜜"六小塔。

---

① 李安宅著：载《李安宅藏学文论选》，北京：中国藏学出版社，1992 年。

②③④［日］高楠顺次郎、渡边海旭监修：《大正藏》，日本大正一切经刊行会出版，1934 年印行。

图 3-41　八塔变（东千佛洞第 5 窟）

莫高窟第 76 窟宋代八塔变（图 3-42）与东千佛洞第 5 窟的八塔变画面布局不同，前者是将八塔变分别绘成八幅有情节的变相图，而东千佛洞则将八塔集中绘于一幅变相图中，每一小塔各占画面中的一个方格，具有典型的棋格式布局特点。黑水城出土的唐卡释迦牟降魔八塔变（图 3-44）与东千佛洞的构图布局基本一致，也是集中绘于一幅图中，但它的形式更为简洁，没有八塔变中的具体情节描绘，而是用左右六个象征性的小塔代表。中间主尊上方一大塔应代表涅槃，下方释迦牟尼佛施降魔触地印结跏趺坐于莲花宝座上，左右二胁侍菩萨，下有五座小塔，画面中间部分为释迦降魔成道相。佛塔两侧有汉文和西夏文榜题，标示八塔变中相应的变相名称。佛陀形象具有明显的西夏黑水城特征。这种简约疏朗的八塔变是西夏人吸收和借鉴了藏传佛教绘画元素，并结合本民族特点创造出的绘画模式。

图 3-42　八塔变之树下诞生塔（莫高窟第 76 窟）

下文着重讲述东千佛洞第 5 窟的八塔变布局及特点。先看东千佛洞第 5 窟八塔变布局示意图（表 3–7）。

表 3–7　东千佛洞第 5 窟八塔变布局示意图

<table>
<tr><td>调服醉象大塔</td><td>涅 槃</td><td>从忉利天降下大塔</td></tr>
<tr><td>初转法轮大塔</td><td rowspan="2">释迦降魔成道大塔</td><td>舍卫城神变大塔</td></tr>
<tr><td>猕猴大塔</td><td>诞生大塔</td></tr>
</table>

首先，在塔形方面，释迦降魔成道大塔由塔顶、塔身、基座三部分组成，属单层方塔形制。塔顶是日月刹，左右张挂两条绿色幡带，纤细的黑色刹柱相轮。五层刹柱平台基座，佛龛两侧竖立由莲座托着赭、赤、绿、青四色宝石组成的立柱，塔肩上装饰着幢幡等六件法器。此塔塔形与莫高窟第 76 窟东壁北侧八塔变中的主塔相似，沿袭了宋代的形制，塔侧有两棵枝叶茂密、红绿相间的菩提树。赤色虚空间散落着白色天花雨。

六小塔与大塔形制相同，同属单层方塔，只是更加简约了。龛柱是莲花头八角立柱，主尊坐在方座或莲花座上。壁画底衬皆为浅灰色卷草纹，与对面的金刚萨埵曼荼罗及圣妙吉祥文殊曼荼罗壁画的底纹完全一致。

图 3–43　八塔变石雕（美国芝加哥艺术研究院博物馆藏）

东千佛洞第 5 窟八塔变的构图布局与美国芝加哥艺术研究院博物馆藏 10 世纪印度波罗王朝比哈尔地区的八塔变石雕（图 3–43）如出一辙（与表 3–7 完全一致），说明了二者之间有继承关系。按照前文论述，东千佛洞第 5 窟圣妙吉祥文殊曼荼罗及妙吉祥文殊说法会极有可能直接源自印度、尼泊尔，推想位于同一洞窟的八塔变图像构图布局也应该直接来源于印度，只是画面中的人物形象本土化了。这就进一步表明东千佛洞的部分佛教造像应来源于印度、尼泊尔等国家。

下面分别解读八塔变所描述的释迦牟尼佛一生中的八个重大事件：

图 3–44　释迦降魔八塔变（俄藏·黑水城出土）

八塔变相之一——释迦降魔成道大塔　八塔变之中心大塔。释迦降魔成道大塔内三裂拱形龛，身后是波罗早期风格的东印度宫殿龛门样式，龛门顶上居中者为狮首，两侧为张着大嘴的摩羯鱼（布啰拏、鲸鱼、保护之相），依门柱而立且头向外的狮羊及其所踏之白象。释迦牟尼佛结跏趺坐，头顶发饰为宝蓝色，肉髻高尖。施降魔触地印，右手下伸触地，左手置于腹前，椭圆形白色头光和绿色身光，坐在束腰座承托的白色莲花座上。两侧二胁侍菩萨站在高台之上。上方左右两角白底绿纹底衬上各画有一魔王二魔众，魔王仅存头部，双眼瞪圆，一副凶煞样，魔众手持长矛等指向释迦牟尼佛，向其示威。释迦牟尼佛不惧淫威，以精神的感召力降服了妖魔。

八塔变相之二——舍卫城神变大塔　此图表现的是释迦牟尼佛于孤独园中与诸外道论理，并降服外道。左中塔舍卫城神变，塔龛内有三尊佛像，中间佛像手作转法轮印，结跏趺坐在红莲花座上，左右两佛像侧身善跏趺坐，双手在胸前持物（因残损严重，已看不清楚所持何物）。龛外跪着二弟子，左右上角云朵上各立一佛像。比照莫高窟第 76 窟八塔变之舍卫城神变，塔龛内亦是三尊佛像，其下方榜题“遂向变舍卫城内祇陀园中给孤虔诚铺金买地建立精舍”，左右侧榜题“舍利弗……给孤长者□祇……”“外道师五人归依佛时”“波斯匿王献花供养”“祇太子给长者请佛安居”等。此图左中塔已经简化，仅有三尊佛像及二弟子，是八塔变中仅有的一铺三尊像，所以定名为舍卫城神变。

八塔变相之三——诞生大塔　此图表现的是太子树下诞生的情节。左下塔诞生大塔，塔龛内生长一棵大树，绿色树冠，枝叶繁茂，向左曲枝，罩满龛顶。树下一菩萨，袒上身，着短裙，身白色，佩饰有璎珞、钏、镯等。身躯微作弯曲，举右手攀附菩提树枝，左臂自然下垂，立于红色莲花之上。其所举右臂腋下露一小儿头，即所谓的太子右腋而生。腋下一人跪着，仰面接太子诞生。画面剥蚀严重，推断此人可能是帝释天，以天衣接太子。龛外左侧立一菩萨，其服饰与树下菩萨饰物相同，但身高仅其一半。龛外右侧站立两身菩萨，图像已漫漶不清了。中心图像应是太子诞生，也可称释迦牟尼树下诞生大塔。

东千佛洞八塔变中的太子树下诞生只表现了其中的几个情节：帝释天以天衣接太子、步步生莲。

八塔变相之四——调服醉象大塔 右上塔调服醉象，塔龛内释迦牟尼手作转法轮印，结跏趺坐，坐在红色莲花座上。龛外立着二弟子：右侧弟子面龛而立，双手合十，侧立；左侧弟子背龛而立，身体微曲，双手捧白色钵，一头小白象温顺地站立在身前，弟子在为小白象喂食或奉物。白象的出现可以确认是释迦牟尼佛调服醉象大塔。左右上角云朵上各跪坐着一菩萨。

八塔变相之五——从忉利天降下大塔 左上塔从忉利天降下，塔龛内释迦牟尼佛结跏趺坐在莲花座上，手作转法轮印。龛外两侧跪着二弟子二菩萨，二弟子有头光，双手胸前合十。左侧为跪坐的四臂菩萨，面容作威怒相，长发直立，又似明王，袒上身，腰穿绿色裙，着手镯臂钏，右上手举日轮，左上手举月轮，其余两手胸前合十。与此对应的右侧菩萨为二臂，饰物、跪姿相同，双手胸前合十，左右上角云朵上各跪坐着一菩萨。

八塔变相之六——猕猴大塔 此图描绘的是毗耶离城猕猴取蜜献佛不慎落井，后转生天上的佛传故事。右下塔猕猴奉蜜大塔，塔龛内释迦牟尼佛施无畏与愿印，结跏趺坐于红色莲花宝座上，微向下俯视。龛内左下侧立一弟子，像是在向佛奉物。龛外两侧各生长着参天古树，枝繁叶茂。左边树枝间悬挂一猕猴，展开双臂拉着下面落井的猕猴。落井的猕猴脚趾向上，头部已坠入方形的井中。猕猴大塔的造型与莫高窟第 76 窟八塔变相之第七塔猕猴献蜜塔相近。莫高窟第 76 窟八塔变相之第七塔下方榜题：“王舍城内，猕猴奉蜜于世尊，佛即纳之，身心欢喜而作舞，失足陷井，命终生天，此地兴隆，第七塔也。”左右两侧榜题“猕猴戏蜜欢喜作舞蹈井”“猕猴命终得生天上散花供养”“菩萨声闻从佛会时”。图中刻画的是猕猴奉蜜作舞不慎落入井中，后转世升天的情节。

八塔变相之七——初转法轮大塔 右中塔初转法轮表现释迦牟尼成道后，在波罗奈国鹿野苑说法，初转法轮。塔龛内释迦牟尼佛手作转法轮印，结跏趺坐于莲花宝座上。龛外立着二弟子，左右上角云朵上各立一佛像。比照莫高窟第 76 窟八塔变相初转法轮塔，主尊左侧榜题“普贤菩萨摩诃萨等赴法会”，右侧榜题“文殊菩萨摩诃萨等来赴法会”，下方榜题“……受梵王之启请，赴波罗奈国鹿野苑中，化昆季之五人，始宣扬于四谛，此处初转法轮，第三塔也”，此图右中塔简约，仅有一佛二弟子。

八塔变相之八——涅槃图 中心上部涅槃图，无塔龛，释迦牟尼右胁卧于寝上，曲右臂，右手支颐，伸左臂，叠双足。头前恭立一弟子，双手执杖，剃发有头光，着上衣下裳俗装，应是老年弟子迦叶。足部有一着袍服、戴帽、蓄胡须的俗人摸佛足。床前跪坐二弟子，身后立着举哀四众。两侧站立着八身菩萨，与一般的涅槃图没有多大区别。涅槃图是八塔变相的重要组成部分，一般将它列在八塔变相的最后。

两侧六小塔图像极为简约，画面剥残严重。[①]东千佛洞第 5 窟八塔变壁画设色淡雅，以线描为主，线条刻画细密婉约，只是在人物背光、丝带、树木和塔砖边缘等处施以点睛的亮绿色，烘托主要人物和背景，画面底色几乎为白色，上面布满团状卷草莲花纹，衬托出八塔变这一佛教主题的高雅和佛陀的大爱。

东千佛洞八塔变中央大塔的造型与莫高窟、黑水城的基本一致，说明它们可能具有相同的创作粉本。可以明确的是，东千佛洞的八塔变在画面构图、具体内容上参考了印度 10 世纪波罗风格的八塔变石雕（图 3–43）造像，而人物的衣冠服饰、塔形、画面色调等则综合借鉴了莫高窟宋代八塔变壁画和西夏黑水城的唐卡造型。这正是西夏画师善于借鉴并努力结合本土文化的需要而创作的，从而形成了极具特色的八塔变壁画，体现了西夏画师非凡的艺术创造力。

东方药师变

《药师本愿功德经》是这样描绘东方药师净土世界的，“一向清净，无女人形，离诸欲恶，亦无一切恶道苦声，琉璃为地，城网垣墙，门窗堂阁，柱梁斗拱，周匝罗网，皆七宝成”。《阿弥陀像赞并序》中则将西方净土世界描绘成“馆宇宫殿，悉以七宝，皆自然悬挂，制非人匠。苑囿池沼，蔚有奇荣”。

东千佛洞第 7 窟左壁的东方药师经变图（图 3–45）中，药师佛端坐在宫殿广场中央的束腰莲花宝座上，背靠大殿，手托药钵。左侧弟子也托着蓝色琉璃药钵。参加法会的有众弟子、菩萨、眷属、天王、神将等天国众生，所有人物以药师佛为对角线中心，整齐有序地呈菱形分布在药师宫殿大院的广场上，并一直延伸到廊檐。宫殿内还有各就其位的天众。佛前有一铺天宫伎乐，手持乐器，正在

① 本小节关于八塔变的具体描述参考了莫高窟第 76 窟宋代有榜题的八塔变，敦煌文物研究所：《中国石窟 • 敦煌莫高窟》，北京：文物出版社，1987 年。张宝玺主编：《瓜州东千佛洞西夏石窟艺术》，北京：学苑出版社，2012 年。

图 3-45　东方药师经变（东千佛洞第 7 窟）

演奏。后院宫墙远处虚无缥缈的云朵中显现四身化佛。佛殿主体位于中轴线上。高阁回廊四周环抱，左右对称；院落层层叠进；殿堂楼阁或作歇山顶，或作攒尖顶，中脊突起，饰以宝瓶，鸱吻异常高大，屋角明显翘起如鸟展翅，展示了木构建筑巍峨壮丽、庄严肃穆的特点。

一般寺院的主殿为重檐歇山顶，山门或寺院大门则多为攒尖顶，但也有大门是重檐歇山顶的。寺院里的佛塔多为攒尖顶，也有棱锥形、棱柱形等其他样式。这是中国、日本、朝鲜一种常见古代建筑样式。笔者在韩国庆州的吐含山佛国寺、首尔的景福宫等地就看到重檐歇山顶样式的屋顶建筑（图 3–46）。韩国首尔的景福宫在古代朝鲜的地位类似于唐代长安的大明宫。

东方药师经变壁画虽然表现的是佛国世界的天宫净土，但是它的建筑造型和画面布局无一不映射西夏宫廷或某座皇家寺院，只不过将宫廷中的官员和寺庙里的僧侣换成了佛界天国众生。药师经变中的背景建筑也是西夏晚期建筑界画[①]的优秀代表，反映了西夏建筑界画的最高水平。西夏画师直接以身边的景物、人物作为绘画题材，让信众有似曾相识、亲切之感。

东方药师经变的佛经依据应是《药师经》，分上、下卷，唐代玄奘译，又称《药师如来本愿功德经》，收于《大正藏》第十四册。上卷主要叙说药师如来之本愿及其功德，讲佛在广严城乐音树下，应文殊之请，向菩萨、天人、弟子讲东方净土世界教主琉璃七佛在修菩萨道时发十二大愿，要拔除众生各种困苦危难，同时描述了东方净土之美妙景象。下卷述说释迦牟尼佛给文殊、阿难弟子讲敬供药师佛，解脱人间九横死，往生东方极乐净土。

从整体画面构图、布局及艺术效果来看，东千佛洞的这幅东方药师变与榆林窟第 3 窟观无量寿经变应属同一净土变体系。它们都是封闭式的天宫大院，前有山门，后有大殿，中有左右配殿，前院是七宝莲池。不过细节上也有差别：榆林窟的净土变无量佛端坐于大殿前，其余人物呈 X 形布局，一直延伸至四周偏殿或回廊里。东千佛洞东方药师经变中的药师佛则端坐于天宫的广场中央，其余人物以药师佛为中心呈菱形分布。相比较而言，东方药师经变中对钟楼和经楼描绘得更加具体，七宝莲池更为庄严，整个画面气势宏伟，突出表现了药师佛慈悲、关爱、拯救芸芸众生的博大精神。此外，人物布局独特，线描精湛，建筑物层出叠见，画面蔚为壮观。不过令人惋惜的是，壁画的剥蚀现象较为严重，希望有关部门加大保护力度。

---

① 中国画技法名。作画时纯用界尺引线，故名界画，起源很早，晋朝已有。

图 3–46　景福宫·勤政殿（韩国首尔）　笔者拍摄

东方药师变壁画下部虽有些剥落和褪色，但宏伟博大的气势犹存。整个画面与佛经中所描述的基本一致。殿宇轩昂、层楼叠榭、飞檐斗拱、回廊环抱、栏楯陛阶、苑囿池沼、镂饰精整、界画规矩、尺度谨严，真不愧为经变画中一幅巧夺天工的界画佳作，对于身处“战血流依旧，军声动至今”的西夏晚期河西百姓来说，这不正是他们一心向往的极乐世界吗？

东千佛洞药师佛壁画内容丰富，形式多样，以独特的画面构图和雄健伟岸、气质朴实、生动感人的佛陀形象，在众多的绘画艺术作品中脱颖而出。

西夏晚期出现如此多的药师变、药师佛行道图，是有其历史原因的。东方药师变宣扬的是众生健康长寿，无病安乐，生病临终诵读便可往生东方净土世界。西夏晚期战乱频仍，民众生活动荡不安，缺医少药，众生祈求化灾避难，保佑自己与家人健康平安，希望法力无边的药师佛会给他们带来好运，往生东方净土世界。

文殊变与普贤变

“一微尘映世界，一瞬间含永远。”文殊变和普贤变是随着华严思想的兴盛而出现的经变画，也是唐代以来一直流行的壁画题材，在敦煌地区的石窟寺中较为常见。

目前只有东千佛洞第 5 窟西夏时期的文殊变和普贤变尚可辨识，但右壁的文殊变壁画剥蚀严重，人物漫漶不清，左壁的普贤变保存完好。普贤变（图 3-47）中普贤菩萨乘六牙白象，率领二菩萨二弟子及随行，缓慢地行走于葡萄状的山水云烟之间，表示其正在赴会听法的途中。普贤变的主要造像依据应是《法华经 · 普贤品》的第二十八品，即《妙法莲华经 · 普贤菩萨劝发品》。

图 3-47 普贤变（东千佛洞第 5 窟）

佛经载：

> 尔时普贤菩萨，以自在神通力，威德名闻，与大菩萨无量无边不可称数，从东方来，所经诸国，普皆震动，雨宝莲华，作无量百千万亿种种伎乐……

> 尔时我当乘六牙白象，与无量菩萨而自围绕，以一切众生所喜见身、现其人前，而为说法，示教利喜，亦复与其陀罗尼咒，得是陀罗尼故，无有非人能破坏者，亦不为女人之所惑乱，我身亦自常护是人，唯愿世尊听我说此陀罗尼咒。

主尊身白色，头戴宝冠，半披袈裟，神态安详，右手当胸执佛经，左手置于腹前，半跏趺坐于束腰莲花座上，其身光由绿色、白色、暗棕红色的同心圆套叠组成，呈彩虹状。白边的浅褐色月轮形头光叠压在彩虹般的身光上。主尊的坐骑白象四脚踩在莲花上。身前的驭象奴紧拽缰绳，牵引大象。

主尊身后站立二菩萨二弟子，一弟子手捧如意，一弟子双手合十。菩萨则作与愿印，主尊与胁侍面相均不同程度地西夏化了。大象前面的善财童子仰面，双手合十参拜普贤菩萨，善财童子为《华严经·入法界品》中之求道菩萨，受文殊菩萨之教诲，遍游南方诸国，参访五十五善知识，遇普贤菩萨而成佛。白象身后是头戴胡帽、身穿长袍，右手握经卷奉行的于阗王。虚空之上飘着五件宝物，由右至左分别是白色月轮、四出金刚杵、幢、盛花朵的宝物、摩尼宝珠，营造出五宝供养的氛围。

画面上部是连绵不断的云山，山头被反复皴染，上有浓淡墨点，树木有干无根，似悬浮在云头。画家将一切山水尽可能淡化，用极少的笔墨创造出亦幻亦真的佛国情境。该图对云气的描绘尤为别致，整体看上去就像一串串葡萄飘在圣众的周围，每朵葡萄云分别由 S 形的云气相连，所有的葡萄云又由一根主茎连接，穿插于画面的每个空隙里，最后由粗变细，经主尊头光处蜿蜒入云霄。

充满装饰意蕴且清旷透明的山水云烟与普贤赴会的场景极好地融为一体。平远法、皴法绘出的远山层层叠叠，山顶若隐若现的小树，装饰意味很浓的葡萄状云烟与榆林窟第 29 窟东壁文殊变中的“丰”字形树木、花蔓状云烟在画法上有异曲同工之处，整个画面线描与设色都表现出明显的藏传佛教密教风格，只是用色上不及那般浓厚，这应该是受河西地区传统中原绘画的影响所致。

东千佛洞普贤变画面以白色为主调，色彩淡雅，水墨淡彩渲染，用写意的手法表现出烟雾迷蒙、梦幻空灵的意趣。整个壁画构图简洁，人物数量少，更加烘托出主要人物普贤菩萨之高雅文静，“供养守护，安慰其心”，普遍贤善之意跃然壁上，这是不可多得的汉藏合璧佛教艺术珍品。

东千佛洞第5窟的普贤变没有榆林窟第3窟那样极为精彩的大型山水建筑风景，也没有榆林窟那么注重人物线描，但是东千佛洞第5窟的普贤变在画面布局、色彩晕染、水墨淡彩、人物刻画上也很有特色。

东千佛洞第5窟普贤变的画面背景云雾迷蒙，虚空梦幻般的意境使佛国世界更显纯粹和威灵神秘。

东千佛洞第5窟的文殊变早已脱落，在此就不介绍了。关于东千佛洞文殊变题材的壁画可以参看东千佛洞第5窟妙吉祥文殊说法会。

三、装饰图案

不同题材的壁画分别绘制于窟（寺）不同的壁面上，有的在窟顶，有的在窟脚，有的在甬道，还有的在中心柱或者左右壁上。石窟寺的壁画一般是将不同的绘画题材相间分布于同一壁面上，相同或相近的壁画对称地绘制在窟室的左右壁或窟门的左右，如东千佛洞第2窟、5窟就是这样。那么如何将这些位置不同、内容题材各异的一幅幅壁画井然有序地衔接起来，既能表现出画面之间的自然过渡，又能展示出佛国世界的庄严美好呢？石窟寺中的那些装饰图案就派上用场了。

装饰图案主要是指用于装饰窟顶的人字披（覆斗顶、穹隆顶）、藻井、平棋、佛像背龛、龛楣、头光、背光等图形，以及洞窟中将不同的母题连接起来，或者进行分界的各种线条、花边（卷草纹、回字纹等）、几何图形（菱形格、龙纹等），等等。这些装饰性图案大多绘制于主要对象母题的外围及边缘。画工们通过使用一定的装饰图案，将不同或相同的绘画母题进行充分衔接或分割，使整个石窟尽可能地实现不同题材、不同风格壁画的自然过渡、无缝衔接，最大程度地与石窟寺的原有建筑吻合，营造一种浑然天成的宗教艺术氛围。

石窟寺中这些装饰性图案使得原本内容不同、形态各异、风格有别的壁画母题完美地结合在一起，营造出一个既庄严肃穆又宁静祥瑞的礼佛场所，更加凸显石窟寺作为佛教主要建筑艺术的功能。

装饰图案在洞窟中分布的位置不同，所起的作用也不同。大多数装饰图案只有背景衬托或分界线的作用，如画面边框、底纹等。但也有一些装饰图案，如位于窟顶的曼荼罗坛城，从建筑学角度看它就是整个石窟的天花板，而从佛教上看它起到统摄全窟的作用。

西夏晚期受藏传佛教艺术的影响，东千佛洞除个别洞窟沿用唐宋团龙凤纹样藻井以外，多数窟顶已被藏传佛教密教坛城替代，如东千佛洞第 2 窟窟顶的金刚界坛城、第 5 窟窟顶的部分坛城等。第 7 窟与第 4 窟的窟顶虽然大部分已毁，但推测窟顶也应该绘有坛城图。

除了窟顶五光十色的坛城外，洞窟后室甬道顶还绘有数量可观的植物花卉、祥瑞动物等装饰图案。东千佛洞第 2、4、5、7 窟的后室甬道顶，几乎都绘有千变万化的装饰图案，如牡丹、莲花、双凤等。它们不仅起到了衔接前、后室壁画母题的作用，同时具有独立观赏的价值，是整个石窟佛教绘画艺术中不可或缺的有机组成部分。

东千佛洞西夏时期洞窟中的装饰图案既运用了精致的线描技术，又融入了藏传佛教艺术对浓艳色彩的偏好，逐步形成了凸显党项人审美情趣的装饰图案风格，达到了相当高的艺术水准。

石窟寺窟顶的装饰图案主要有曼荼罗坛城、藻井等。

曼荼罗（坛城图）

曼荼罗本意为“坛”“坛场”，象征佛教中的本尊、佛等秘密居住的宫殿模型，是藏传佛教密教图像，其将密宗佛、菩萨、天王等集中绘制在圆坛与方城相互套叠的、被称为坛城的图形中，为修习密宗仪轨之场所或用具，也是佛国世界的形象化表现。

坛城按照形状分，有平面（方、圆）的，有立体的；按材质分，有壁画、沙画、唐卡、卷轴等。平面的坛城一般为壁画或唐卡形式的曼荼罗，立体的像布达拉宫时轮佛殿的时轮坛城（图 3–48）。还有一些按曼荼罗结构建造的佛寺及佛塔，最典型的是修建于 8 世纪的桑耶寺，其形制完全是按照佛界结构样式设计的。最大的露天坛城佛塔是印度尼西亚爪哇于 9 世纪建造的婆罗浮屠。

曼荼罗起源于古印度，密教修密法时为了防止魔众侵入，在修法处划一圆圈或建一土坛，有时还在上面画上佛、菩萨等诸尊的像。[①]每一尊佛、菩萨在法坛

① 任继愈主编：《佛教小辞典》，上海：上海辞书出版社，2006 年。

上的位置都是按照佛经规定排列好的，所以认识了曼荼罗也就比较容易理解藏传佛教密宗中诸佛、菩萨、护法之间的等级和关系了。

密宗存在胎藏界和金刚界两部，所以相应地出现了胎藏界曼荼罗和金刚界曼荼罗，据《大日经》《金刚顶经》记载，大日如来为这两界的主尊。

现以胎藏界曼荼罗（榆林窟第 3 窟南壁西侧的胎藏界曼荼罗坛城）为例说明坛城的大体结构框架。

胎藏界坛城大体为外圆内方，中央有一个“亚”字形空间，“亚”字形的中心又有一个大圆，其中绘有密宗的本尊像、法器等。最中间的本尊就是曼荼罗的根本。坛城由内而外分为：内院与主尊，城墙、城门与护法，外院与眷属，护法墙，外围凡界五个大的部分。由此可以看出，中央的佛界是由外围的凡界一层一层地保护着的。①

内院画出圆形、方形或三角形，并将圆形划分成“井”字形。在圆心居住的就是主尊——大日如来，上、下、左、右四方都有其化身，分别为无量寿、宝幢、开敷华、天鼓雷音四如来，他们同大日如来一起组成胎藏界五佛。“井”字的四隅分别为内院的四护法，即文殊、观音、弥勒、普贤四菩萨。此为典型的胎

图 3-48　时轮坛城（布达拉宫时轮殿的立体坛城） 笔者拍摄

① 苗欣宇、梁璐璐著：《传世唐卡》，北京：中国画报出版社，2010 年。

图 3–49 金刚界坛城（东千佛洞第 2 窟）

藏界曼荼罗架构。金刚界曼荼罗也有相似的结构。

东千佛洞第 2 窟窟顶的金刚界坛城（图 3–49）保存较好，五佛四菩萨金刚界坛城图在窟顶坛城及四披形成统摄，中心“井”字形内院安置诸尊。内院方城内五方佛的排列是：“井”字形中央为大日如来佛，黄色身相，结大智拳印；上方为位于西方的阿弥陀佛，身显白色，双手结禅定印；下方为位于东方的阿閦佛，身显白（或黄）色，右手结触地印，左手握拳于脐前；左方为位于南方的宝生佛，身显绿色，右手结施愿印，左手握金刚拳置于胸前；右方为位于北方的不空成就佛，身显蓝色，右手结施无畏印，左手于胸前结金刚拳印。图中五方佛的身色与其所在方位的背景底色一致。

“井”字的四隅分别为内院的四护法菩萨，菩萨色相均与相邻的四方佛相同，但身相已漫漶不清。据《金刚顶瑜伽略述三十七尊心要》和《略述金刚顶瑜伽分别圣位修证法门》记载，位于金刚界曼荼罗中央的毗卢遮那佛，从心中流出金刚嬉菩萨以供养的东方阿閦佛，从心中流出金刚鬘菩萨以供养的南方宝生佛，从心中流出金刚歌菩萨以供养的西方阿弥陀佛，从心中流出金刚舞菩萨以供养的北方不空成就佛。内院由两条对角线将方形坛城分为四个三角形，以标识密宗仪轨修习的东、西、南、北四个方位。方城外有金刚环护法墙，将佛界的外院与外围的凡界分割开来。

方城四边中央各开一门。方城之外为金刚环，金刚环由三层色带组成，四隅画金刚杵，象征佛智的无坚不摧。整个曼荼罗方、圆图案套叠，并以三角、半圆相合成形，象征无所不包的佛法。

窟顶曼荼罗四周边饰由里向外依次为粉绿相间的莲花纹、绿色背光为主的千佛纹、花枝缠绵的卷草纹和红黑色相间的垂幔。

毗沙门天王与八大夜叉坛城

洞窟有些重要位置如窟门两侧、中心柱左右两侧等壁面会对称地绘制相关主题的曼荼罗坛城图，一般跟正壁的主尊有关。

东千佛洞仅有一幅毗沙门天王与八大夜叉坛城图（图 3–50），位于第 5 窟中心柱南面，与金刚界坛城相对。坛城由内外两组莲花样式的同心圆套合而成，中央为毗沙门天王，内城为青、黄、赤、白、黑色相间的十六莲瓣围成的圆弧，外城由白色和浅棕色相间分布的八莲瓣围成，每个莲瓣上画一夜叉，共同组成外围八大夜叉护佑着中央天王的坛城图像。

毗沙门天王是印度神话中的财富之神、保护之神，同时他又是佛教中掌管四大部洲的四大天王之一——北方护法天王。毗沙门天王的胁侍为八大夜叉，又称八大马王，西夏时期毗沙门天王信仰十分流行。

坛城中央毗沙门天王头戴菱形三面高宝冠，佩戴耳珰，身边绿色飘带迎风飘扬，身穿铠甲，足蹬战靴，怒目圆睁，凝视着远方。右手于胸前持宝幢，左手于腰间握红色鼠头宝袋，胯下为雄狮。背景底纹为黄色，其上点缀着象牙、摩尼宝珠等祥瑞七宝。

外围的八大夜叉均骑着战马，头戴五叶宝冠，结高髻顶庄严宝相，袒身，天人装，佩耳珰、手镯、臂钏、项饰，腰间系裙。夜叉们左手皆握吐宝如意兽头宝袋。

东千佛洞第 5 窟中心柱南面的毗沙门天王与八大夜叉坛城画面构图的装饰效果明显，整体看就像一朵多层盛开的大莲花，象征北方毗沙门天王护佑着西夏民众的平安，

图 3–50　毗沙门天王与八大夜叉坛城（东千佛洞第 5 窟）

而民众的生活也会像这盛开的荷花一样美好。

藻井四披装饰图案

藻井源自我国古代建筑屋顶结构。石窟藻井图案绘于窟顶中间，这是隋唐以后窟顶图案的主要形式。不同时期的藻井图案各有特点。隋唐时期主要以莲花为井心，到了西夏以龙纹、凤纹为主，还有法器纹和团花纹，有的还用浮塑贴金方法来美化①，而东千佛洞的藻井井心多为窟顶曼荼罗（坛城）。

图 3-51　孔雀边饰（东千佛洞第 2 窟前室顶披）

东千佛洞第 2 窟的窟顶为覆斗顶，窟顶藻井井心为坛城，坛城外围的四披分别有四方佛说法图，其间搭配孔雀（图 3-51）、妙音鸟（图 3-52）等祥瑞动物图案。

图 3-52　妙音鸟边饰（东千佛洞第 2 窟前室顶披）

头光、背光、背龛

我们常常会看到佛、菩萨等主尊头上、身后被一轮类似满月或圆盘的光环围绕，也有桃形、马蹄形等造型的光环。佛教中这种薄雾般朦胧的头光、身光象征驱散黑暗与无智，也象征纯洁与智慧。佛陀的头光与肉髻具有相似的象征意义。

头光有平面的，也有立体的。尤其一些石刻雕塑，头光、背光融入了更多繁

① 牛达生著:《西夏遗迹》，北京：文物出版社，2007 年。

图 3–53 妙吉祥文殊（东千佛洞第 5 窟）

复的花纹图案、佛教器物，除了一定的佛教意义外，还具有装饰意味。

东千佛洞比较典型的尊像头光如第 5 窟南壁的主尊妙吉祥文殊（图 3–53），其着浅绿色桃形头光，棕、白、绿三色相间的马蹄形背光，中间上方一对手臂上举金刚杵并收于桃形头光的桃尖处，造型颇为优雅，与身光完美地融合在一起。这种桃形头光与背光结合的造型在东千佛洞西夏晚期石窟壁画中常见，但莫高窟和榆林窟却少见，属东千佛洞特有的密教身光造型。这种身光造型与黑水城出土的阿弥陀佛净土唐卡的身光较为接近，但有明显的区别。黑水城的阿弥陀佛尊像头光和背光皆绘有花纹和图案，红色背光外绘有九幅小的阿弥陀佛，深蓝色的背光中绘有卷草纹，而且两侧还镶有宝石（宝珠）。其造型比东千佛洞的更为复杂、设色更加艳丽，装饰效果更为华丽。东千佛洞第 5 窟妙吉祥文殊的身光造型应以黑水城出土的唐卡为基础，西夏晚期通过画工简化和改造而成。

图 3–54 八大菩萨之虚空藏菩萨（东千佛洞第 7 窟）

位于东千佛洞第 7 窟后室甬道两侧八大菩萨之虚空藏菩萨（图 3–54）着红、绿、蓝绿相间的同心圆形身光，身光外还附着五彩云纹，头光与背光相似，头光小而背光大。头光的正上方有造型华美的伞盖，两侧有菩萨供养。

同心圆形的身光在敦煌各石窟屡见不鲜，但霓虹纹同心圆外带五彩云纹的身光在莫高窟、榆林窟等石窟还未发现，沙州回鹘的壁画上有彩虹纹样的，但其造型和色彩不及东千佛洞这般细腻精致。

多姿多彩的身光为石窟营造了更加庄严、肃穆、神秘的氛围，突出了佛、菩萨的圣洁、神威。

位于东千佛洞第6窟窟门处的忿怒金刚（图3–55）身光造型为火焰光，显示出藏传佛教密教的风格。

东千佛洞第2窟的十一面观音（图3–56）身光可能是敦煌唐五代乃至西夏以来最为复杂的身光造型了。

图3–55 忿怒金刚（东千佛洞第6窟）

主尊的头光有五层，十一面观音置于葫芦形的头光中，头光外圈为五彩串珠纹与红、绿、黄三色相间的条纹。身光有三层：内层为海蓝色背光，外镶嵌红、绿色宝石的黄色彩环，呈马蹄形；中层身光褪色严重，可能是深红色的马蹄形背光；最外层是由红、绿、黑、白四色组成的呈半弧形并向上方中央会拢的火焰纹，最终在头光的上方形成五彩的圆形。主尊身旁的随侍菩萨也各着椭圆形头光和马蹄形背光。这幅壁画是笔者所见到的最为繁复和别具一格的身光造型了，可视为西夏晚期身光造型的最高水准。仅从这精美、华丽、复杂的身光造型上就足以说明东千佛洞西夏晚期佛教壁画艺术的实力。

图3–56 十一面观音（东千佛洞第2窟）

这些造型各异的主尊头光、身光无不折射出东千佛洞壁画装饰图案的艺术成就，从一个侧面也反映出西夏后期佛教艺术的盛况。

边饰图案

边饰一般绘于石窟寺窟顶藻井、坛城周围、四披、帷幔、甬道顶及不同母题的边缘，起到连接两个不同构图单元（壁画母题）的作用。通过用不同边饰衔接各母题壁画，使同一壁面或不同壁面上的壁画能够实现自然过渡，达到和谐统一。

各种优美的边饰图案突出了窟顶坛城、藻井，使窟顶看上去就像佛国的天穹一般五彩缤纷、变化无穷、富丽堂皇，无形中增加了石窟寺的庄严与威灵，表现出佛法的震慑力，渲染了石窟寺院作为重要礼佛、修行场所的神秘氛围。

东千佛洞的边饰主要有两类：一类是五彩缤纷的植物花卉纹样边饰，一类是生动活泼的祥禽瑞兽纹样边饰。有的边饰喜用浮塑贴金的技法，体现了一种喜庆、热烈的装饰效果。

图 3–57 卷草莲花纹图案（东千佛洞第 2 窟后室甬道顶）

五光十色、生机盎然的花卉纹遍布洞窟。东千佛洞第 2 窟后室甬道顶铺满了石青、石绿和薰衣草色的卷草莲花纹（图 3–57），花纹细密，层层圈染，枝叶仰覆舒展，造型富有变化，线描设色精致典雅，在石窟寺装饰图案中具有较高的欣赏价值。此外，第 7 窟后室甬道顶绘制交相环绕的双凤对啄图案（图 3–58），底色铁红色，卷叶与花枝涂以青绿色，白里透红的忍冬莲花映衬着

图 3–58　双凤对啄图案（东千佛洞第 7 窟后室甬道顶）

淡蓝色的卷草纹，显得格外娇艳，整个甬道顶的色彩明艳醒目、流光溢彩。以上色彩的搭配明显继承了敦煌莫高窟唐代窟顶藻井花卉蓝白相间的设色风格。

东千佛洞的边饰中大量地运用了各种莲花造型的图案，莲花出淤泥而不染，代表着佛祖清净的法身、庄严的报身，是佛教石窟寺中常用的装饰母题。东千佛洞第 2 窟甬道顶大面积地使用卷草莲花纹样，旨在突出佛的高雅、圣洁。

边饰中还充分地利用各种祥瑞动物、护法瑞兽纹样，色彩亮丽，青翠的卷草花纹绿意盎然。东千佛洞第 2 窟前室窟顶藻井四披之一的孔雀边饰（图 3–51），画中孔雀形象生动逼真，羽毛色彩艳丽。佛教壁画中经常出现的动物供养有狮子、羊、天马、孔雀、迦陵频伽等。前文提到的涅槃变、石窟窟顶曼荼罗边饰、绿度母上方山林虚空中均出现上述祥瑞动物。

东千佛洞第 2 窟窟门盝形甬道顶的双龙戏凤边饰（图 3–59），盝形甬道顶中间绘一只展翅飞翔的彩凤，美丽的尾翼缓缓飘展，两披的飞龙翻转腾跃，活力十足，表现出游龙戏凤的主题。整个画面龙飞凤舞，栩栩如生，预示着未来好运。

东千佛洞的前后室多为盝形甬道顶，图案描绘精细，丰富多彩，充满生机。这种极具装饰效果的甬道窟顶装饰图案是西夏东千佛洞甬道顶部样式的代表。

特别值得一提的是，东千佛洞装饰图案中还有一种西夏代表性的祥瑞——迦陵频伽。东千佛洞第 2 窟窟顶四披之一所绘人首鸟身的祥瑞动物就是迦陵频伽，也叫妙音鸟（图 3–52），带有头光的波罗菩萨首形，色彩斑斓的双翼，银白色的尾翼似乎要展翅高飞，它是西夏佛画中最为典型的祥瑞供养代表，无论是西

图 3–59 双龙戏凤边饰（东千佛洞第 2 窟窟门盝形甬道顶）

夏时期河西地区的石窟寺还是黑水城出土唐卡中，都有妙音鸟。而西藏等地出现的更多是大鹏鸟供养，如拉萨大昭寺金顶的鎏金大鹏鸟，是佛教的护法神。

第二节 东千佛洞西夏时期壁画母题的特色

上文对东千佛洞的形制及代表性洞窟西夏时期壁画母题进行了爬梳，瓜州东千佛洞壁画艺术是西夏晚期壁画艺术的优秀之作。[①]壁画母题内容丰富，形式多

① 张宝玺：《东千佛洞西夏石窟艺术》，载《文物》1992 年第 2 期。

样，主要有佛、菩萨的尊像画，高僧大德及供养人像，各类经变画，窟顶及其他位置的曼荼罗，还有动植物纹样的装饰图案等。大型涅槃图和说法图为西夏晚期的鸿篇巨制，旨在突出释迦牟尼佛成道和寂灭的主题。东千佛洞中大量密教母题壁画是西夏其他石窟所不及的。壁画的笔墨技法、绘画风格既传承前代传统绘画风格，又吸收融合了中原、吐蕃等地，以及印度、尼泊尔等国家的各种艺术风格，在发展中融入了党项人的审美喜好和民族特质，形成一种多元化的佛教艺术和母题特征。

现将东千佛洞西夏壁画母题特色总结如下：

第一，藏传佛教的密教母题占东千佛洞壁画的半壁江山，表明西夏晚期佛教绘画艺术深受藏传佛教影响，如坛城图、绿度母像及度母变、八塔变、十一面观音救八难曼荼罗、娑罗菩萨、忿怒金刚等藏传佛教密教母题出现在东千佛洞西夏晚期壁画中。

第二，布局上强调壁画母题的对称性与平衡性。整窟壁画以中轴线为中心，左右壁对称；每个壁画、每幅壁画几乎都讲究对称平衡。相同或相似母题的壁画分布于洞窟正壁主要人物的左右两端，或分布于洞窟左右壁面对应的位置上，突出表现佛教的修道原理。第 5 窟南北壁对称分布的文殊菩萨与观音菩萨，构成了“悲智一如”的佛教主题，共同表现“悲智双运”。第 2 窟十一面观音两侧对称分布观音救八难、绿度母及度母救八难。第 7 窟左右壁对称分布释迦说法图与释迦降魔图、阿弥陀接引图；窟门前壁两侧、中心柱左右壁对称分布坛城图、波罗菩萨图；等等。

对称布局不仅使壁画左右呼应，而且突出了壁画的形式美，展现了相应的成佛境界。

第三，东千佛洞壁画中大日如来、药师佛、释迦佛共同构成“三世佛”（图 3–9），揭示了佛教过去、现在、未来三世，向人们展示佛法永恒主题。这样巧妙的构思应该是西夏画师的独创，在东千佛洞以外的石窟似未发现。

第四，壁画中的人物造型普遍表现出脸形浑圆、两腮突出、鼻梁高直、细眉修目的西夏党项人外貌特征。第 2 窟中心柱释迦涅槃图中佛头前的两身菩萨面圆准高，绿度母及度母救八难壁画中的主尊从面相、衣冠到身形都党项化了，药师佛的面相也有些党项化了。可以说，东千佛洞壁画中的佛、菩萨、弟子、天人、高僧等，从着装打扮到体貌特征多表现出党项人的特征。

第五，东千佛洞第 7 窟的大日如来与八大菩萨曼荼罗壁画，八大菩萨的尺幅足够大，乃西夏敦煌石窟寺同类题材之最。

第六，大型山水画使佛画更具艺术欣赏价值和审美意蕴，愈趋向于世俗化。第 2、5 窟的大型水月观音，其中山水所占比例比黑水城唐卡和榆林窟中的水月观音多，愈加显得清旷灵秀、山重水复，营造出山清水秀、飘然幽静、佛道高远的意境，极具观赏性。

第七，绘画母题更趋于写实，一些颇具历史文化、社会生活的题材跃然壁上，如水月观音经变唐僧取经图中出现的世俗人供养图像，涅槃变中的出现的贵族等（图 3-15、3-33、3-35）。

上师、高僧等主尊的外貌也一改程式化的勾画方式，不断趋于写实，显得更加真实自然（图 3-27、3-28）。

第八，画面采用对角线构图布局，笔不到意到，凸显虚幻空灵、简约疏旷之意境，如药师行道图、水月观音图等。这种对角线构图放大了主要人物的比例，“虚”与“实”被置于画面的上下两端，明确了主尊与被施救者之间的关系，更加彰显了药师佛的大爱、慈悲、拯救众生的无量功德，观音菩萨大慈大悲、救度众生的功德和能力。

画面中人物布局疏密有度，作品注重主要人物内在情致的刻画，线描精细流畅，敷色清润透明，精工而不流于板滞，鲜活地再现了药师佛与观音菩萨高尚、大爱、从容的精神面貌。

第九，兼收并蓄，博采诸家之长，不同风格的母题融会贯通。密宗的曼荼罗，藏传佛教风格的佛陀、金刚，印度、尼泊尔式的菩萨等聚于同一佛教殿堂之下，如第 5 窟的妙吉祥文殊说法会，圣妙吉祥文殊曼荼罗，绿度母、忿怒金刚，以及金刚界坛城，等等。

第十，线描精致流畅，一丝不苟，敷色厚重中透露出含蓄淡雅，清润柔和中彰显生动意蕴。第 7 窟甬道顶大型的装饰图案有忍冬莲花、五彩对啄的双凤；第 2 窟说法图两侧的药师行道图中飘然清旷的氛围、药师佛体貌的刻画；第 5 窟普贤变艳丽的敷色中又透露出云淡风轻、虚空缥缈的意境；第 2 窟水月观音的笔墨柔和细腻、浓艳而不失优雅，人物表情刻画细致入微、清秀透明，无形中拉近了有情众生与佛国世界的距离。

第十一，从写实转向写意，西夏画师更强调佛画的象征意义和功能。东千佛洞壁画中含有西夏中晚期特有的绘画母题。东千佛洞第 5 窟普贤变山顶若隐若现的具有象征意味的“▲”形小树、装饰意味很浓的葡萄状云烟等，与榆林窟第 29 窟东壁文殊变中“丰”字形的树木及几何形的山岩、葡萄枝蔓状云烟的画法，都有异曲同工之处。这些充满象征性的符号成为西夏晚期极具代表性的绘画母题，它们共同营造了东千佛洞虚幻飘逸、威猛神秘的意境，也是西夏晚期绘画作品断代的一个重要标志。

第十二，中心柱窟布局突出主要人物形象，既倡导涅槃精神，又强调了佛法永恒。单独将涅槃变放在中心柱背面一整壁来绘制，是东千佛洞学习西域龟兹中心柱窟形成的特色。以往涅槃变都未被独立地绘制在一整个壁面上。西夏晚期，画师有意突出东千佛洞洞窟主要人物，把涅槃变放在了洞窟中最为主要的位置——中心柱上。这是东千佛洞与众不同的壁画母题特色，直接或间接地反映了西夏晚期社会普遍推崇和信仰《涅槃经》，希望抵达不生不灭之涅槃境界。同时，大日如来说法图与其相对布局，无形中强调了佛法的永恒。

第十三，装饰图案美轮美奂，身光造型推陈出新，动植物纹样生动精彩。各种装饰图案在东千佛洞都被凸显出来。

壁画中头光、背光的样式向桃形、椭圆形发展；头光、背光中的装饰纹样虽然减少，但多彩霓虹样式外带彩云纹的背光充满奇幻色彩。个别主尊的头光、背光组合在一起又被包在更大的身光里，使背光层层叠叠，极度繁缛，而且头光与身光过渡的分界环上还嵌满了五光十色的宝石，颇为壮观，更显富丽堂皇。

第5窟多数壁画都有卷草纹，甚至有几铺的背景几乎全是卷草莲花纹，如四臂文殊、四臂观音、八塔变等，极好地表现出中原风格佛画设色淡雅、线描精细的特色。

东千佛洞中还有生动逼真、多姿多彩的动植物边饰等，这些形态各异、五光十色的装饰图案突出表现了东千佛洞西夏壁画的主题内容。同时，它们又是石窟寺壁画各个母题之间完美衔接的桥梁，与洞窟主体壁画浑然一体，一起营造出庄严、神圣、肃穆、祥和的氛围。

第四章　东千佛洞西夏绘画艺术的审美意蕴

西夏第五代皇帝仁孝时期（1139—1193 年），西夏社会生产力迅速发展，文化事业繁荣昌盛。自仁孝之后，西夏便内忧外患加剧，皇权不固，先后五易皇帝，蒙古六次入侵。西夏宝义元年（1227 年），蒙古大军攻破中兴府，这个雄踞西北近 200 年的西夏王朝宣告灭亡。

蒙古灭夏战争中，西夏大量的建筑、文献、各类绘画艺术几乎毁于战火，造成了大量的西夏文献史料、文物亡佚。瓜州东千佛洞由于远离闹市，山高路险，才免遭蒙古铁蹄的摧残，成为西夏绘画艺术的珍贵遗存。

东千佛洞的这些艺术珍品，内容丰富，品类繁多，风格多样，是我们了解西夏社会生活、历史文化、宗教建筑的形象化史料。

东千佛洞西夏壁画母题众多，是不同绘画流派、艺术风格的大荟萃，代表我国古代少数民族传统绘画艺术的精髓。东千佛洞西夏晚期绘画艺术善于继承和创新，得魏晋之韵，习唐宋之法，开西夏之意。其构图布局、线描设色主要源自魏晋以来的中原文人画传统，著名的“张家样”“吴家样”“曹家样”等传统经典艺术样式在洞窟中交相辉映，同时还吸纳了回鹘壁画疏朗布局的构图风格，在发展中又受到藏传佛教的深刻影响。洞窟内有各类题材的壁画，汉传佛教与藏传佛教的神祇共存。新近的研究资料表明，东千佛洞还有直接来源于印度、尼泊尔的造像范式。

洞窟中既有汉传佛教风格的水月观音，又有藏传佛教风格的绿度母及度母救八难，以及汉藏合璧的十一面观音、观音救八难，东方净土变、西方净土变等壁画代表作品。壁画中佛、菩萨、供养人的形象开始出现党项人的外貌特征，佛画的地域性、民族性得到进一步发展，呈现出世俗化的倾向。东千佛洞西夏壁画兼具汉传佛教、藏传佛教艺术风格，又融入周边民族的文化因子，形成了西夏佛教艺术多元化的风格。

下文通过分析东千佛洞第 2、4、5、6、7 窟中具有代表性的壁画作品，并与周边其他地方西夏同期石窟寺的壁画进行比较，进一步揭示东千佛洞西夏壁画艺术所包含的审美意蕴。

第一节 西夏壁画涅槃变及其审美意蕴

涅槃变是表现释迦牟尼逝世时弟子祈愿、悼念、举哀、送葬情形的佛传故事。“涅槃”是佛教术语,是指经过苦修之后达到的最高境界,也叫“入灭”“灭度”或“圆寂”等。通过涅槃,信徒可以摆脱六度轮回,进入美好的净土世界。佛经记载:“释迦牟尼四十五年间说法教化众生，化缘既尽，于中天竺拘尸那城跋提河边双树间，一日一夜说《大般涅槃经》毕，头北面西，右胁而卧，乃入灭。”

东千佛洞西夏时期的涅槃变壁画是敦煌其他地区同类题材经变画的典范。

本节将进一步深入分析东千佛洞第 2、5、7 窟涅槃变的特点，通过与榆林窟第 2、3 窟涅槃变，西千佛洞第 9 窟涅槃变对比，探讨东千佛洞涅槃变特有的艺术审美意蕴。

一、涅槃变及其佛经依据

《大般涅槃经》乃佛教经典，亦称《大本涅槃经》或《大涅槃经》，简称《涅槃经》。北凉昙无谶译，共 40 卷。

相传在昙无谶翻译前，东汉支娄迦谶译有《梵般泥洹经》2 卷，三国魏安法贤译有《大般涅槃经》2 卷，吴支谦译有《大般泥洹经》2 卷，均早佚。异译本有东晋法显与佛陀跋陀罗译《大般泥洹经》(为《大般涅槃经》初分异译)6 卷，相当于昙无谶译本的前 10 卷。南朝宋慧严、慧观与谢灵运等以昙无谶译本为主，并依法显等译《大般泥洹经》增加品目，从原本“寿命品”分出“经叙”“纯陀”“哀叹”“长寿”4 品，由“如来性品”分出“四相”“四依”“邪正”“四谛”“四倒”“如来性”“文字”“鸟喻”“月喻”“菩萨”10 品，改为 25 品 36 卷，亦名《大般涅槃经》，世称此为“南本涅槃”，而原昙无谶所译为“北本涅槃”。《大般涅槃经》藏译全本是对汉译大本的重译。西夏时将此经翻译成了西夏文。

该经的主要思想在于阐述佛身常住不灭，涅槃的常、乐、我、净四德，众生佛性及阐提成佛等内容。《涅槃经》强调佛身常住，有无量寿，“如来身者是常住身，不可坏身，金刚之身”。这种常住之身，就是佛法身，佛法身具有无数功德，也是涅槃之身。涅槃是佛教追求的最后归宿，但佛教各派理解的涅槃并不相同，小乘佛教以出离“无常、苦、无我、不净”的世俗世界、灰身灭智为涅槃；般若空宗以实相为涅槃；而《涅槃经》认为，如来不能只修诸法本性空寂之实相，还应追求更高的菩提涅槃，于出世间得大涅槃。这种大涅槃具有“常、乐、我、净”四德，“常”是法身常住不灭，“乐”是涅槃大乐，“我”是佛身之大我，“净”是佛法清净无染。人人都能得大涅槃，因为众生都有佛性，包括一阐提人也与佛、菩萨一样有平等无差别的佛性，从本质上讲都能成佛。[①]在成佛的问题上，众生平等，人人可以达到美满的彼岸世界。正如大乘经典所言：“如来常住无有变易，一切众生悉有佛性。”

西夏时期涅槃思想非常流行，在东千佛洞、榆林窟等地均遗存大量的涅槃变壁画。涅槃变是依据《涅槃经》等佛经中的相关描述而绘制的。其中的僧众各色人物、祥瑞动物、佛涅槃的形象及周围的床品饰物、茂盛的菩提树等，在佛经中都可以找到相应记载。

据《大般涅槃经》记载：“世尊佛释迦如来前往在毗耶离大林中重阁与一千二百五十大比丘讲经，后于娑罗双树间涅槃。晨朝时佛与阿难入城乞食归来后，到遮泼罗支提入定思维，佛须臾便从定而觉，告诉阿难说：‘此毗耶离、优陀延支提、婆罗支提、遮婆罗支提、多子支提……此等支提，甚可爱乐。四神足入，尚能住寿满于一劫若减一劫。如来今者有大神力，岂当不能住寿一劫若减一劫……’释迦以此语三次暗示阿难，让他主动请佛住寿一劫若减一劫，但阿难当时被魔王所迷惑，默然不觉，犹不解悟。”[②]

“……尔时魔王来到佛所，对佛说：‘世尊，今者宜般涅槃，所以者何？我于往昔在尼连禅河侧，劝请世尊入般涅槃。’世尊尔时见答言：‘我四部之天众、比丘、比丘尼、优婆塞、优婆夷，犹未具足，又未降伏诸余外道，所以未应入般涅槃。世尊今者四部之众无不具足，又已降伏诸余外道，所为之事皆悉已毕，今者宜应入般涅槃。’[③]魔王再三请求，释迦答应推后三个月涅槃。魔王听后欢喜踊跃，还归天宫。当时大地十八相震动，天鼓自鸣，空中唱言，如来不久当般涅槃……”据《大般涅槃经》载：“尔时佛告诉阿难：‘我今欲进鸠尸那城力士生地，熙连河侧娑罗双树间……汝可至娑罗林中，见有双树，孤在一处，洒扫其下，使令清净，安处绳床，令头北首。’佛至双树下，右胁着床，累足而卧，

---

① 昙无谶译：《涅槃经》，北京：宗教文化出版社，2001 年。
②③ ［日］高楠顺次郎、渡边海旭监修：《大正藏》，日本大正一切经刊行会出版，1934 年印行。

如狮子眠。”

东千佛洞第 2、5、7 窟释迦涅槃像均呈右卧姿并枕右手而眠，这种右胁向下卧法也叫狮子之卧[①]，与佛经中的描述完全一致。

《摩诃摩耶经》卷下云：“尔时尊者阿那律，即见棺殡如来身已，即便升于忉利天上，往摩诃摩耶所……与无量诸天女等眷属围绕……从空下来……前至棺所，头顶作礼……尔时世尊以大神力故，令诸棺盖皆开发，便从棺中合掌而起，如（狮）子王初出窟时奋迅之势……以梵软音问讯母言：‘远屈来下此阎浮提，诸行尔法，愿勿啼泣。’尔时世尊说此语已，与母辞别……即便开棺……摩诃摩耶及众八部，悲泣懊恼，不能自胜……”[②]

正如佛经中提到的婆罗双树间、绳床、佛至双树下、右胁着床、累足而卧、摩诃摩耶及众八部悲泣懊恼、不能自胜等情节，在东千佛洞西夏涅槃变中都有。

东千佛洞第 5 窟涅槃变（图 4-3）中，释迦牟尼佛的头侧后方有两位妇女，头结发髻，身着俗装，用手掩面悲极而泣，这可能是摩耶夫人及其随侍天女。

佛经中其他众人，如弟子阿难、迦叶，摩耶夫人，四部之天众，比丘、比丘尼，优婆塞、优婆夷，力士等，在涅槃变中多见。而佛涅槃时，“大地十八相震动，天鼓自鸣，空中唱言，如来不久当般涅槃……”又有对菩提树百花怒放、万道霞光等场景的渲染。以上这些人物、情境在东千佛洞涅槃变（图 4-1、4-4、4-5）中都有相应的体现，下文将详细释读。涅槃变中的种种场景在《涅槃经》及相关佛经中都有相应记载。

二、西夏涅槃变的内容及美学特点

1. 东千佛洞西夏涅槃变的具体内容与美学艺术特点

东千佛洞第 2、5、7 窟的涅槃变（图 4-2、4-3、4-4、4-5、4-10）均分布于石窟中心柱背面，占据石窟的重要位置，与其相对的是位于窟室正壁的大日如来说法图。东千佛洞的这幅涅槃变主要表现释迦牟尼佛于娑罗双树间右胁而卧，为众弟子说《大般涅槃经》，诸天人众闻释迦将涅槃，纷纷前来供养，包括释迦寂灭，诸天、弟子举哀，鸟兽、伎乐供养等场景。涅槃变中人物众多，

---

① 据南传大藏经《增上部》，仰卧为死者卧法， 左胁向下卧为爱欲者卧法，右胁向下卧为狮子之卧法。

② ［日］高楠顺次郎、渡边海旭监修：《大正藏》，日本大正一切经刊行会出版，1934 年印行。

但每个人物的形象、神情各不相同，如第 2 窟神情淡定、肃穆的供养菩萨及悲痛万状的举哀弟子；第 5 窟举袖掩面哭泣的摩耶夫人等。即使同一人物，在不同涅槃图中的位置、表情、动作也不一样，伎乐和鸟兽供养的情况也随不同的画面而有所区别。

这几幅涅槃变的构图布局都有一个共同点，即整个画面都围绕着释迦牟尼佛即将涅槃这个主题而展开，前来举哀的众人依次分布于七宝床四周，摩耶夫人、菩萨、大弟子分别位于佛的头部附近，比丘、天王等位于佛身后，世俗供养人和西域国王等在佛足处供养，狮子、孔雀、龟、仙鹤等祥禽瑞兽则温顺地在佛床前供养，床尾还有几身菩萨装的伎乐，有的击鼓，有的吹笛，有的打板，手舞足蹈，表现出“十二部乐，朝夕供养”的情景。这与佛经中的描述相吻合。

东千佛洞第 2 窟的涅槃变，画面中心主尊释迦牟尼佛双眼微闭，在画满菱形花边的七宝床上右胁而卧，身色为棕褐色，有些像印度佛陀的身色，淡绿色的头光叠在圆柱形的枕下。在释迦牟尼佛的头光后方有两身双手合十、神情肃然、目光坚定的菩萨（图 4–1），一菩萨低眉，一菩萨注视着释迦牟尼佛。这两身菩萨头戴宝冠，身披有瓔珞的淡蓝色、淡绿色天衣，眉目清秀，呈男相，有几分西夏党项人高鼻宽腮的特征。唐以前的菩萨多为男相，宋以后女相逐渐流行起来。东千佛洞第 2 窟涅槃变的菩萨显然具有敦煌唐代菩萨的特征，形貌刻画精致，精细的高古游丝描表现菩萨飘逸的须发，一波三折的折芦描勾画菩萨的衣裙，圆润劲挺的铁线描勾勒菩萨完美的轮廓，充分采用了多种线描技法，表现逼真的人物形象，突出涅槃意境。

关于佛头前所立的这身红衣菩萨，有的学者认为是弥勒菩萨[①]。从图上仔细来辨，菩萨身披红色袈裟，头戴华丽宝冠，与莫高窟第 280、295 窟的红衣弥勒菩萨相似。莫高窟的弥勒菩萨呈支颐状，似在思考，东千佛洞的则双手合十肃然而立。在涅槃类经典中我们找不到弥勒奔丧的描述，不过弥勒菩萨出现在涅槃图中并不意味着举哀，而是代表着如来寂灭之后在未来世续行佛法，这一点在下面的佛经中有记载。

据《释迦谱》卷四载：“佛在双树欲舍身寿入涅槃，释提因将忉利天诸天在左面立，弥勒菩萨十方菩萨当前立。”第五卷载：“吾法尽时亦如灯灭，自此之后难可缕记。如是久后，弥勒当下世间作佛。”据佛经而言，此处的弥勒菩萨与莫

---

① 刘永增：《敦煌莫高窟隋代涅槃变相图与古代印度、中亚涅槃图像之比较研究》，载《敦煌研究》1995 年第 1 期。

图 4–1　涅槃变局部二菩萨（东千佛洞第 2 窟）

高窟第 295 窟和第 280 窟涅槃变中的弥勒菩萨应是象征如来虽寂而法身常住不灭，即佛法永恒。东千佛洞第 2 窟的涅槃变是传承莫高窟隋代的涅槃变，即表现出继释迦涅槃之后，弥勒作为佛的接班人而下生说法，这应与隋代流行的末法思想相关。

壁画中两位菩萨神情肃穆而坚定，与周围举哀弟子悲痛不已的神态形成了鲜明对比。画面中人物表情怎会有如此大的反差呢？这是因为菩萨修行的境界高，并深知佛涅槃后将进入“常、乐、我、净”的大乘涅槃境界，并非世俗信徒所理解的那样，因此他们的神情不是悲伤、哀痛，而是坚定、沉着和敬仰。

佛身后带有头光的十多身弟子和世俗信徒，有的相拥而泣，有的互相安慰，有的怅然若失。尤其是那对相拥而泣的弟子，神情生动逼真，他们似在失声痛哭，以致眉眼都扭曲了（图4–2），举哀的悲恸与依依不舍之情顿时跃然而出。

图 4–2　涅槃变局部二弟子（东千佛洞第 2 窟）

东千佛洞第 5 窟涅槃变中的佛首无头光，侧后方的二菩萨换成了三位女相，据《摩诃摩耶经》记载，此乃反映佛母摩耶夫人与爱子做最后道别的场景（图4–3），释迦牟尼佛头部是两个侍从天女搀扶的摩耶夫人。摩耶夫人身穿红色衣裙，着粉色红边的头光，神情极度悲伤，但又强忍住内心的悲痛，用衣袖遮面而泣，身体因过度哀伤而站立不稳，两侍从天女紧随其后，左右相扶。佛经上说，佛涅槃时劝母勿哭，可是为人之母，爱子马上将离她而去，有谁还能控制得了自己的情绪呢？画师紧紧抓住人物内心的情感变化，将摩耶夫人因痛失爱子极度悲哀之情表现出来，但在众人面前又极力掩饰自己的悲痛，举袖拭泪。画师以精湛的手法、细致入微的刻画，将生离死别的情感变化融入画面，令整个涅槃过程感人肺腑。[①]

① 学界还有另一种说法，认为佛头前着红衣者不是摩耶夫人而是未来佛弥勒菩萨，见刘永增：《敦煌莫高窟隋代涅槃变相图与古代印度、中亚涅槃图之比较研究》，载《敦煌研究》1995 年第 1 期。

图 4–3　涅槃变局部摩耶夫人（东千佛洞第 5 窟）

第 7 窟的涅槃变（图 4–4）是东千佛洞中保存最为完好的涅槃变。主尊面部及上半身的凹凸晕染，突出其伟岸的身躯，传承了西域回鹘特有的敷色技法。佛陀的身形也与第 2、5 窟有所不同，富有流线形。释迦牟尼佛是右手支颐，半卧于七宝床上，双目俯视前方，似在沉思，又似在为举哀众人做最后的道别。头光中化生出一化佛，表明佛已获得重生。

画面中芸芸众生以释迦牟尼佛为中心呈椭圆形依次地排列开来，画面上部边

图 4-4 涅槃变（东千佛洞第 7 窟）

缘白、黑、蓝、褐四色相间的佛光放射出万丈光芒，绿色枝叶衬托着竞相怒放的乳白色菩提花，蓝绿色枝叶掩映下的朵朵白色菩提小花撒满七宝床，显得那么温馨，极好地表达了“凤凰涅槃，浴火重生”的主题。

释迦牟尼佛的大弟子迦叶泪流满面，悲伤欲绝，扑倒在佛的枕头前，双眼充满期待，似想再得到佛多一点的指引。画师细致入微地刻画出迦叶虔诚而悲伤的神情。迦叶的位置与佛经中的描述有所变化，应该是佛涅槃前嘱托迦叶有关身后事的安排。释迦牟尼佛涅槃后，弟子迦叶继续弘扬佛法。

释迦牟尼佛的身后是正在举哀的众比丘，悲痛之状各不相同。众比丘身后是一排护法天王。佛经载，尔时诸比丘天王力士闻佛涅槃，“悲号懊恼，闷绝躃地，互共微声而相谓言，呜呼苦哉，世间眼灭，我等从今何所归依，犹如婴儿失于慈母”。佛床前左下角有几位弟子因过度悲伤而哭倒在地，相互搀扶，与佛经所言一致。

东千佛洞第 2、5、7 窟涅槃变的七宝床前均绘有祥瑞鸟兽供养，有狮子、孔雀、凤，有老虎、龟、鹤等。正如佛经记载：“复有二十恒河沙等计算飞鸟王凫雁、鸳鸯、孔雀……诸鸟，持诸花果，来至佛所,稽首佛足,却住一面。”[①]释迦牟尼佛的大爱无疆引来山林鸟兽举哀和供养，反映出佛涅槃的壮举感天动地。

东千佛洞第7窟与第2、5窟人物布局上最明显的区别是在佛的足跟部及床尾处出现了几身吹拉弹唱的伎乐供养。据《佛般泥洹经》载:“涅槃、敛棺、人天供养多种场景中都有十二部乐作供养。”[②]此图表现的正是十二部乐朝夕供养的情节。东千佛洞第7窟涅槃变的内容是最为完整的，画面保存情况也是最好的。

图4–5 伎乐、鸟兽供养（东千佛洞第7窟）

2. 东千佛洞的涅槃变与西夏其他地区涅槃变的比较

一是与榆林窟涅槃变的比较。

首先，两窟的涅槃变在洞窟中的位置有所不同。东千佛洞的涅槃变独立位于中心柱背面一整铺，榆林窟的涅槃变与其他经变题材组合，共同位于洞窟的正壁。榆林窟第3窟的涅槃变（图4–6）作为八塔变之一，位于窟室正壁的上端；第2窟的涅槃变（图4–7）则位于文殊变上方，与两侧的说法图一起位于正壁的上方。榆林窟的两幅涅槃变均以条形横幅的形式位于洞窟正壁上方。

其次，每幅涅槃变中举哀众人的排列布局各有特点。榆林窟第3窟涅槃变整个画面中的人物呈一字形排开。举哀众人以释迦牟尼佛为中心，左右对称分布，左边四佛，右边三佛一菩萨。佛头枕一个中国式的方枕，袒右肩，右胁累足卧于床榻之上。

①② ［日］高楠顺次郎、渡边海旭监修:《大正藏》，日本大正一切经刊行会出版，1934年印行。

图 4-6 涅槃变（榆林窟第 3 窟）

榆林窟第 2 窟涅槃变整体布局与东千佛洞的基本一致，也是以佛陀为中心，所有举哀众人呈椭圆形分布于佛的四周，只是画面中举哀的人少了很多，鸟兽、伎乐供养等也未出现。

第三，榆林窟第 2、3 窟的这两幅涅槃变的画面内容都被简化了。画中人物的尺寸缩小了，几乎所有举哀众人的表情、身形、衣饰等也刻画得较为简约。尤其是第 3 窟涅槃变中的举哀人物，形象更小。几乎所有的佛都是一种身形和表情，弟子们也只是露出了带圆光的头部。整个画面设色单调，表现出榆林窟绿壁画的特色。加之第 3 窟的涅槃变位于正壁上端，既高又远，很难引起观者的共鸣，在艺术感染力上远不及东千佛洞的涅槃变。

榆林窟第 2 窟的涅槃变虽然尺幅不大，但其具有典型的回鹘风格。构图疏朗，背景用黄色填涂，人物衣饰敷以赭红色，以蓝绿色晕染头发和衣领，整体设色呈现出浓郁艳丽的回鹘风格。释迦牟尼佛身后的两弟子扎着马尾发，似与高昌回鹘时期柏孜克里克千佛洞第 20 窟伎乐图中的人物发式接近。此图在敷色上与高昌回鹘晕染艳丽的特点相符，画面人物造型丰腴，呈现出回鹘人面相阔圆的特征及线描简练的特色。瓜沙地区在西夏占领前就是沙州回鹘聚居的地区，西夏统治该地区后采取的是极为宽松的羁縻政策，佛教艺术依然延续着回鹘和此地固有的汉

图 4–7　涅槃变（榆林窟第 2 窟）

传风格，石窟寺中依然保留着回鹘风格的供养人壁画和佛画等。随着回鹘艺术与西夏佛教艺术的相互融合、相互影响，西夏佛教艺术形成了多元化的风格。西夏前期瓜沙一带的石窟寺壁画流行回鹘艺术风格。这也是西夏同各民族文化艺术相互学习、相互交流的见证。

榆林窟第 2 窟的涅槃变位于文殊变上端，以小横幅插画的形式出现，涅槃内容受画幅位置的影响，尺幅较小，不过人物形象生动、传神，极富回鹘壁画简约、疏朗、浓艳之特色。

二是与西千佛洞回鹘涅槃变比较。

西千佛洞第 9 窟回鹘涅槃变（图 4–8）绘制于洞窟后室北壁一整铺，图幅较大，构图简洁，色彩为暖色调，画面中大面积地使用赭、红、黄等色彩。佛及弟子的袈裟多敷以赭红色，涅槃图的边框也是较粗的红色线，个别弟子的面色为红色。这些暖色间以石绿、白色，再加上金色的头光和袈裟衣领，尽显富丽堂皇。这种设色应该属于高昌回鹘的着色风格，比较接近中原晚唐时期壁画的敷彩，与莫高窟同时代的壁画色彩类似。整个画面人物形象单一，只表现佛及弟子，没有摩耶夫人、西域国王及俗人、伎乐及鸟兽供养等内容，甚至连七宝床也没了，似东千佛洞涅槃变的一部分。画面疏朗，画幅比较大，佛及身边弟子的身形被放大了。

图 4–8 涅槃变（西千佛洞第 9 窟）

人物肖像刻画多有雷同，装饰图案较为简洁。

公元 10 世纪，回鹘经常往来于宋、辽之间，和中原保持着密切的联系。李元昊曾请回鹘高僧居兴州高台寺演绎经文，回鹘的佛教艺术传到了西夏，河西地区出现了回鹘风格的涅槃变、回鹘供养人壁画及其他题材的壁画等。这是西夏与西域少数民族友好交往的见证。

敦煌莫高窟第 158 窟的涅槃变（图 4–9）场面最壮观，第 148 窟的涅槃变内容最全面，有释迦牟尼佛临终说法、涅槃、进入佛塔等一系列情节内容。东千佛洞西夏涅槃变主要表现的是释迦牟尼佛右胁而卧涅槃这一主要情节，虽然不及莫高窟第 148 窟涅槃变的内容全面，但东千佛洞西夏涅槃变的构图巧妙，包含深厚的美学意蕴，表现出强大的佛教艺术感染力和震撼力。

当观者置身于东千佛洞第 2 窟中心柱窟后室光线幽暗、狭窄的甬道时，面前正对的是一整铺的涅槃变（图 4–10），画幅巨大，释迦牟尼佛的形象被放大，四周举哀人众的比例相应缩小。从容、淡定的佛祖，肃穆坚定的菩萨，悲泣懊恼的弟子，伤心欲绝的摩耶夫人，神奇灵动的祥禽瑞兽，手舞足蹈的伎乐，等等。人物刻画细腻，表情真实自然，生动逼真。壁画中既有党项人外貌特征的菩萨、俗家弟子供养人，又有回鹘人外貌特征的佛、弟子，还有吐蕃人外貌特征的弟子，

图 4-9　涅槃变（莫高窟第 158 窟）

由此反映出西夏河西地区佛教文化艺术的多元化背景，而东千佛洞西夏壁画艺术正是在这样的沃土上结出的硕果。

三、西夏涅槃变的艺术特色与审美意蕴

东千佛洞西夏涅槃变表现了释迦佛涅槃时的从容、淡定、超然，显示出佛陀进入了“常、乐、我、净”的大乘涅槃境界。

《大般涅槃经》提出“常、乐、我、净”为涅槃的四德：达涅槃境之觉悟为永远不变之觉悟，谓之“常”；其境界无苦而安乐，谓之“乐”；自由自在，毫无拘束，谓之“我”；无烦恼染污，谓之“净”[①]。换言之，“常”即永恒性，是法身的特质；“乐”是永恒的精神宁静，是涅槃的性质；“我”是绝对自由的我，是佛如来的性质；“净”是“纯清无染”的大净，是佛性的性质。这是对大乘般若空宗理论的进一步发展。[②]

①② 昙无谶译：《涅槃经》，北京：宗教文化出版社，2001 年。

图 4-10　涅槃变（东千佛洞第 2 窟）

现将东千佛洞、榆林窟、西千佛洞、鬼兹石窟涅槃变在洞窟中的位置布局、画面主要内容、线描与设色等分类总结如下（见表 4–1）。

表 4–1 东千佛洞、榆林窟、西千佛洞、龟兹石窟的涅槃变比较一览表

洞窟		东千佛洞西夏涅槃变	榆林窟西夏涅槃变	西千佛洞涅槃变	龟兹石窟涅槃变
位置		中心柱背面整壁	主室正壁，与其他题材组合	中心柱后面后室北壁一铺	中心柱背面、后室正壁面（涅槃台），左右甬道
主要内容	头前	菩萨、摩耶大人、迦叶	佛、菩萨	弟子	老年弟子、摩耶夫人
	身后	众举哀弟子、天王	众举哀弟子、菩萨	众举哀弟子	众举哀弟子
	足跟	末罗族长者、弟子	弟子、俗人	不详	弟子迦叶
	床前	金刚、伎乐、鸟兽供养	第 2 窟有弟子、金刚	不详	不详
线描、晕染特色		线描细腻，晕染工细得当，线描造型传神，人物面部与服饰采用叠染与晕染相结合的手法	勾线与敷色并用，第 3 窟以绿色调为主，敷以蓝色、白色和赭褐色，显得清冷和肃穆；第 2 窟具有高昌回鹘壁画艳丽、简约疏朗之风格	以赭红色的暖色调为主，重视线条的使用和表现力。接近中晚唐金碧辉煌的壁画色调	劲紧洒脱的线条和凹凸晕染结合；色泽对比，产生线、形、色交错辉映的效果

续表

佛教派别	大乘	大乘	大乘	小乘
壁画规模	大型，集中于中心柱背面	呈长条状组合，位于其他经变题材上部	大型，集中于中心柱背面	有些是置于后室涅槃台上的佛涅槃像，图幅适中
涅槃变艺术特色	以佛涅槃为中心，人物众多，呈椭圆形分布,井然有序。汇集诸家之长，既吸收了宋代中原画的笔墨构图，又融入了藏传佛教的题材，还表现出西夏党项人的外貌特征。注重环境和氛围的渲染	以佛涅槃为中心，呈线形或圆形分布，既表现出人物形象饱满、画面色彩艳丽、结构疏朗的回鹘壁画特色，又表现出榆林窟西夏晚期绿壁画线描细腻、设色青绿、构图对称的风格	以佛涅槃为中心，人物呈线性分布，画面简约疏旷，人物及敷色均表现回鹘风格，也反映出古代沙州与中原的佛教艺术交流	是涅槃变布局于中心柱（支提）窟的发源地。洞窟的布局营造出一种神秘而浓厚的宗教氛围，一般在中心柱后室台坛上塑有卧佛式的涅槃像。涅槃变表现出龟兹回鹘绘画设色浓艳热烈的艺术风格

从东千佛洞、榆林窟、西千佛洞、龟兹石窟涅槃变的比较中，我们可以得出西夏河西地区和龟兹石窟在涅槃变主题上的艺术特色。

东千佛洞西夏涅槃变独立占据中心柱背面一整铺，这种布局强有力地说明了西夏晚期统治阶级为巩固政权，在社会各个阶层宣扬《涅槃经》思想，画师有意将涅槃变放在了洞窟中心柱的背面。这种中心柱布局的形式早在公元4—5世纪就形成于龟兹地区，后来西魏、北齐和高昌回鹘也曾流行。西千佛洞第9窟就是西魏时期开凿的中心柱窟，回鹘时期在中心柱背面绘制巨幅涅槃变。龟兹石窟的涅槃变位于后室正壁的涅槃台上。敦煌石窟群中出现多个回鹘风格的涅槃变题材，如西千佛洞第9窟、榆林窟第2窟、东千佛洞第7窟等，由此可见西夏中晚期的佛教艺术深受回鹘艺术的影响。

与榆林窟、莫高窟、西千佛洞的涅槃变相比，东千佛洞第2、5、7窟的涅槃变画面内容紧扣主题，构图丰富多彩，人物刻画生动细腻，画面中举哀众生及祥瑞鸟兽等均以佛陀为中心，呈椭圆形分布。有庄严肃穆者，有悲哀号哭者，一静一动，动静结合，增强了画面的律动感。伎乐和鸟兽供养使画面内容和表现形式更加丰富多样，表现出佛陀的大爱无疆。

在笔墨设色上，“运用色彩叠晕，线压色、色盖线，效果明艳醒目”。这既是对中原唐五代以来笔墨技法的继承，又是对藏传佛教绘画艺术的发展。人物形象刻画得惟妙惟肖，佛的老年弟子一个紧闭双眼、咧嘴号啕，一个仰面涕泣，他们相互抱扶，呈现与佛难舍难离的动人画面。画面设色既浓淡相宜，又有反映西域画风的凹凸晕染法，佛陀面部（图 4-4、4-10）清旷明丽，承唐五代遗风。

东千佛洞涅槃变中菩萨形象既有刚健而婀娜的，又有肃穆而端庄的。第 2 窟涅槃变中的两个菩萨（图 4-1），神情极为淡定、肃穆，与周围举哀弟子的表情截然不同，他们明白虽然应身佛即将逝去，但是代表其绝对真理的法身佛——大日如来佛会永存。这里突出表现了佛涅槃并不意味着死亡，而是进入了“常、乐、我、净”的永恒境界，正如《涅槃经》所载：“一切众生悉有佛性，如来常住无有变易。”涅槃变所蕴含的佛法永恒思想对于当时身处战乱与灾荒中的西夏百姓来说具有强大的吸引力，也给风雨飘摇的西夏政权犹如注射了一针强心剂，从一个侧面反映了西夏晚期统治者的人生观和涅槃观。

第二节　东千佛洞绿度母探源及其审美意蕴

一、绿度母及藏传佛教度母信仰

度母梵文为 Tārā，来源于词根 Tār，汉文佛经中多译作多罗，藏文译为 sgrol ma，现在使用的“度母”一词即译自藏文。度母，全称救度佛母，我国藏传佛教称多罗菩萨、多罗观音，为藏传佛教的女神，观音化身救苦救难普度众生的本尊，共有二十一尊，绿度母即二十一尊度母之一[①]。度母主要有五尊，即白度母、红度母、黄度母、黑度母和绿度母。其中，绿度母又被视为圣救度佛母的本体，即二十一度母的“总度母”，因为她独有救八难的职责，所以又称其救八难度母。东千佛洞壁画中有绿度母救八难的情节。白度母在藏传佛教中被视为长寿尊者，地位非常高。

度母的信仰大约出现在 6 世纪北派佛教的神灵体系中。8—12 世纪，度母在

① 谢继胜：《黑水城出土唐卡研究述略》，载《民族研究》2002 年第 1 期。

大乘佛教的万神殿中已经占有非常重要的地位[①]。11—13 世纪，相当精美的绿度母图像作品已经出现了，如被断代为 11 世纪巴尔的摩约翰·吉尔墨·福特所藏的绿度母唐卡（以下简称“热振绿度母”）（图 4–14）、东千佛洞第 2、5 窟的绿度母壁画（图 4–11、4–12）、黑水城出土的缂丝绿度母唐卡（图 4–13），等等。

关于度母的起源有多种说法，有的认为度母是从阿弥陀佛眼中射出的蓝色光线中诞生的。普遍的说法是，观世音的眼泪落入山谷，形成湖泊，湖中生出莲花，莲花花瓣张开生出了度母。度母保佑旅人和修行者，能摧诸怨魔，除恶梦、烦恼及灾祸，消罪业。在我国西藏及内蒙古地区，度母的信仰颇为流行，藏传佛教寺庙大雄宝殿的大门两侧墙壁上一般都分别绘有绿度母和白度母。在西藏，度母被认为是所有贤良女子的化身，藏王松赞干布的两位妃子——文成公主和尺尊公主，就被认为是白度母和绿度母的化身。日本以度母为三十三观音之一，称为多罗尊观音。藏传佛教中白度母为纯洁智慧的象征，而绿度母是救苦救难的守护神。

早在 7 世纪上半叶，度母信仰便随尼泊尔尺尊公主传入吐蕃。尺尊公主不仅带来了藏族历史上第一尊度母像，而且将尼泊尔艺术风格也带到了吐蕃。藏传佛教后弘期时，印度著名的佛学大师、超岩寺四大门柱之一的阿底峡尊者又将绿度母信仰传到吐蕃。尊者应拉喇嘛·益西沃之邀，于 1043 年抵达古格王国弘法，三年后由仲敦巴迎请至吐蕃继续弘法，1054 年圆寂于聂塘寺。绿度母是尊者所依本尊之一，尊者在去吐蕃弘法前，向观世音菩萨和度母祈祷请求指引。尊者不仅弘传他所依本尊度母修持法，还翻译了有关度母的重要经典，亲自撰写了包括“绿度母”“白度母”“救八难度母”“二十一度母”的颂赞、唤请、供养等内容的教法仪轨经典，传授给以仲敦巴、俄·绛曲迥乃为首的众弟子，使度母信仰在吐蕃发扬光大。

11 世纪，阿底峡尊者直接推动了绿度母信仰在吐蕃的蓬勃发展，随后绿度母信仰陆续传入河西等地，具体时间虽无从考证，但通过乾顺天祐民安五年（1094 年）的《凉州重修护国寺感通塔碑铭》西夏文部分“感通塔下羌、汉二众提举赐绯僧臣王那征遇”[②]的记载，史金波先生认为当时的西夏可能在凉州已经有了管理佛教事务的僧官。“藏传佛教在西夏传播的规模远比我们想象的要广，而且是

① 谢继胜著:《西夏藏传绘画——黑水城出土西夏唐卡研究》，石家庄：河北教育出版社，2002 年。
② 史金波著:《西夏佛教史略》，银川：宁夏人民出版社，1988 年。

藏传佛教后弘期教派出现以后很快就流传到西夏地区，噶举派的玛尔巴、米拉日巴，萨迦派的萨钦贡嘎宁波、杰尊扎巴坚赞等人的名字和一些传法法本在西夏时期就已经翻译成汉文和西夏文……”[①]上述研究表明，最迟在公元1094年，藏传佛教信仰在西夏已经形成规模。总的来说，仁孝时期是藏传佛教在西夏全面盛行的时期。

笔者查阅了相关的文献和图片，发现表现绿度母题材的作品多是唐卡、佛经插图等，同时期的壁画则比较少见，仅有西藏扎塘寺的绿度母壁画、瓜州东千佛洞的两幅西夏绿度母壁画及榆林窟的一幅元代绿度母壁画，敦煌莫高窟、西千佛洞、旱峡石窟等均未发现相关题材的壁画。因此，这几幅绿度母壁画对河西地区藏传佛教艺术研究提供了重要的实物依据。

二、东千佛洞绿度母与西夏其他地区绿度母的艺术风格及审美意蕴

1. 东千佛洞绿度母绘画风格及其审美意蕴

位于东千佛洞第 2 窟前室左壁的绿度母救八难（图 4–11），画面中央为主尊绿度母，身绿色，一面二臂，头部微微右倾，头戴镶满五色珠宝的金色波罗式三叶宝冠，长发呈波浪状，发辫结成球形，披于两肩。主尊白色头光，外围有绿、紫、蓝、红四色相间组成放射状的马蹄形身光，其外层还点缀着一道黄色的五彩联珠纹，背光周围弥漫着七彩祥云，主尊上方的两角绘有往下洒甘露的持明童子。

绿度母救八难壁画主尊的身光与现藏于艾尔米塔什博物馆编号为 X2346 的阿弥陀佛唐卡的身光极为相似，应是遵循了相同的创作范本。主尊上身穿一件白色汉式开襟坎肩，腰系镶红、绿等色宝石腰带的白色围裙。佩饰有金色大耳珰，镶有宝石的项链、臂钏、手镯和脚镯，璎珞环绕其间。绿度母舒右腿，以游戏自在坐坐于红、绿、蓝、白四色莲瓣相间的莲花座上，右脚踩在与莲座主莲相连的小莲蓬座上，右手掌向外置于右膝，作施愿印；左手于胸前持蓝色乌巴拉花。主尊旁有一枝红色莲花，年久已脱色了。主尊莲花座由一株茁壮的主莲茎支撑着，主莲茎两侧回旋着向周围生长的小嫩茎，上面开满淡粉色的莲花，荷花与枝蔓刻画得十分细腻。

主尊绿度母左右分别坐着蓝度母、大幻金刚母、阿输迦、摩利支天四位胁侍。

---

① 筱洲:《“西夏佛教在藏汉佛教交流中的地位与作用”学术讨论会综述》，载《中国藏学》2001 年第 1 期。

图 4–11 绿度母（东千佛洞第 2 窟）

左侧靠里的一身为深蓝色的蓝度母，头上红色发髻结成团状，有三只慧眼，着黄色黑花纹坎肩，右手拿骨碗，左手拿剥皮刀；靠外的一身为金色的大幻金刚母，右手于胸前施无畏印，左手于腹际定印；右侧靠里的一身为金色身形的阿输迦，右手于胸前施无畏印，左手不显露；靠外的一身是着蓝色坎肩和蓝色围裙的是摩利支天，双手于胸前合十。

绿度母两边侧立着六身波罗样式的菩萨。身略弯曲，丰胸细腰，着镶宝石腰带的青色短裙。身佩金黄色耳环、项链、臂钏、手镯和脚镯，长长的璎珞环绕过膝。右手于胸前作说法印，左手下垂握蓝色乌巴拉花。菩萨双脚并拢，立于莲台上。画中菩萨的身姿冠带、莲座样式及荷花池的造型都与黑水城出土的唐卡绿度母中的菩萨及释迦佛说法图中的胁侍菩萨如出一辙，说明它们遵循了相似的创作粉本。

东千佛洞第 5 窟绿度母壁画（图 6-9）上部是结跏趺坐的五方如来，两侧为绿度母救八难，分别位于棋格式的方框内，左右各分布四格，其中左侧为水难、牢狱难、盗贼难、非人难，右侧为火难、蛇难、象难、狮难。伎乐天位于绿度母图像的底部，而在黑水城绿度母的上部与下部分别排列着四位正在演奏的伎乐天，好像在为主尊庆贺。

东千佛洞第 2 窟的绿度母壁画，无论从画面布局（棋格式）、人物衣冠服饰（三角形的头冠和臂钏）、波罗式的胁侍菩萨，还是壁画内容（度母救八难、五方佛）等方面，均反映出这是一幅典型的藏传佛教风格作品。

度母救难是藏传佛教流行的密教绘画母题，河西地区仅东千佛洞有，笔者在内蒙古阿尔寨石窟也见到过，只是阿尔寨石窟的是十一面观音，而且是观音救二十一难。二者的最大差别是主尊不同，画面构图布局也有所不同。

东千佛洞的主尊为绿度母，度母救八难分别位于中央主尊左右两侧的棋格内，而阿尔寨石窟的度母救难图是呈倒置的“凹”字形，中央为十一面观音，观音上方及左右两侧为二十一度母救难图，分布在棋格内。其中观音形象汉化，二十一度母则是明显的藏传佛教风格造型。这是一幅汉、藏合璧的度母救难图。东千佛洞的绿度母救难壁画藏传佛教风格更浓厚一些。从东千佛洞到阿尔寨石窟，度母救难经变跨越了如此广袤的地域，进一步说明西夏晚期藏传佛教传播的力度之大，以及藏传佛教度母信仰影响之深远。

东千佛洞第 5 窟前室左壁的绿度母（图 4-12），主尊绿色身形，身躯微微向右倾斜，同样以游戏自在坐坐于粉白色莲花座上，只是莲座样式与第 2 窟的不同，是典型的麦穗状莲座。主尊舒展右腿，右脚踩在由主茎引出的一朵麦穗形的小莲蓬上，曲左腿。东千佛洞第5窟绿度母身姿的右倾角度没有第2窟的那么大。莲池中生长着一朵朵白色莲花，可见池中游动着的水鸟、回眸张望的异兽和池塘底部长角的野牛。

图4-12 绿度母（东千佛洞第5窟）

绿度母头戴波罗式三叶头冠，但叶冠后方没有高耸的吐蕃样式发髻，头发浓密，呈扁平波浪状，发辫结成球状，垂于两肩。身佩金色大耳珰、项链、臂钏、手镯和脚镯，璎珞绕过颈部搭于双肩，胸前戴白色“U”形串珠。腰系褐红色短裙，穿带纹饰的白色丝袜，阿基寺壁画中这种式样的菩萨着装比较常见。

主尊绿度母右手置于右膝作施愿印，左手于胸前持花，头光及身光皆为白色马蹄形，身光最外层为深红色的拱形边饰，棕褐色的背龛上绘满了细密的悬挂于如意钩上的串珠帘纹，与黑水城绿度母背龛的串珠连纹造型（图4-13）大致相仿。背龛的三裂叶拱形造型与西藏热振寺绿度母的背龛基本一致，这种垂帐式背龛造型在西藏较为常见。

壁画上方绘有一排无忧树，树冠呈桃形散列，相间分布，背景中的山岩是由带有风蚀小孔的长方形与菱形组成（这种特殊造型的山岩综合了西藏绘画风格的山岩与黑水城绘画风格的山岩后形成的），装饰意味很浓。蓝白色晕染的山岩富有玉石瓷砖的质感，极具装饰美。山林间鲜花摇曳，各种祥瑞

图 4–13 绿度母（黑水城出土缂丝唐卡）

的鸟儿在欢唱，小鹿、山羊在丛林中若隐若现，有的正回望着主尊，一派万物共生共荣的祥和景象。

两侧为六身眷属，每侧三身，身形皆同主尊绿度母，也坐在三裂叶拱形垂帐式龛内，身色有绿、黄、白等。上方拱形垂帐式龛内为结跏趺坐的五方佛，上排居中三位，下排两位分置两边，由右至左依次为：绿色身相北方不空成就佛，左手作禅定印，右手作无畏印；西方阿弥陀佛，身残（应为红色身形）；黄色身相的中央大日如来，结法轮印；白色身相的南方宝生如来，右手作慈悲印，左手持如意宝；蓝色身相的东方不动如来，右手当胸，左手禅定印。①

东千佛洞第 2 窟的绿度母从画面构图、主尊身形及整个画面的敷色上都体现出中原清丽淡雅柔美的绘画风格，是名副其实的满构图，画面中佛、菩萨、树木、祥瑞动物等几乎是摩肩接踵。

东千佛洞的绿度母与黑水城的缂丝绿度母都具有优雅的身姿、挂满串珠的深色背龛及象征性的菱形不规则山峰。榆林窟西夏晚期的第 29 窟东壁的文殊变中也出现了这种不规则的几何状山岩，画法十分简洁，带有很强的装饰性，说明它们可能出自相同的创作范本。这些相同的风格特征正是西藏早期壁画特有的母题。但也有明显差别，第 5 窟的绿度母采用了西藏风格的绘画范式，

① 张宝玺主编：《瓜州东千佛洞西夏石窟艺术》，北京：学苑出版社，2012 年。

但在主尊外貌、画面设色、布局上又融入了河西一带传统的审美情趣，所以它是一幅混合风格的作品，整个画面充满了诗情画意，自然而祥和。

东千佛洞西夏时期的这两幅绿度母，画面内容、布局构图都带有明显的西藏风格，但从壁画的线描技法、晕染设色上又突出中原线描细致、富于变化、设色清丽淡雅的风格，而且主尊绿度母及胁侍弟子又具有党项人的外貌特征，具有多元化的艺术风格和审美意蕴。

2. 黑水城缂丝绿度母唐卡

缂丝发明于唐代，主要用于书籍装饰，五代始用于纺织、书画，受中原和吐蕃的影响，西夏中晚期的缂丝业较发达。①这幅出土于黑水城的缂丝唐卡应为11—12世纪乾顺或仁孝朝的作品，比东千佛洞及榆林窟的绿度母早。

缂丝绿度母唐卡（图4-13）中主尊位于画面中央，以游戏自在坐坐于黄色莲花座上，头戴波罗样式的三叶头冠，但叶冠后方与东千佛洞第5窟的绿度母发式一样。上身穿一件汉式镶边开襟坎肩。头光及背光皆为白色，与东千佛洞第5窟的绿度母相似，头光两侧金鹅上卷的羽毛形成了上部的头光和狮面装饰。

主尊的身姿、莲座与西藏热振寺绿度母的基本一致，也是舒右腿踩在下方的小莲座之上，右手向外伸展，作慈悲印，左手持花。主尊莲座由一根莲茎支撑，莲茎两侧各有龙神护持，这在热振寺绿度母唐卡中也有体现，而且两幅度母造型外观极为相似，只是热振寺绿度母没有穿汉式背心，绿度母的背龛与周围极具装饰性的岩山颇为相似。绿度母上方是结跏趺坐的五方如来，从右至左依次是：不动如来、阿弥陀佛、大日如来、不空成就佛、宝生如来。绿度母下方的立像分别是黄色身相的摩利支天忘忧女和忿怒相蓝度母（独髻母）。

整个唐卡周围是11—12世纪西藏唐卡中常见的长菱形条状山岩背景，深蓝色的背景产生了极强的立体透视效果。②从画面的整体布局、内容及风格看，黑水城的绿度母唐卡应以热振寺绿度母为范本，只是黑水城的绿度母融入了少量中原绘画成分，整个画面清丽淡雅，透露出中原的审美情趣，多种风格此完美地融为一体，令人惊叹！

3. 巴尔的摩约翰·吉尔墨·福特收藏的绿度母唐卡

在现存11世纪的西藏唐卡作品中，巴尔的摩约翰·吉尔墨·福特收藏的绿度母唐卡已经引起了藏学界的普遍关注，学者们将此幅绿度母断代为1057—

①② 谢继胜著：《西夏藏传绘画——黑水城出土西夏唐卡研究》，石家庄：河北教育出版社，2002年。

1082 年，简称“热振绿度母”。从画面构图、度母身姿造型及配饰来看，东千佛洞第 5 窟绿度母、黑水城绿度母都与之颇为相似，说明它们之间有明显的承继关系。此尊绿度母一面二臂，全身绿色， 头戴波罗式三叶冠，微倾向右方；上身自然地倾向左侧，整体保持一种平衡；身披各种珠宝装饰，精美的橘色薄纱披在腿上，缓缓下垂；窄窄的透明披巾从其左臂向下穿过胸前，形成一个优雅的“U”字形环，这与印度笈多艺术衣纹细密、呈“U”形下垂、衣服薄而透体的风格基本一致，中国绘画史上称之为“曹衣出水”。

图 4–14　热振绿度母唐卡

主尊右手于右膝上结施与愿印，左手于胸前持一茎莲花，右脚前伸踏于莲花上，左腿弯曲；袒露上身，仅饰以项圈、璎珞、绶带、臂钏、手镯，佩戴宽大的耳珰；下身着饰有小花的透明长裤或裙。此尊绿度母不仅具有明显的波罗风格，同时也透露出早期西藏艺术的特点，如画面的棋格式布局，主尊具有眼睛明亮、细腰、体形偏瘦、四肢修长等外貌特征。热振绿度母的波罗风格主要表现为：棋格状构图、条状山岩，特别是主尊戴的三角形倒楔状三花冠和三角形的臂饰，以及波罗菩萨腰胯部的S形身姿。热振绿度母唐卡应与阿底峡托人带到西藏的唐卡有关。唐卡以图像形式记录了阿底峡和仲敦巴所弘传的绿度母信仰，也体现出阿底峡信仰体系对西藏佛教发展的深远影响。此幅唐卡绘制年代的确定为西夏其他相似风格绘画作品的断代确立了参照坐标。比它晚的应属于西夏中晚期的作品，如黑水城及东千佛洞的两幅绿度母，应该是依西藏绿度母的范式而绘制的。

图 4–15　绿度母（榆林窟第 4 窟）

4. 榆林窟第 4 窟绿度母壁画

榆林窟第 4 窟北壁西侧的绿度母（图 4–15）被断代为元代的作品。遗憾的是，壁画中绿度母面部部分被损毁了，全身绿色，半跏趺坐，头戴宝冠，饰大耳珰、项圈、璎珞，着近乎透明的短裙，下方的宝池内莲花盛开，莲座的粗茎被盘龙缠绕，旁边两朵较大的莲花上各坐一尊明王，两侧山岭间出现绿度母的化身，画面上方十方诸佛驾云而来。画面上方并坐五佛母。

该壁画沿用了 11—12 世纪西藏唐卡中常见的以山岩和树木为背景的装饰

性图案，不过山岩的形状发生了一些变化，没有了分明的棱角。主尊的头光与身光的造型趋于简化，有点像佛殿式的背龛，而且主尊的莲花座置于类似佛陀金刚宝座的台子上。这说明到了元代，绿度母在西夏绘画艺术的基础上融入了蒙古族画师的一些审美情趣。整个画面敷色与线描勾勒不及西夏时期的绿度母那么饱满、精致。

三、西夏绿度母中常见的绘画母题及风格渊源

河西地区绿度母壁画及西夏黑水城唐卡背景中都出现了条状山岩和象征性的小树，其中条状山峰棱角分明，有的孤峰直立，有的边缘不规则，有的似松塔层层向上，在山峰上有一到两个圆洞，有的圆洞甚至画出了具有透视效果的进深和厚度。[①]这说明它们拥有相同的范本，创作的年代也大致接近。它们在主尊姿态及条状山峰图案上与西藏热振寺绿度母唐卡（图 4–14）十分相似。笔者认为这些绿度母的创作范本应是相同的，可能创作于 11—12 世纪的乾顺或仁孝朝，因为当时西夏与吐蕃往来密切，来西夏传法的吐蕃高僧可能随身携带着用于佛事活动的唐卡，为西夏的艺术创作者提供了直接的参考范本。

东千佛洞第 5 窟普贤变中成串的葡萄纹样云彩，每朵云由“S”形的云气相连，装饰意味很浓，这应为西夏画师的独特创意。该窟的另一幅普贤变与榆林窟第 29 窟的文殊变中“丰”字状树木的画法有异曲同工之处，说明这应该是河西地区当时较为流行的一种装饰性壁画母题。据专家考证，榆林窟第 29 窟为 1193 年所建[②]，此可作为东千佛洞绿度母壁画是在 12 世纪后期至 13 世纪初创作的依据。

通过对河西地区几处绿度母壁画与黑水城缂丝绿度母唐卡、西藏热振寺绿度母唐卡进行比较，可以发现东千佛洞、榆林窟、黑水城及内蒙古阿尔寨石窟在藏传佛教绘画上的确存在着密切的交流与联系。

这种交流具体表现在印—藏（吐蕃）艺术、蕃（吐蕃）—夏（西夏）艺术、西夏黑水城与河西石窟藏传佛教艺术之间。在这个充满多样性和复杂性的艺术交流链中，吐蕃作为藏传佛教的源头，成为西夏各地藏传佛教艺术绘画母题共同的创作范本。在这个艺术链条中，黑水城充当了多种艺术（藏传佛教艺术、

① 于小东著：《藏传佛教绘画史》，南京：江苏美术出版社，2006 年。
② 敦煌研究所编：《段文杰敦煌研究五十年纪念文集》，北京：世界图书出版公司，1996 年。

波罗艺术）接收与传播的中介；东千佛洞的藏传佛教壁画在传承黑水城佛教艺术的基础上，努力汲取中原文化的养料，在藏传佛教艺术的样式中传达出中原文化艺术的韵律；而作为这个艺术链末端的安西榆林窟，元代创作的绿度母整体风格与东千佛洞的绿度母壁画极为相似，但在个别细节上又有所不同，主尊面部及整个画面色彩融入了一些蒙古族的审美情趣，部分细节也直接传承了黑水城藏传佛教艺术的独特样式。西夏佛教艺术尤其是黑水城佛教艺术作为链条中最为关键的一环，起到承上启下的作用，为后来元代藏传佛教绘画艺术的发展奠定了一定的基础。

通过上文的梳理、比较，西夏时期绿度母的发展脉络应该比较清晰了：其源自尼泊尔、印度波罗王朝，7 世纪上半叶传至吐蕃。9 世纪中期，吐蕃赞普朗达玛禁佛，很多吐蕃佛教徒逃到甘、青一带，当时的凉州、甘州、肃州、瓜州、沙州等地出现了诸多密教僧侣、信众和密教图像。11 世纪初，印度佛学大师阿底峡尊者将绿度母信仰传至我国西藏地区，其沿着丝绸之路一路蓬勃发展，随藏族高僧传至西夏。

历史上党项与吐蕃的接触和交往由来已久。吐蕃和西夏早期多有战争，到了中后期二者关系有了明显的改善，曾多次联姻。至西夏中期，西夏王室曾派人到西藏迎请僧人到西夏传法。之后藏传佛教传入河西地区，据藏文史书《贤者喜宴》载，仁孝曾于公元 1159 年派遣使者迎请噶玛噶举派的创始人都松钦巴到西夏传法，都松钦巴的弟子格西藏索瓦前往西夏说法，后来被西夏王尊为上师①，藏传佛教经典与绘画艺术粉本自然随之流播到了西夏。到西夏晚期，其佛教艺术融入了党项人的审美特征，逐渐趋于成熟，形成了具有自己民族特色的多元化艺术风格。

可以说，东千佛洞的绿度母壁画是河西地区同时代具有代表性的佳作，线描技法颇为精湛，人物刻画更加细腻，艺术感更强，透露出生机盎然、传神妙趣、威灵神秘的审美意蕴。

第三节　西夏净土变及其审美意蕴

净土变是西夏时期最为流行的佛教经变题材。最初仅有敦煌隋代的弥勒净土变壁画，到唐代时各种净土变题材一应俱全，如东方药师净土变、阿弥陀西方净

① 巴卧·祖拉陈哇著，黄灏译：《贤者喜宴》，北京：中国社会科学院民族研究所，1989 年。

土变、无量寿经变、观无量寿经变等。

西夏时期的净土变主要分布在东千佛洞、榆林窟、莫高窟、文殊山等石窟中，另外还有黑水城20世纪初出土的多幅净土变题材的唐卡、绢画、棉帛画。

本节结合新近发布的图像资料，综合探讨西夏东千佛洞石窟壁画中的净土变题材，并与黑水城的阿弥陀西方净土变、阿弥陀接引净土变等佛教绘画母题进行比较研究，从画面内容、构图布局、笔墨色彩、人物造型等方面分析归纳西夏净土变的艺术特色，然后进一步认识西夏净土变所体现的审美意蕴。

一、净土宗

净土宗，亦称“莲宗”，中国佛教宗派之一。因专修死后往生阿弥陀佛极乐净土的念佛法门，故名[①]。该法门以信愿念佛为正行，以净业三福、五戒十善为辅助。大乘佛教各宗多以净土为归，但在印度早期并未成为专门的宗派。东晋时代，慧远大师在庐山东林寺建立莲社，提倡专修往生净土的念佛法门，又称“莲宗”或“远公白莲社”。净土法门是佛教文化与中国文化碰撞交融的产物。

净土宗提倡念佛往生，快速成佛，认为人生于浊世，很难凭一己之力求得解脱，唯有乘佛之愿力才能往生净土。如果信徒宣称信仰此宗，则死后即可往生阿弥陀西方净土，甚至提出念阿弥陀佛一声，可灭八十亿劫生死之罪，得八十亿劫微妙功德，很快生于净土，成八地菩萨。

净土宗在中原广为流传，至宋代开始成为天下共宗。与宋同时代的西夏，社会经济基础薄弱，战争灾荒连年，民众生活动荡不安，净土宗宣扬只要“口宣佛号”，便可在死后凭借阿弥陀佛愿力往生西方净土，加之党项人本来就重死轻生，所以阿弥陀的净土世界很快就吸引了西夏的民众，同时亦迎合了西夏统治阶级，在西夏僧俗中迅速流传开来，甚至后来出现了“家家阿弥陀，户户观世音”的景象。

传入中国的净土经典，主要是“三经一论”。“三经”分别为:《无量寿经》，是宣说阿弥陀佛的殊胜功德和西方极乐世界妙相庄严的经典;《阿弥陀经》，是宣说阿弥陀佛净土的功德庄严和劝念佛往生的经典;《观无量寿佛经》，是宣说观想阿弥陀佛极乐世界美妙庄严，修行往生法门的经典。“一论”是《往

① 任继愈主编:《佛教小辞典》，上海：上海辞书出版社，2006年。

生论》，又名《净土论》，是宣说阿弥陀佛净土的庄严功德，并劝人往生净土的经典。

西夏人对净土信仰十分推崇，这可以从贺宗寿的《密咒圆因往生集序》中看出，序中说道：“一字包罗，统千门之妙理；多言冲邃，总五部之旨归。众德所依，群生信仰。持之则通心于当念，诵之则灭累于此生……”[①]这一净土信仰的著作在西夏被推为经典，其中的“众德所依，群生信仰”透露出西夏净土宗信徒众多，“持之”“诵之”则道出净土信仰的方便与灵验。

总摄以上“三经一论”的义旨，后又增加《大势至菩萨念佛圆通章》《普贤菩萨行愿品》，共称之“五经一论”。此外，善导所著《观无量寿经疏》《往生礼赞》《观念法门》《法事赞》《般舟三昧赞》等也是净土宗主要代表作。现有西夏史料中没有发现系统描述西夏人净土信仰流传情况的直接材料，但从黑水城发现的各种文字西夏佛经、唐卡（卷轴画），以及莫高窟、榆林窟、东千佛洞西夏时期的壁画来看，西夏境内的净土信仰十分兴盛，最具影响的当属西方阿弥陀佛净土和弥勒佛兜率天净土信仰，以及东方药师净土信仰。

西夏佛经中关于净土信仰的经典不少，有出土于黑水城的《无量寿经》《阿弥陀经》《净土求生顺要论》《佛说阿弥陀经》《佛说观无量寿经膏药疏》《西方净土十疑论》《观弥勒上生兜率天经》；出土于拜寺沟西夏方塔的《大乘无量寿经》《大乘无量寿庄严经》《观无量寿经》《佛说无量寿经》《称扬诸佛功德经》《阿弥陀经》《大阿弥陀经》《大佛顶万行首楞严经》。[②]

西夏不仅流传大量的净土宗佛教经典，反映净土信仰的净土变壁画也遍及石窟寺院。敦煌莫高窟、安西榆林窟、东千佛洞、酒泉文殊山等石窟壁画中都有西夏时期的净土变和阿弥陀佛往生图。尤其值得注意的是，20 世纪初黑水城出土的文物中，有一大批反映西夏净土信仰的佛教艺术品。现存于俄罗斯艾尔塔什博物馆的西夏艺术品中就有一批表现净土内容的阿弥陀佛绘画，这些创作于 12—13 世纪的精美佛教绘画作品，真实地再现了西夏民众的净土信仰及阿弥陀佛绘画艺术的流行。下面我们就先从东千佛洞的净土变壁画入手，探讨西夏净土变所包含的思想及审美意蕴，后再与黑水城净土变唐卡进行比较，进一步探讨西夏的净土信仰。

① 史金波著：《西夏佛教史略》，银川：宁夏人民出版社，1988 年。
② 方广锠主编：《藏外佛教文献》（第七辑），北京：宗教文化出版社，2000 年。

二、东千佛洞东方药师净土变、阿弥陀佛接引图及其审美意蕴

东千佛洞第 7 窟因绘有阿弥陀佛接引图而著称，东千佛洞也因此得名“接引寺”。该窟主室左壁有阿弥陀接引图、东方药师净土变、释迦说法图；右壁有阿弥陀接引图、西方净土变、释迦降魔图。这样的洞窟壁画布局简直就是一个东方净土世界与西方净土世界的大荟萃！

所谓“净土”就是“极乐世界”“极乐国土”和“安乐国土”等。佛经《药师本愿功德经》里是这样描绘东方药师净土世界的：“一向清净，无女人形，离诸欲恶，亦无一切恶道苦声，琉璃为地，城网垣墙，门窗堂阁，柱梁斗拱，周匝罗网，皆七宝成。”而西方净土则被描绘成“馆宇宫殿，悉以七宝，皆自然悬构，制非人匠。苑囿池沼，蔚有奇荣”的繁华境界。显然，不论是东方净土世界还是西方净土世界，都汇集了人世间的一切“尽善尽美”，成为信众寄托身心的家园。

东千佛洞第 7 窟左壁东方药师佛净土变（图 4–16、3–45 ）中药师佛端坐在宫殿广场中央的束腰莲花宝座之上，背靠大殿，手托药钵，左侧弟子也托着蓝色琉璃药钵。参加法会的有众弟子、菩萨、眷属、天王、神将等。所有人物以药师佛为对角线中心，呈菱形整齐有序地布满广场，且一直延伸到廊檐，宫殿内还有各就其位的天众。佛前一铺天宫伎乐，手持乐器演奏天乐。后院宫墙远处虚无缥缈的浮云中有四身化佛显现。图中佛殿主体雄踞中轴线，高阁回廊四周环抱、左右对称，院落布局层层叠进。殿堂楼阁或为歇山顶，或为攒尖顶，中脊突起饰以宝瓶，鸱吻异常高大，屋角明显翘起如鹏展翅，展示了木构建筑巍峨壮丽、庄严肃穆的风格。

虽然壁画下部有些剥落和褪色，但其宏伟的气势犹存。整个画面与佛经中所描述的基本一致。宫殿殿宇轩昂、层楼叠榭、飞檐斗拱、回廊环抱、栏楯陛阶、苑囿池沼，镂饰精整，界画规矩，尺度谨严，真不愧为经变画中的佳作。如此“尽善尽美”的净土世界对于当时身处“战血流依旧，军声动至今”①的西夏晚期的河西百姓来说，极具吸引力，正是他们一心向往且可以寄托身心的极乐家园。

东千佛洞第 7 窟南壁的净土变，殿堂庄严，楼阁耸立，台榭相连，苑囿池沼。

① 杜甫：《风疾舟中伏枕书怀三十六韵奉呈湖南亲友》，见彭定求编：《全唐诗》，北京：中华书局，1960 年。

图 4–16　东方药师佛净土变（东千佛洞第 7 窟简图①）

① 张宝玺编著：《甘肃石窟艺术壁画编》，兰州：甘肃人民美术出版社，1997 年。

图 4-17　阿弥陀佛接引图（东千佛洞第 7 窟）

佛陀结跏趺坐于中台宝座，与会聆法的佛、菩萨、弟子等井然有序地列于两侧，同样表现出净土世界非比寻常的场面。[①]

阿弥陀西方净土信仰以专念阿弥陀佛名号、死后往生西方净土世界为目的。阿弥陀来迎图正是这一信仰的产物，通过“来迎图”给信众展示通往天国的道路

① 张宝玺:《东千佛洞西夏石窟艺术》，载《文物》1992 年第 2 期；王惠民:《安西东千佛洞内容总录》，载《敦煌研究》1994 年第 1 期。

业已铺就，只要念佛者一心专念阿弥陀佛名号，临终时阿弥陀佛便会出现在他的面前，迎接他往生西方极乐世界。“来迎图”正是为了将这种充满虚拟幻想的世界变得更加真实且具体而产生的一种佛教艺术形式。

北魏时就已出现各种阿弥陀佛的造像。据《无量寿经》《观无量寿经》等佛经记载，阿弥陀佛生在极乐净土中，高坐于莲台上，左右胁侍分别为观音菩萨和大势至菩萨。胁侍菩萨手持莲台，表示接引众生往生西方净土，含莲花化生之意。依净土之说，“修净土法门者，具足善根福德因缘，持名念佛，乃于一心不乱，于临命终时，阿弥陀佛必来接引往生净土”。

《观无量寿经》又云：“上品上生者，若有众生愿生彼国，发三种心，即便往生……生彼国是，此人精进勇猛，故阿弥陀如来观世音、大势至、无数化佛……观世音执金刚台，与大势至菩萨至行者前。阿弥陀佛放大光明、照行者身，与诸菩萨授手迎接。……行者见已，欢喜踊跃，自见其身乘金刚台，随从佛后，如弹指顷，往生彼国……”①

东千佛洞第7窟右壁的阿弥陀佛接引图（图4–17）中，阿弥陀佛位于画面右端，双足立于云团托起的莲台之上，身着黄色袈裟，目视前方，右手自然下垂，左手当胸施无畏印。佛的两侧立有随身二弟子，前面靠右侧的观世音菩萨、大势至菩萨一起抬着一朵盛开的大莲盘，俯视着下方，这就是佛经里所言“观世音执金刚台”。身后立着环顾左右的二天王。画面中深蓝色的天空飘浮着朵朵祥云；虚空中掩映着一座天宫楼阁，正是阿弥陀的七宝宫殿，预示阿弥陀的西方净土世界；深色的背景与画中人物浅色的身形形成鲜明的对比，无形中拉近了阿弥陀佛、观世音菩萨、大势至菩萨与信众的距离，空中的楼阁就像海市蜃楼般神秘而令人向往。

画面中绚丽多姿的净土世界，现前来迎的阿弥陀、大势至菩萨和观世音菩萨预示着通往天国的大门已敞开，但进入天国并不是无条件的，正如佛经所言的“上品上生者，若有众生愿生彼国，发三种心，即便往生……”，可见净土世界更欢迎那些积累丰厚功德的“上品”往生者。

从画面中看，“接迎图”中的诸净土像饰（如从以上两地诸多的阿弥陀佛净土变、东方药师净土变、无量寿经变等中的阿弥陀佛、观世音、大势至、金刚莲台、七宝宫殿……）如佛经所述基本都包括了，只是画面左下角没有出现预乘金刚台往生西方净土的行者。从画面保存的实际情况看，原本应该是有的，可能是

① ［日］高楠顺次郎、渡边海旭监修：《大正藏》，日本大正一切经刊行会出版，1934年印行。

画面剥蚀脱落后看不到了。

东千佛洞这幅阿弥陀接引图整体敷色清丽，构图简约，人物衣冠、弟子外貌突出了中原画风，而阿弥陀两颐圆硕、长眉细目，具有西夏党项人外貌特征，所以这是一幅融入了西夏党项人审美喜好的绘画作品。

三、黑水城阿弥陀西方净土绘画及其审美意蕴

黑水城出土的绘画作品中有很多以描绘阿弥陀佛净土变和信众往生阿弥陀佛净土为主的绘画作品，多数是中原风格，即便是藏传风格的阿弥陀佛像，仍然带有极强的中原绘画特色，成为西夏绘画融合不同艺术风格的最好例证。[①]

现存于俄罗斯艾尔米塔什博物馆编号为 X.2308 ~ X.2313、X.2318、X.2343、X.2345、X.2349、X.2350、X.2410 ~ X.2417、X.2419、X.2421、X.2422、X.2477、X.2478、X.2533 的唐卡，都是反映阿弥陀西方净土信仰题材的绘画作品。

下文对 X.2419 阿弥陀佛净土、X.2410 阿弥陀佛来迎图、X.2416 阿弥陀佛显圣这三幅唐卡包含的净土像饰内容（如人物、服饰、莲台、背景、化生池等）及构图进行分析，力求从绘画角度诠释净土宗在西夏广为流传的原因及西夏阿弥陀净土信仰的审美意蕴。

图 4-18　阿弥陀佛净土唐卡
（艾尔米塔什博物馆编号 X.2419）

阿弥陀佛净土唐卡（图 4-18）画面下方的莲花主茎支撑着主尊莲座，两侧平伸的侧枝分别拖住两位胁侍菩萨的莲座，主尊阿弥陀佛黄色身形，结跏趺坐，双手

① 谢继胜著：《西夏藏传绘画——黑水城出土西夏唐卡研究》，石家庄：河北教育出版社，2002 年。

作禅定印，着红色袈裟，袈裟衣纹用金色勾线。白色背光，浅绿色头光，白色背光的外围有黄色背光，其上描绘着阿弥陀佛净土接迎往生行者十景的变化图像。

主尊两侧的胁侍菩萨分别是大势至菩萨和观世音菩萨，两位菩萨都来迎接。由于阿弥陀佛属水，季节为夏，所以唐卡的下方是一长方形的莲花化生池，四朵荷花上分别为四个化生的男婴，因为阿弥陀佛的净土不接受妇女，所以妇女都要通过积累功德善业托生为男身，方可进入西方极乐世界。

画面中主尊阿弥陀佛及胁侍菩萨皆着汉式衣冠，但画面上部又呈现出西藏的棋格式构图，背景中还飘着中原乐器，画面上方的棋格中绘有八身藏传佛教风格的坐佛，这是一幅融入藏传风格元素的绘画作品。

通过分析，我们发现这幅唐卡作品极好地描绘了在西夏广为流传的阿弥陀佛崇拜。人们希望通过修行升入阿弥陀佛的极乐世界，这对于当时战乱频仍、民众不断迁徙，仁宗时期又遭遇特大自然灾害的西夏来说，是非常有利于社会稳定与民族团结的。

图 4–19　阿弥陀佛来迎图
（艾尔米塔什博物馆编号 X.2410）

阿弥陀佛来迎图（图 4–19）是表现阿弥陀“西方三圣”来迎的绘画作品。图中左下角有一位在树下坐禅的僧人，他和上方的童子一起被罩在从佛的眉间发出的一束白光中。

从画面的整体布局看，阿弥陀佛与观世音、大势至二胁侍菩萨几乎占据了整个画面，而左下角的人物比例极小。阿弥陀佛结安慰印，表示将接引信徒往生至西方净土世界，获得与他的功德和业绩相称的地位，即“上品中生”。左下角的僧人化生为童子，做欲登莲台之状，化生后他将跟随佛陀往生西方净土世界。

这是一幅典型的汉传佛教风格的绘画作品。画面中人物的布局是典型的偏角构图，“西方三圣”的外貌和衣冠都表现出中原绘画风格。

图 4–20　阿弥陀佛显圣图
（艾尔米塔什博物馆编号 X.2416）

阿弥陀佛显圣图（图 4–20）和阿弥陀佛来迎图（图 4–19）是广为流传的佛教绘画作品，二者有明显的差别。前者中只有阿弥陀佛和一对身着华服的西夏男女供养人，阿弥陀佛站在由云团托起的两朵莲花上，右手作与愿印，双目下视。佛的眉间发出一束白光，罩在下方站立着的这对贵族夫妇身上。男子在前，秃发，着圆领长袍，饰笏带，双手捧香炉；女子随后，梳云髻，戴宝冠，着交领长袍，双手合掌作祈祷状，这对男女供养人的着装是典型的西夏贵族衣冠服饰。阿弥陀佛显圣图中并没有出现阿弥陀佛接引图中身披彩带的化生童子，也没有出现执金刚台的二菩萨，为什么呢？原来佛经中有相应的规定，由于往生等级（上品、中品、下品）不同，佛陀接引的形式亦有别，只有上品上生者，才有“西方三圣”共同来迎的待遇，这反映出人们在往生信仰上的差异。

阿弥陀佛来迎图和阿弥陀佛显圣图表现出南宋时流行的“马一角”“夏半边”的对角线构图布局之美，这是西夏画师践行南宋画风的最好写照。

黑水城和东千佛洞两地诸多的阿弥陀佛净土信仰作品中折射出西夏社会普遍的净土信仰观，也表现出佛国净土信仰的建筑绘画题材普遍流行于西夏各地。建筑画布局整饬、结构严谨、对称和谐、气势磅礴，可以给观者带来美的享受。

四、西夏净土信仰题材中人物、背景、布局等像饰的佛经依据

关于阿弥陀佛的现前来迎，净土宗的三大经典中均有论及，如《无量寿经》

第18、19、20愿，《阿弥陀经》“行业章”，《观无量寿经》的“三辈往生”。其中《观无量寿经》对阿弥陀佛现前来迎的记载最为详备，而前两经似乎更注重佛国净土和莲花化生等问题。[①]

阿弥陀佛来迎图和阿弥陀佛显圣图中的诸多人物形象在《观无量寿经》中都有详细而具体的描述，《观无量寿经》卷下云：“上品上生者，若有众生愿生彼国，发三种心，即便往生……生彼国是，此人精进勇猛，故阿弥陀如来观世音、大势至、无数化佛、百千比丘、声闻大众、无量诸天、七宝宫殿、观世音执金刚台，与大势至菩萨至行者前。阿弥陀佛放大光明、照行者身，与诸菩萨授手迎接。观世音、大势至与无数菩萨赞叹行者，劝进其心。行者见已，欢喜踊跃，自见其身乘金刚台，随从佛后，如弹指顷，往生彼国……”

按照佛经的规定，只有那些积累丰厚功德者，即将能往生如上品者，才能受到阿弥陀佛及胁侍菩萨的迎接；而那些由下品升入中品者，只能受到没有胁侍菩萨的佛祖迎接，且没有金莲。由此看来，阿弥陀佛显圣图中的那两位供养人虽然地位显赫，在净土世界里的地位却比较低，而阿弥陀佛来迎图中礼佛的僧人则比他们的地位高得多。

北宋戒珠编著的《净土往生论》中提到，慧远临终之时，“见阿弥陀佛身满虚空，圆光之中有诸化佛，又见观音、势至侍立左右”[②]，东千佛洞第7窟的阿弥陀接引图中就绘有虚空中的阿弥陀佛携众菩萨弟子前来接引往生者，其中观世音菩萨、大势至菩萨手执金刚台欲接引信众往生西方净土世界。《药师本愿功德经》中东方药师净土被描绘成“一向清净，无女人形，离诸欲恶，亦无一切恶道苦声，琉璃为地，城网垣墙，门窗堂阁，柱梁斗拱，周匝罗网，皆七宝成”。东千佛洞第7窟的东方药师经变中，药师佛宫殿飞檐斗拱，回廊环抱，苑囿池沼，其所表现的东方佛国净土世界正是佛经的艺术写照。

通过对这些佛经典籍的分析梳理，我们从“三经一论”的文字记述中找到了净土信仰题材的佛教造像依据。其实这些在佛经中有固定的程式，画师们只需遵守相应的规则。东千佛洞、黑水城出土的诸多反映净土信仰题材的绘画作品，是对当时人们净土信仰的真实再现。笔者以为这对于巩固当时的西夏政权有着不可忽视的现实意义。

---

① 中村兴二：《日本的净土变相与敦煌》，载《中国石窟·敦煌莫高窟》（三），北京：文物出版社，1987年。
② 李玉珉：《黑水城出土的西夏弥陀画初探》，载《故宫学术季刊》第十三卷第四期。

五、西夏其他地区的净土信仰遗存

通过检索大量的文献史料，我们发现在河西走廊一带的洞窟中保存了数量可观的西夏净土信仰题材的绘画作品，较为典型的是榆林窟第 3 窟西方净土变，宫殿楼阁布满壁画，前面三座门楼，中间有流水，平台相连，左右突起楼阁，后面正中起大殿，阿弥陀佛结跏趺坐，法相无比庄严。侍从菩萨整齐地排列在廊内，诸天圣众对称列坐。中门楼内舞伎翩翩起舞，两廊排列乐队，生动地表现了西方极乐世界的美好场景。[①]

文殊山万佛洞东壁的弥勒上生经变图是仅有的一幅西夏弥勒经变图，该图中最下一层绘高墙门院，开三座门，上有门楼，门楼间由长廊相连。院内是微波荡漾的水池，正中绘制庄严的宫殿，弥勒佛结跏趺坐，头戴花冠，发辫垂肩，身着藏密式法衣，两侧有华丽的楼台亭阁，庭院中有珍宝装饰的菩提树和诸天宝女，是一幅很有特色的反映弥勒净土信仰的西夏壁画。由此可见，净土信仰在西夏是十分流行的。

无论是贺兰山西夏统治中心区、黑水城地区，还是河西走廊一带，都发掘出诸多净土信仰题材的绘画作品，其中包括唐卡、壁画、版画等。由此可见，西夏的上层统治者、僧侣，以及下层的平民百姓对阿弥陀佛都极为推崇，他们极其渴望往生西方净土世界，正所谓“家家阿弥陀，户户观世音”。

通过梳理诸多佛教绘画题材作品，我们进一步证实了净土信仰在西夏是十分流行的。这从一个侧面反映了西夏当时的社会状况，社会长期动荡不安，民众将希望寄托于阿弥陀佛身上，希冀寻到内心的平安，获得身后的繁华。

① 榆林窟第 3 窟的西夏净土变与观无量寿佛经变图见《中国石窟・安西榆林窟》。

第五章　东千佛洞西夏绘画的艺术特色

任何一种艺术风格的产生都有其深厚的历史文化背景，西夏绘画艺术也不例外。东千佛洞西夏佛教壁画艺术，是西夏佛教发展的产物，所以其不可避免地继承了西夏早期、中期的佛教艺术特色，并在晚期逐步形成自己特有的风格。

西夏初期，壁画基本上承袭了唐五代、宋初瓜沙一带的绘画传统。壁画内容、风格与宋代大同小异，构图讲究对称、均衡，人物形象千篇一律，缺乏动感，设色较为单调，构图也趋向简化，这可能与当时政局动荡、东西交通不畅、绘画颜料输入渠道减少有关。多数壁画以石绿、石青为底色，被世人称作“绿壁画”。谢稚柳对其评述曰:“其画派远宗唐法，不入宋初人一笔，妙能自创，俨然成一家。画颇整饬，但气宇偏小。少情味耳。”①

西夏中期，由于与宋战事逐渐增多，石窟的数量和壁画题材都明显减少了。西夏从元昊开始就延请回鹘高僧演绎经文、讲经说法，并与回鹘佛教艺术进行交流，加之河西一带本来就是汉、吐蕃、回鹘、党项羌等民族汇聚之地，西夏对河西一带的统治多采取宽松羁縻的政策，所以河西一带的壁画艺术有各民族文化的痕迹。莫高窟、榆林窟就有早期的高昌回鹘和沙州回鹘供养人像，还有表现回鹘风格的涅槃变等壁画。

据记载，曹氏归义军时期，沙州回鹘、高昌回鹘同瓜沙一带的汉人有血缘关系，出现了汉人回鹘化、回鹘人汉化的现象。莫高窟第409、308窟，榆林窟第21、39窟都出现了与高昌回鹘风格相近的作品，如莫高窟第409窟东壁的回鹘男女供养人像，还有榆林窟第39窟甬道男供养人像等，都呈现出明显的回鹘男性形象：身材不太高大，丰满壮实，面形浑圆而两颐圆硕，眉眼修长，鼻梁高直，嘴小。

---

① 谢稚柳著:《敦煌艺术叙录》，北京：古典文学出版社，1957年。

回鹘绘画对西夏中晚期的佛教艺术产生了较大的影响，榆林窟、莫高窟及西千佛洞等石窟都有相关遗存。西夏中晚期的壁画设色艳丽，多用赭红色打底，与石绿、石青形成了强烈的对比，充满了回鹘壁画那种热烈的气氛，而且回鹘壁画简约疏旷的构图特征也为东千佛洞西夏壁画所吸收。

此外，西夏中晚期的壁画还深受藏传佛教艺术的影响，以东千佛洞最为典型，其壁画逐渐从前期设色单调、缺乏创新的程式化中走出来，不断探索创新，并将具有党项人特征的形象与审美情趣融入佛教绘画的创作中，逐步形成了彰显本民族特色且多元化的艺术风格，东千佛洞第 2 窟的壁画就是这种多元化艺术风格的典型代表。

瓜州地处丝绸之路的交通要冲，所以东千佛洞西夏壁画艺术从开始就是一种混合风格。

通过前几章对东千佛洞西夏代表性洞窟壁画母题及其代表性壁画的分析、考证与梳理，结合相关领域专家学者前期的研究成果①，我们将从以下几个主题来探讨东千佛洞西夏晚期佛教绘画艺术的风格特征。

第一节　东千佛洞壁画的整体格局

如何营造出一个庄严、肃穆的礼佛场所，是画师们在石窟寺壁画创作时首先要考虑的问题。绘制大型壁画一开始就必须考虑画面整体布局，既要有宏大的气魄又要不失于粗略，既要有局部的装点又要不失于细碎，而且需保持画面整体的和谐统一。所有这些都可称为绘画的构图布局。具体到东千佛洞，洞窟内哪一面墙为主要墙面，其他的辅助墙面与之怎样相辅相成；主要墙面上该布局哪些壁画母题，母题之间又是如何安排位置并合理过渡的；一幅壁画母题中各个绘画元素（对象）如何布局；凡此种种都是画师们首要考虑的问题。

其实，前人已有成熟的绘画布局理论来解决这些问题了。东晋顾恺之在《魏

---

① 本章关于东千佛洞绘画艺术风格的分析阐述参考了以下专家学者的相关研究论著。主要有史苇湘著：《敦煌历史与莫高窟艺术研究》，兰州：甘肃教育出版社，2002 年；陈兆复主编：《中国少数民族美术史》，北京：中央民族大学出版社，2001 年；刘晓路主编：《中华艺术通史・五代两宋辽西夏金卷》，北京：北京师范大学出版社，2006 年；谢继胜著：《西夏藏传绘画——黑水城出土西夏唐卡研究》，石家庄：河北教育出版社，2002 年；贾应逸、祁小山著：《印度到中国新疆的佛教艺术》，兰州：甘肃教育出版社，2002 年；高春明主编，上海艺术研究所、宁夏民族艺术研究所著：《西夏艺术研究》，上海：上海古籍出版社，2009 年；田青主编：《中华艺术通史・三国两晋南北朝卷》，北京：北京师范大学出版社，2006 年；赵声良著：《敦煌壁画风景研究》，北京：中华书局，2005 年；王念祥编著：《中国古代山水画鉴赏》，武汉：湖北美术出版社，2010 年；陈育宁、汤晓芳著：《西夏艺术史》，上海：上海三联书店，2010 年；张宝玺主编：《瓜州东千佛洞西夏石窟艺术》，北京：学苑出版社，2012 年。

晋胜流画赞》中称构图为“置阵布势”,南朝谢赫在绘画“六法”中称构图布局为“经营位置”[①]，唐代张彦远则把“六法”中的“经营位置”称为“画之总要”，把一幅画的构思提到比绘画技巧更为重要的地位，这说明构图在作画时是一个事关全局性的问题，起到“纲举目张”的作用。

早在魏晋南北朝时，我国壁画主要的构图方式就已基本确定了，主要有以情节为骨架的平列式构图、以人物为中心的对称式构图、以场面为经纬的穿插式构图三种方式。[②]由此可见，古代画家对绘画的构图十分重视，把它当作一切绘画的纲领来看。

东千佛洞的壁画创作很好地体现了这些理论。西夏的艺术家不仅将前朝绘画理论中的“经营位置”完美地运用到了单幅壁画的构图创作中，还运用到了整窟壁画的布局中。

东千佛洞的中心柱布局洞窟中最为重要的绘画母题。东千佛洞第 2、4、5、7 窟将涅槃变单独绘制于中心柱背面，此种构图模式就体现了以主要人物为中心的对称式构图理念。中心柱构图模式是西夏画师在继承中心对称式构图的基础上，借鉴了西域龟兹中心柱窟涅槃变的布局而形成的，是西夏晚期佛教艺术创新的典型例证。

以往的涅槃变都未独立绘制于一整铺壁面，而是与其他经变图或说法图组合布局于窟室的正壁。榆林窟第 2、3 窟的涅槃变都是与其他题材组合在一起，敦煌莫高窟的涅槃变是以连环画形式呈现的，只有东千佛洞的涅槃变位于洞窟最为显要的位置——中心柱上。如果说莫高窟是各类经变题材的总汇，那么东千佛洞就是涅槃变的宝库，它将涅槃变这一主题经变画推到了前所未有的高度。

以主要人物为中心，对称平衡布局是东千佛洞西夏壁画的一大特色。东千佛洞西夏洞窟中所有的壁画题材均按照地位高低依次分布于以中心柱为圆心的构图圈内。地位最高者位于中心柱上，然后相同题材的母题以不同的经变或说法图中的主尊为中心分置两侧，或绘于窟室的左右壁上，对称布局，壁画前后、左右呼应，增强了壁画的形式美和佛教石窟寺的环境美。此种构图模式在东千佛洞表现得极为典型。

东千佛洞第 2 窟（图 3-10）中心柱上是涅槃变，正对的是正壁上的大日如来说法图，壁画内容前后呼应。大日如来说法图两侧各有一幅药师佛行道图，左

① 南朝谢赫的绘画六法包括气韵生动、骨法用笔、应物象形、随类赋彩、经营位置、传模移写。
② 田青主编：《中华艺术通史 • 三国两晋南北朝卷》，北京：北京师范大学出版社，2006 年。

右呼应；甬道左右壁对称分布着两幅水月观音图； 窟室左右壁对称分布十一面观音与绿度母，二者左右两侧各分布观音救八难与度母救八难、释迦降魔图与释迦说法图；甬道门入口两侧对称分布男供养人、女供养人；前壁左右对称分布伎乐天，上部分别是圣妙吉祥文殊与顶髻尊胜佛母。

东千佛洞第5窟的左右壁（图2–13）对称分布着普贤变与文殊变。第7窟（图5–1）以中轴线为对称轴，每壁、每幅画都讲究对称平衡，如左右壁是释迦降魔图对释迦说法图、西方净土变对东方药师变、阿弥陀接引图对阿弥陀接引图，大日如来两侧的八大菩萨对称分布，中心柱左侧的十一面观音曼荼罗对右侧的顶级尊胜佛母曼荼罗，窟门甬道左右对应的是忿怒金刚。

东千佛洞第7窟还极好地诠释了释迦佛、药师佛、阿弥陀佛“三世佛”的完美布局，充分地揭示了佛教过去、现在、未来三世的深刻寓意。整窟传达出一种往生的理念，向人们展示佛法永恒，未来一片光明。东千佛洞也因此得名“接引寺”。

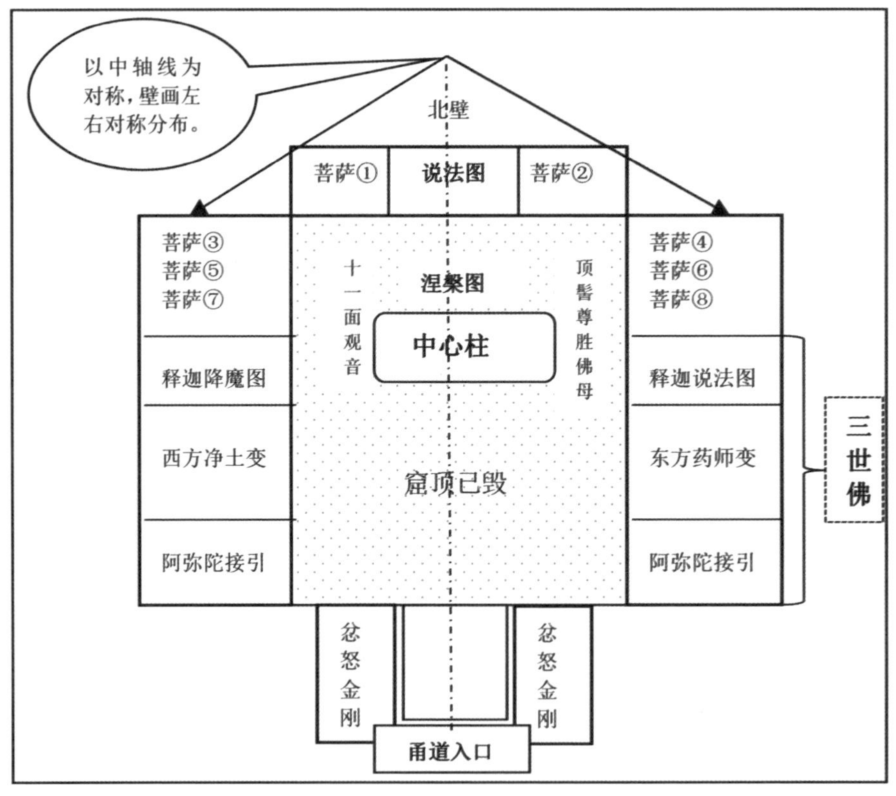

图5–1 东千佛洞第7窟中心柱窟壁画分布示意图

东千佛洞西夏石窟既讲究相关题材壁画的对称分布，又讲究每幅经变画以主要建筑物为中轴，对称布局人物。东千佛洞第 7 窟左右壁对称分布着西方净土变和东方药师净土变，两幅净土变中除了绘有精美绝伦的楼台水榭外，人物很多，场面宏大，几乎是唐五代以后最大的净土变了。东方药师净土变中，主尊药师佛和日光、月光二胁侍菩萨位于后部正殿前，菩萨、天人位后廊之中，庭院绿地上以主尊为中心按菱形井然有序地分列着佛的众弟子、菩萨、诸天王等。

这幅东方药师净土变和唐宋时期净土变的人数基本一致，人物被安排在建筑物两旁的侧房和前后的回廊、角楼中，或者呈菱形分布于庭院的绿地上，所有人物均以主尊为中心呈放射状分布。画面显得有层次感，更加井然有序了，空间也变大了。莫高窟第 61 窟五代的药师经变虽然画面富丽堂皇，然而人物几乎都在台面上，画面层次感不是很明显，构图趋于形式化，佛国氛围远不及东千佛洞第 7 窟东方药师经变那么浓厚。

东千佛洞第 7 窟的涅槃变（图 3–35）虽然人物众多，但主次分明，极富层次感。涅槃变以释迦佛为主尊，其余依地位高低错落分布于主尊的身前、身后及足跟等部位。药师经变与涅槃变几乎都是以主尊为中心呈菱形布局，突出主要人物。整个画面结构紧凑、疏密有度、井然有序，达到了画面构图“经营位置”的最佳布局效果，是同类题材中的典范。而所有这些都置于窟顶曼荼罗的统摄下，营造出威严、肃穆而又对称统一的神秘氛围。无论是窟顶的曼荼罗，还是中心柱背面正壁绘制的释迦涅槃变，都是西夏画师们善于“经营位置”的最好诠释。

第二节 东千佛洞壁画的内容及构图布局

随着时代的变迁，佛教绘画艺术已从盛唐时的“豁达壮阔，富丽堂皇”转向宋朝时的柔弱、纤巧、简泊。五代、宋以后的画家多主张画的境界要“简古”“淡泊”“清新”“萧散”，以至后世将“平淡”“柔润”作为艺术的最高标准。

西夏壁画正是秉承魏晋之余韵，宗唐宋之技法，融贯东西，推陈出新而最终形成自己艺术特色的。

西夏晚期的画师们继承和发扬了这种冲和简淡的审美艺术风格，并将其融入佛教绘画艺术的创作中。同为普贤变母题，东千佛洞第 5 窟的普贤变（图 5–2）与莫高窟唐五代时众多人物前呼后拥、济济一堂的“壮阔”画面相比，主尊身边只有屈指可数的四五位胁侍弟子，普贤菩萨携弟子离开灵山道场，游走在苍山云海之间。整个画面人物布局疏密有度，井然有序。

画面的疏密有度还体现在稀疏的人物与弥漫的葡萄状云烟，二者恰到好处地相互映衬，突出表现了普贤变精致的格局。

画面构图极富象征性与装饰性。葡萄状的云朵、三角形的小树，菩萨身边仅有的几个弟子从容地行走在云雾缭绕的虚空里，水墨淡彩，给人一种梦幻般的视觉效果，充分体现了冲和简淡且虚无缥缈的佛国意境。

东千佛洞第 2、5、7 窟的窟顶及中心柱侧面的曼荼罗图显然继承了西藏曼荼罗的绘制仪轨和风格，但构图大为简化了，减少了西藏坛城图中若干个圆坛与套叠的方城，以及无数个相叠压的同心圆，也没有用装饰图案填满圆坛和方城之间的留白，且为了保证窟顶坛城画幅的尺寸，各个构图元素无形中被放大了。坛城只有内外两层，内城只绘一尊毗沙门天王，外环也仅有放大了身形的八大夜叉。所以整体上来看，东千佛洞的坛城图（图 3–50、图 5–3）比西藏和黑水城的坛城图画面更加简约疏朗。

绘画题材往往源于生活，毗沙门天王与八大夜叉坛城图及时地捕捉到西夏晚期社会的现状，恰如其分地将其融入壁画的创作中，通过这种“超以象外”“缘

图 5–2　普贤变（东千佛洞第 5 窟）

图 5-3　金刚界坛城图（东千佛洞第 5 窟中心柱右侧面）

物寄情”的艺术手法来抒发广大民众无可奈何又充满幻想的情感。

整个坛城画面构图装饰效果明显，整体看起来就像一朵多层盛开的大莲花，象征着北方毗沙门天王携八大夜叉护佑着西夏一方民众的平安。此画的象征意义远远大于佛教寓意。

东千佛洞的西夏壁画布局既不像回鹘壁画那样疏旷多留白，也不像唐五代壁画的满构图，而是将二者巧妙地结合起来，中间的留白处多饰以各种动植物花纹，既突出主要人物、凝练主题，又自然地衔接起画面中的各个主要对象，使画面整体布局疏密有致，主题突出，营造出意境空灵、简约疏朗、精致简淡、“画尽意在，意在笔先”的大写意艺术氛围。

东千佛洞的西夏壁画呈现出向大型化和简约化发展的特点。大型化主要体现在：

一是东千佛洞的一些壁画尺幅大，如东千佛洞第2窟北壁的水月观音（图5-4）巨幅壁画，应该是河西地区此类壁画中尺幅最大的。

图 5-4　水月观音（东千佛洞第 2 窟北壁）

东千佛洞第 2 窟北壁的这幅水月观音面积达 4.85 平方米，描绘的是唐僧师徒一行西天取经，临行前赴珞珈山拜别观音菩萨的场景。主尊观音菩萨以游戏坐坐于莲花宝座上，观音身前横亘着一条波涛滚滚的大河，对岸的大树下站立着唐僧师徒二人（图 3-17）。唐僧着宽袍大袖的唐装僧服。猴行者一身短衣打扮，一手牵着枣红马，一手拿着金箍棒，牵马遥望对岸的观音。水波荡漾的大河中有四个身着帝王装和官服的人在参拜观音菩萨。整个画面气势恢宏，呈对角线构图，画面左上方大身形的观音菩萨与右前方身形较小的唐僧师徒形成了鲜明的对比，突出表现观音菩萨的伟岸和慈悲。两组人物隔着一条大河遥相呼应，一动两静形成了画面的空间感和律动感，衬托出珞珈山观音道场的肃穆幽静与庄严雄伟。

二是巨幅壁画中的人物数量众多，位于东千佛洞第 5 窟南壁的妙吉祥文殊菩萨说法会（图 5-5），画面的大小神祇多达三四十尊，整个画面气势宏伟。画面中央较大身形的主尊为一面十臂的文殊菩萨，周围有佛、菩萨、明王及夜叉等四十多身，与主尊一同构成了浩浩荡荡的大型妙吉祥文殊说法会盛景。

自盛唐以后，敦煌壁画中的人物数量呈明显下降趋势，尤其是在文殊题材的壁画中。东千佛洞第 5 窟的这幅妙吉祥文殊说法会人物之多、画幅之巨实属罕见。妙吉祥文殊说法会与北壁的八塔变相对，八塔变右侧依次分布有六字观音和水月观音，北壁主要强调观音菩萨的慈悲内涵，这与南壁以文殊菩萨为主的智慧尊格形成呼应，表现出佛法“悲智一如”的主题，南北二壁共同阐释“悲智双运”“圆满生命”的修道原理。①

东千佛洞第 7 窟的东方药师佛净土变（图 4–16）也是典型的例证。壁画中药师佛端坐于广场中央，其余人物以药师佛为中心呈菱形分布，画面人物虽多，但被有序地安置于中央大院及建筑物的回廊楼阁，整体显得井井有条，层次错落感强，人物多而不乱，整齐统一。整个画面体现出东千佛洞东方药师佛净土变雄伟壮观的场面，突出表现了药师佛慈悲、关爱、拯救芸芸众生的博大精神。

图 5–5　妙吉祥文殊说法会（东千佛洞第 5 窟南壁）

① 郭佑孟：《东千佛洞壁画探秘》，载《历史文物》2006 年第 5 期。

图 5-6　药师佛行道图（东千佛洞第 2 窟）

东千佛洞西夏壁画的内容和意境“简古”“淡泊”，画面的布局趋于冲和简淡，这是其向简约化方向发展的一大特点。

张彦远在《历代名画记》中提道：“意在笔先，画尽意在。”写意自古就是中国绘画艺术的美学原则。所谓“一枝一叶总关情”，我们所画的植物，虽然它既无感情，也没有思想，但是画家往往赋予它们某种含义，以表达一种超然物外的艺术境界。西夏的画师们在创作壁画时情在心中、意在笔端。东千佛洞第 2 窟涅槃变中怒放的白色花朵就预示着佛陀即将涅槃。

东千佛洞第 2 窟的药师佛行道图（图 5-6），背景极其简淡，没有楼台琼阁，也没有十方诸佛、众多的菩萨、诸有情众生。师徒三人轻车简从，空中弥漫着淡淡的云气。虽然壁画中人物较少，取景极为简约，但壁画的意蕴一点儿也不少，反而突出了禅意与诗意并存的虚境之美。

整个画面采用了典型的对角线构图法，突出了主要人物的面部表情，并展现出主要人物的细节特征。主尊药师佛右手托一透明的药钵，身体前倾，在给斜下方的四个小童善施药丸。这幅壁画构图简约疏朗，色彩清丽透明，人物表情温馨而泰然，充满仁慈与大爱。

第三节　东千佛洞绘画的多元化风格

西夏后期，佛教的发展日趋鼎盛，尤其是藏传佛教在西夏发展迅速，藏传佛画也随弘法的僧人不断流入西夏。西夏晚期，蒙古对西夏多次用兵，西夏国势日渐衰微。光定四年（1214 年），神宗遵顼在一篇御制发愿文中曾言："今朕安坐九五，担万密事，如临深渊，如履薄冰。""念国泰民安……佛力覆盖爱惜。"[①]他希望佛祖能够护佑西夏渡过难关，然后通过"兴佛佑国"来延续统治。这应该是东千佛洞西夏壁画艺术出现繁荣景象的直接原因吧。随着藏传佛教在西夏传播，出现了新的佛画技巧和艺术风格，并形成了西夏河西地区，尤其是瓜州东千佛洞西夏壁画多元化的艺术风格。

宋五代时期，汉传佛教绘画艺术的发展逐渐趋于世俗化。藏传佛教绘画往往通过极度夸张扭曲的身形和令人畏怖的造型来强化画面的神秘感，给观者耳目一新的刺激感和震撼感。

藏传佛教绘画因素被瓜沙地区吸收后，融入当地的石窟寺中，而且还夹杂了西夏党项人的审美情趣，形成了一种综合的壁画艺术风格。

结合前几章对具体洞窟壁画布局及不同壁画母题的分析，我们发现东千佛洞壁画显密同窟，部分洞窟的密教成分更多一些。其中最具代表性的要数东千佛洞第 2 窟，前室密教色彩浓郁，设色厚重，后室与前室相比调子要轻快明亮许多。

东千佛洞第 2 窟（图 5–7）的壁画保存最为完好。从洞窟的整体布局来看，窟顶金刚界密宗坛城为全窟的统领，壁画整体布局以洞窟的东西向中线为对称轴，南北壁壁画呈对称分布。

前室正壁（中心柱正面）有坐佛十六身（显密双修），中心柱两侧面各有一幅藏密风格的娑罗树菩萨（佛母）。南北壁依次对称绘释迦降魔相（显密双修）与释迦说法图（显密双修），十一面八臂观音救八难（密教）与绿度母救八难（密教），窟门左右壁对称绘制藏密风格的文殊五尊曼荼罗与顶髻尊胜佛母。

后室中心柱背面是涅槃图（显密双修），涅槃图对面墙正中是大日如来说法图（显密双修），两侧绘两幅药师佛（显密双修偏汉风），后室甬道南北壁对称绘制水月观音（显密双修）。

东千佛洞第 2 窟的壁画布局体现了显密同窟的特征，且突出密教风格，呈现出一种多元化的风格倾向。该窟前室藏密氛围浓郁，红、蓝、棕、绿等对比度强的色调充溢壁间，并布满菩萨、伎乐造像。画面人物排列自由式与棋格式相结合，共同营造出庄严而神秘的佛国境界。

---

① 史金波：《西夏文〈金光明最胜王经〉序跋考》，载《世界宗教研究》1983 年第 5 期。

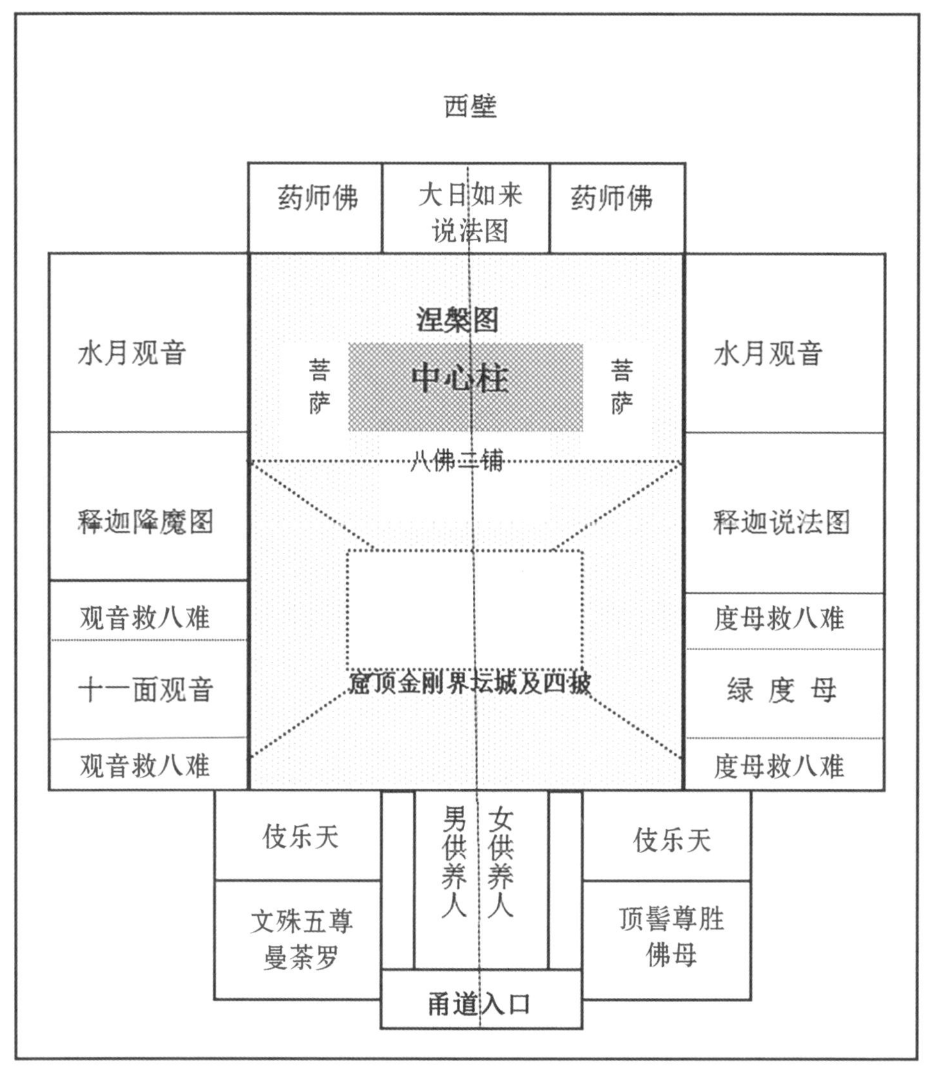

图 5-7　东千佛洞第 2 窟中心柱窟壁画分布示意图

东千佛洞第 2 窟的壁画绿度母及度母救八难、十一面观音、妙吉祥文殊曼荼罗及顶髻尊胜佛母曼荼罗，还有以他们为主尊的外围胁侍菩萨等是具有典型的波罗西藏风格。[1]下面我们通过具体分析几幅壁画（包括佛母、菩萨、伎乐等）来揭示波罗西藏艺术风格的特征。

---

① 流行于 8—10 世纪的东印度波罗王朝的雕塑与绘画艺术样式，形成了比较成熟固定的波罗风格，后来传至尼泊尔、我国吐蕃，传至吐蕃的波罗风格与本地的艺术风格相结合形成了所谓的波罗西藏风格，后来也影响到敦煌的绘画艺术，东千佛洞的部分壁画属于此风格。

绿度母及度母救八难壁画（图 5–8）是表现度母救难的主题。早在公元 7 世纪，度母信仰就随尼泊尔尺尊公主传入吐蕃，后来又经莲花生大师发扬光大。印度的阿底峡尊者以绿度母为本尊神，因此西藏及蒙古等地的度母信仰非常流行，并随丝绸之路传到了东千佛洞等石窟寺院。一般在大雄宝殿的进门处两侧墙壁上多绘有绿度母和白度母。

第 2 窟前室南北壁对称分布着绿度母及十一面观音救八难的壁画。这两幅壁画是棋格式的布局，主尊上方的棋格内绘有密宗五智象征的五方佛，佛两侧各有一护法神。主尊两侧的棋格中依次绘有与主尊同样身形的度母救八难（这种画面布局在西藏及蒙古等地非常流行）。

壁画的笔墨设色明显地继承了重色轻线的西藏绘画风格，画面对比效果强烈，

图 5–8　绿度母及度母救八难（东千佛洞第 2 窟）

大量使用红、蓝、绿、棕等色。人物的造像普遍体现出波罗风格，强调对造像仪轨的尊崇，构图布局上趋于程式化，保留了波罗造像的一些基本特点，比如绿度母（还有十一面观音）及胁侍菩萨拥有“苗条夸张扭曲的身形，下巴宽大，特殊的珠宝装饰，尖顶的头冠，臂上的三角装饰，线条形体的强调”注释，等等。

图 5–9 伎乐（东千佛洞第 2 窟）

这种绘画风格突出表现佛母、菩萨等女性神祇的性别特征，她们往往身着紧身薄而透的佛衣，形体夸张起伏。如主尊绿度母两侧的胁侍菩萨及下方的伎乐（图 5–9），就突出表现“苗条夸张扭曲的身形……特殊的珠宝装饰，尖顶的头冠，臂上的三角装饰”。菩萨（图 5–10）身绿色，下巴宽，深蓝的背景色、头冠，臂上有三角形饰物，这样的造像在第 2 窟乃至东千佛洞的其他几个西夏窟都比较普遍，充分表现出东千佛洞壁画中的艺术风格。

图 5–10 波罗菩萨（东千佛洞第 2 窟）

绿度母、十一面观音的旁边对称绘有释迦说法图（图 3–2）与释迦降魔图（图 3–3）等显密杂呈的壁画母题，整个画面的布局与西藏扎塘寺释迦说法图一样，以主尊为中心，弟子、菩萨胁侍呈半包围状布局。这是西藏寺院早期的壁画式样，画面背景多为赭红色、深蓝色，几乎不留白。

主尊释迦牟尼佛明显具有“小头，高肉髻，肩宽，腰细，四肢修长，

图 5-11 八塔变之猕猴奉蜜（芝加哥艺术博物馆藏）
笔者拍摄

敷色艳丽”的外貌特征。东千佛洞的佛陀肩宽、腰细、四肢修长，与笔者在芝加哥艺术博物馆见到的一尊 10 世纪波罗风格的佛陀（图 5-11）相似。佛座前面胡跪着持金刚轮的菩萨。两幅图中主尊两侧菩萨、弟子的服饰、法式几乎与西藏扎塘寺的如出一辙，均着波罗式的服饰，只是菩萨相貌党项化了。

人面鸟喙大鹏金翅鸟是藏传佛教绘画中最为常见的母题。笔者在内蒙古北寺福音寺、延福寺，西藏大昭寺的金顶等藏传佛教石窟寺院及西藏民俗博物馆等多处发现大鹏金翅鸟造像，充分说明它在藏传佛教中的地位。东千佛洞第 2 窟前室顶披边饰中的妙音鸟，也是藏传佛教密教绘画中的标志性元素，在西夏各地的壁画中经常出现。西夏王陵出土的多尊石质妙音鸟，反映出西夏上层社会的墓葬配饰中融入了藏传佛教密教风格的元素。

东千佛洞西夏壁画中还有一些表现藏密绘画风格的母题，如窟门两侧对称分布的妙吉祥文殊曼荼罗和顶髻尊胜佛母曼荼罗壁画，以及忿怒金刚像（图 5-12、5-13）。

图 5-12　忿怒金刚（东千佛洞第 6 窟）

东千佛洞第 6 窟前室窟门右侧的忿怒金刚（图 5-12）壁画，整个画面深棕色背景，白色身形、头戴骷髅冠、一面三目的金刚背衬一团红色火焰形身光，右手上举金刚剑，左手当胸绕金刚索，身着虎皮裙，其上饰有深色串珠链，腰系绿丝带，U 形璎珞绕过颈项垂于胯下，两腿呈右展立姿，足下踩象鼻天立于莲花座上。

东千佛洞第 7 窟前室前壁左侧的忿怒形金刚（图 5-13），深褐色头光，结葫芦状高发髻，顶戴骷髅冠，一面三目，蓝色面孔，龇牙咧嘴，右手上举握金刚杵，左手当胸持金刚索，其身姿、背光、服饰等与第 6 窟的忿怒金刚几乎一样。被忿怒金刚踩压的人多是皈依佛门的神祇，以此象征新兴佛教的胜利，被战胜者永远不会死亡，而会重生，与胜利者融为一体。这两幅忿怒金刚壁画冷暖色对比强烈，独特的身姿突出表现藏密金刚护法的威猛忿怒之相，是藏传佛教密宗中常见的绘画母题。

图 5-13　忿怒金刚（东千佛洞第 7 窟）

与东千佛洞第2窟前室壁画风格相比，位于后室的释迦说法图、涅槃变、水月观音等壁画呈现出另一番景象。画面色彩绚丽，菩萨头冠服饰造型简约而飘逸，构图疏朗，布局多呈一字形或对角线形，营造出一种平静、祥和的意境。

第 6 窟后室正壁的大日如来说法图两侧的八大菩萨之除盖障菩萨，身姿和服饰多为中原风格，头戴汉式摩尼宝冠，画面色彩艳丽，有点回鹘画风。菩萨的面相具有西夏党项人面圆准高的特征；主尊及周围弟子的外貌、壁画中的人物布局和敦煌中原风格的释迦说法图基本一致，人物的面相也略具党项人特征（具体见图 3-6）。

东千佛洞第 2 窟后室甬道对称分布两幅水月观音图（图 5-4），菩萨、唐僧师徒及贵族等人的服饰、外貌都显示出中原风格，画面的三角形构图也是宋五代以来常见的山水画构图模式。第 2 窟后室的这些壁画体现出明显的汉风古韵。

前室、后室两种不同风格的壁画共存于一窟，前后呼应，是彼此之间的相互渗透。一方面藏传佛教绘画的因素影响到汉传佛教绘画，丰富了汉传佛教绘画的表现手段；另一方面中原绘画技法渗入藏传佛教绘画，改变了藏传佛教绘画的风格特征。①

图 5-14 大日如来与八大菩萨曼荼罗·除盖障菩萨（东千佛洞第 7 窟）

拥有高超画技的西夏画师能够将前后室不同画风的壁画完美地融入一窟一壁，这种特别的艺术品格为敦煌壁画艺术展现出新的生机和多元化发展的可能②。其中的催化剂正是敦煌地区自古以来强大的汉风底蕴，以及该地区汉唐以来多民族融合的地域性和文化上的包容性。

第四节 东千佛洞绘画的笔墨技法

中国画向来是以线造型。南朝谢赫的“绘画六法”中线描被排在了第二位，称骨法用笔(即指线描)。唐代张彦远在论“画六法中”认为要表现气韵生动，归根结底要靠骨法用笔来实现。用笔通常指勾、勒、皴、擦、点等笔法，在理论上强调笔为主导，墨随笔出，相互依赖映发，完美地描绘物象，营造意境，以取得神形兼备的艺术效果。可见“用笔”是中国传统绘画中至关重要的一点，六朝以来的画家都非常重视通过线描来表达所塑造形象的结构、质感、量感、动感等，从而创作出神采飞扬、气韵生动的艺术形象。

---

①② 顾颖:《西夏时期敦煌壁画的变调与创新——敦煌壁画研究中被忽视的方面》，载《文艺研究》2008 年第 10 期。

魏晋南北朝时期，随着思想的解放、玄学的盛行，正如佛学受玄学影响一样，佛画也受到当时人物画的影响。唐代张彦远在《历代名画记》中认为："顾恺之之迹，紧劲连绵，循环超忽。调格逸易，风趋电疾。""张僧繇点曳斫拂，依卫夫人笔阵图，一点一画，别是一巧。钩戟利剑森森然。""吴道玄神假天造，英灵不穷。众皆密于盼际，我则离披其点画；众皆谨于象似，我则脱落其凡俗。"由此反映了顾、陆、张、吴四大家在运笔上的高超绝技，同时指出吴道子在绘画艺术上不落俗套、大胆创新的精神，其绘画作品被称为"吴家样"，又云："虬须云鬓，数尺飞动，毛根出肉，力健有余。"可见，吴道子画的人物形象鲜明，真切感人；《历代名画记》云："顾、陆之神，不可见其盼际，所谓笔迹周密也；张、吴之妙，笔才一二，像已应焉。离披点画，时见缺落，此虽笔不周，而意周也。"

传统中国画笔法有高古游丝描、铁线描、行云流水描、钉头鼠尾描、折芦描、曹衣描、竹叶描等线描技法。这些笔法经过千锤百炼，至西夏时期已能被画师们游刃有余地运用于东千佛洞的壁画创作当中，有些甚至达到了炉火纯青的艺术境界。

东千佛洞第 2 窟盝形甬道顶的双龙戏凤图（图 5–15），中间一彩凤展翅飞翔，美丽的尾翼缓缓飘展，两披的飞龙翻转腾跃，整个画面活力十足。画师运用蓝、白二色相间勾染彩凤的双翅，用"一波三折"的流水描画随风摆动的修长尾翼，笔势流畅，翎毛勾勒整齐而精准。彩凤下端左右披各绘一条借势欲飞的蛟龙。画师们利用起伏的线描勾勒蛟龙动感十足的轮廓，用点染法一点一点地描绘龙鳞，把两条腾空而起的蛟龙瞬间的动态表现得惟妙惟肖。龙凤图案有吉祥富贵之意，是权力的象征，多绘于石窟寺院。

图 5–15 双龙戏凤（东千佛洞第 2 窟）

画面中龙凤之间的空白处，画家巧妙地运用色彩浓淡、线条粗细、笔墨干湿富有变化的卷草莲花纹来呼应飞舞的龙凤，突出表现了整个画面生动的气韵、流动的美感。画面中不时出现顾恺之、陆探微等人“紧劲连绵，循环超忽，调格逸易，风趋电疾”的绘画风格。

佛教图像汉代传入我国，经过历朝历代艺术家的不断演绎创新，诞生了佛教艺术著名的“四家样”，即“吴家样”“曹家样”“周家样”和“张家样”。

吴道子是我国山水画之祖师，创造了笔简意远的山水“疏体”，使得“山水画”成为独立的画种。其所画人物衣褶飘举，线条遒劲，人称莼菜条描，具有“天衣飞扬、满壁风动”的效果，被誉为“吴带当风”。他还于焦墨线条中略施淡彩，世称“吴装”。其山水画有变革之功，作画线条简练，“ 笔才一二 ，象已应焉”。吴道子的绘画对后世影响极其深远。

“曹家样”是北齐画家曹仲达创造的中国古代人物衣服褶纹画法之一。《图画见闻志》说曹仲达的人物画衣服褶纹多用细笔紧束，似衣披薄纱，又如刚从水中捞出，后人称之“曹衣出水”。[①]

其实，“曹衣出水”与“吴带当风”是一个概念，主要是指古代人物画中衣服褶纹的两种不同表现方式。前者笔法刚劲稠叠，所画人物衣衫紧贴身上，犹如刚从水中沐浴而出，是佛、菩萨着装线描风格的代表；而后者笔法圆转飘逸，所绘人物衣带宛若迎风飘曳之状，实为中原风格的代表。东千佛洞的西夏壁画艺术作品中就不乏身着“吴装”的菩萨和胁侍人物，当然也有“曹衣出水”般的菩萨形象出现，如东千佛洞第 2 窟中心柱两侧的娑罗树菩萨（图 1–4）、水月观音中的众供养人（图 5–4）等。

“周家样”是晚唐画家周昉所创，他初学张萱，擅画肖像、佛像，以“衣裳简劲，彩色柔丽，菩萨端严，妙创水月之体”[②]。张彦远说他的绘画“颇极风姿，全法衣冠，不近闾里，衣裳劲简，彩色柔丽”。元人汤垕说：“周昉善画贵游人物，又善写真，作仕女多秾丽丰肥，有富贵气。”[③]后人将周昉的人物画，特别是仕女画和佛像画的造型尊为“周家样”。东千佛洞西夏壁画是将“周家样”付诸洞壁的最好例证，为我们了解周昉的绘画艺术成就提供了珍贵的图像资料。

东千佛洞第 2 窟北壁水月观音像的笔法基本反映了“吴带当风”“曹衣出

① 郭若虚著：《图画见闻志》，北京：人民美术出版社，1964 年。
② 张彦远著：《历代名画记》，上海：上海人民美术出版社，1964 年。
③ 汤垕撰：《画鉴》，北京：人民美术出版社，1963 年。

水”“菩萨端严”的特征，水月观音衣裙飘逸，西夏画师综合运用了兰叶描、曹衣描、钉头鼠尾描和吴道子的折芦描等线描技法，充分表现出菩萨衣着柔软且自然飘曳的质感。整个画面梦幻空灵，充满诗意与禅意，线描笔法精工细致。

水月观音图中人物呈对角线布局，“虚”与“实”分开，身形较大的观音与身形缩小的护法梵天形成强烈的视觉对比，突出表现了观音菩萨的高大、智慧和法力无边。这种绘画风格正是运用了南宋马远、夏奎等画家探索出的“偏角构图”和“意到笔不到”的创意原理，充分表现了中国画的留白处理技法，使得画面更神秘空灵。

壁画中人物的须发、衣裙如行云流水般飘逸；大河之上帝释天等来供养观音菩萨，其中举旗的武士须发迎风飘逸，用的就是典型的高古游丝描，极好地表现出吴道子作画“虬须云鬓，数尺飞动，毛根出肉，力健有余”的特点，画中人物形象更加鲜明生动。画师用铁线描勾勒出主尊水月观音的身形，凸显其柔中带刚的气质；用曹衣描加兰叶描表现水月观音的罗裙，既柔软飘逸又层叠有致，表现出其柔美的一面。

画师用行云流水描一笔一笔悉心描画大河，以线勾画流水随着山势、岩石、堤岸而曲折回环、激荡喷薄及急湍四溅的形貌，用各种皴法勾勒出形态、大小、高低、陡缓各异的山石，形成一种高低参差、聚散相间、虚实有变的崇山峻岭之感，极好地传达出观音菩萨修行之地——珞珈山山高路远、山重水复的林泉秘境。

《林泉高致》记载：“山以水为血脉……以烟云为神采，故山得水而活……得烟云而秀媚。”[①]这段话道出了水利万物的深刻意蕴，以及云水在山水画中的重要作用。画师运用勾染法描绘出主尊身后缥缈的云烟，兰叶描绘制的水中莲花和小草因风而起舞，随流水而欢唱，笔意绵绵，气脉不绝。东千佛洞第2窟水月观音中的山、水、云、花通过画师精心的构思、巧妙的用笔，描绘出气势磅礴、浩浩荡荡、庄严而又充满流动美的经典山水经变画。

东千佛洞的水月观音虽略去了身光，但身后取而代之的是蜿蜒曲折的岩山、青翠欲滴的修竹及色彩斑斓的花朵，观音菩萨的表情祥和而淡定，菩萨的身姿和所着衣裙都随行云流水而自然飘逸，精细的游丝描勾勒出观音菩萨超然脱俗的容貌。画师通过线条长短、粗细、顺逆、转折等的变化，加之浓淡相宜的墨色渲染，整幅画面设色鲜艳而不失秀雅，精工而不流于板滞，生动地表现了观音菩萨从容、

① 郭熙著：《林泉高致》，郑州：中州古籍出版社，2013年。

潇洒的超凡气质。画师因地制宜、因材施笔，多种笔法融会贯通，使东千佛洞第2窟的这幅水月观音经变画成为典范之作。

自魏晋南北朝以来，人物画逐渐发展成熟。到了唐宋以后，中国画由以人物为主、山水背景为辅，逐步转向以山水、花鸟为主；由反映社会生活、描绘历史与现实人物为主，逐步转向通过描绘自然景物来折射社会生活，寄托与表达画家的理想。

印度画师来到中国，带来了笈多王朝繁荣的佛教美术，对我国佛教绘画形式、技法都产生了很大的影响（如壁画中艳丽的色彩、凹凸晕染法等），都为后来工笔重彩的发展提供了充分条件，中国画线（骨法用笔）的运用此时提升到了新的高度，奠定了中国画以线造型的基础。

东晋顾恺之及其作品《洛神赋》成为后世用笔的典范，顾恺之用笔古朴细劲，线条犹如春蚕吐丝，意在笔先，其山川树石画法为“人大于山，水不容泛”，体现了早期山水画的特点。

中国画的画风由唐代的绵密、浑厚、恢宏发展到后来的疏朗、秀逸、简雅。线条多纤细遒劲的铁线描，勾勒点染细腻。用以显示山石纹理与结构质感的皴法得到了很大的发展，墨法也丰富起来，有笔有墨成为画家的自觉追求。水墨及水墨淡彩山水已发展成熟，画面效果含蓄凝练，简洁而富有诗意，笔法与墨气浑然天成，具有浓厚的自然审美意蕴。西夏的佛教绘画艺术正是宗唐宋之法，但更加注重艺术本身的自然美与装饰美。

东千佛洞西夏佛教绘画艺术在笔法墨色上得魏晋之韵，承唐宋之技法，是对前代骨法用笔的最好诠释。下文通过第5窟的普贤变（图5–2）来分析其笔法特色，先用线描勾勒出群山轮廓，后用斧劈皴擦来表现山体的阴阳向背、起伏变化，再随山石纹理的浓淡深浅用墨色进行晕染，使山石看上去纹理清晰，远近相宜，具有一定的层次感和质感。

普贤变中人物、山水景物基本遵循了五代、宋以来的线描墨色风格。画面中各种线条变化自如。云纹、背光等采用行云流水描，连绵舒畅；人物衣纹褶皱采用曹衣描、兰叶描，而下摆则采用折芦描，既显得飘逸又有一定的垂感；用纤细遒劲的铁线描勾勒人物挺拔的轮廓，细致而清晰；用精细的游丝描塑造佛国人物潇洒超凡的气质。装饰意味浓郁的葡萄状云烟充溢整个画面，不仅表现出空气的湿度、佛界的云烟缥缈，而且捕捉到普贤菩萨一行赴法会的动感瞬间，整幅画用笔多变，突出了画面的装饰美和律动美。

东千佛洞的西夏壁画不仅得唐宋之汉风古韵，而且还吸收并发展了藏传佛教绘画劲挺圆润的线描艺术，营造出“飘逸飞扬、满壁风动”艺术效果。东千佛洞第 2 窟主室前壁的圣妙吉祥文殊曼荼罗（图 5-16），文殊菩萨的身形用劲挺圆润的铁线描勾勒而出，表现了菩萨挺拔而富有力量的外形。菩萨的衣冠服饰与本窟的绿度母颇为相似，整个画面色彩厚重，重色轻线，起稿的轮廓线几乎都融入浓艳的色彩中，只是在菩萨的身光和披发、饰品上做了细致的描绘，从笔墨技法上表现出典型的藏传佛教绘画风格。

图 5-16　圣妙吉祥文殊曼荼罗（东千佛洞第 2 窟）

通过分析、梳理东千佛洞相关的西夏壁画（如水月观音、普贤变、圣妙吉祥文殊曼荼罗）中的线描技法，我们发现西夏晚期东千佛洞绘画艺术的笔墨技法是在继承中原绘画艺术和藏传佛教绘画笔墨技法的基础上，博采众家之长，将多种笔法融会贯通，同时又融入本民族的审美喜好，不断发展创新而形成的绘画程式和方法技巧，丰富了佛教绘画艺术的表现形式，使中华民族艺术史上刮起了一股西夏艺术之风。

第五节　东千佛洞绘画的敷色

我国古代绘画一直重视色彩的运用,历代画论对色彩的研究达到很高的水平。理论上强调笔为主导，墨随笔出，相互映发，完美地描绘事物，表达意境，以取得“神形兼备”的艺术效果。

北宋韩拙《山水纯全集》云:“笔以立其形，墨以分其阴阳。”黄宾虹认为:

"论用笔法,必兼用墨,墨法之妙,全以笔出。"他指出所谓画的"气韵"是"气在笔力,韵在墨彩"。中国画强调笔法与墨气相辅相成,不偏不倚,讲究"随类赋彩"。用色分植物色和矿物色两种,主要有赭石、花青、藤黄、石青、石绿等。设色较为简单和浅淡,但讲究浓淡相宜,不仅不单调,反而极富层次感和视觉美。

南朝谢赫在绘画"六法"中也提到了敷色,他称之为"随类敷彩",也就是说绘画中的着色要根据物体的分类而赋色。东千佛洞西夏壁画中的人物肤色一般用肉色、浅黄色晕染;景物如树木、山水多用石绿、石青,以形成山青水绿的景象;有些几乎不用墨色而近乎白描,如水月观音的背光几乎是透明的,这样的手法更加衬托出珞珈山观音道场神秘空灵的意境。具体作画时,画师们往往是情在胸中,意在笔下,心手相畅,大胆夸张,既在法度之外,又在情理之中,常依据具体的描绘对象和要表现的意境而"随类敷色"。

中国画很早就有了成熟的敷色理论,总结出随季节、气候不同而形成的物象色彩变化,并谈到冷热色彩的运用。

唐代王维在《山水论》中说:"有雨不分天地,不辨东西……雨霁则云收天碧,薄雾菲微,山添翠润,日近斜晖。早景则千山欲睡,雾霭微微,朦胧残月,气色昏迷。晚景则山衔红日,帆卷江渚……春景则雾锁烟笼,长烟引素,水如蓝染,山色渐青。夏景则古木蔽天,绿水无波……秋景则天如水色,簇簇幽林……冬景则借地为雪,樵者负薪,渔舟倚岸,水浅沙平。"

宋代郭熙在《林泉高致集》中提出:"春山淡冶而如笑,夏山苍翠而如滴,秋山明净而如妆,冬山惨淡而如睡,此四时之气也。"历代绘画大师形象地阐述了山水景物随季节而变化的观点,说明中国画很早就注意到了物象,既要随类,又要兼顾其时的意境而"随类赋彩",大大地提升了表现对象内在的精神意象之美。

东千佛洞的西夏壁画敷色正是在继承前代笔墨设色理论的基础上,兼收并蓄,勇于实践,创造出色彩饱满而含蓄、墨色淋漓而又清新淡雅的艺术效果。

东千佛洞第 2、7 窟水月观音(图 5–4)中的服饰用色彩较为亮丽的石青和赭石红层层晕染,格外醒目。背景中大面积的山水用颜色较深的浓墨来皴染,起到了平衡画面的作用。行云流水则用极淡的墨色勾染,营造出烟波浩渺的虚境,用淡淡的草绿色顺着水的流势层层叠叠晕染,表现一江春水向东流,以及河水随沿岸山石回环曲折的态势。山石中伸出的几颗嫩绿欲滴的修竹愈加衬托出主尊高雅清静的非凡气质。碧波荡漾的河面上一朵朵蓝色描金的小花随波起伏,增加了画面的动感。整个画面色彩柔和饱满，烘、染、泼、积等诸墨法交替运用，笔触细腻，墨随笔出，用墨达到了极好的平衡，充分地表现出“静虚波上，虚白光中，一睹其像，万缘皆空”的神秘气韵。应该说，无论是从用笔还是着色上，东千佛洞第 2 窟的这幅水月观音都是同类作品中的佳作。

东千佛洞第 2、5、7 窟中心柱背面绘有几幅涅槃图，画面内容紧扣涅槃主题，构图丰富多彩，设色饱满浓艳，突出藏传佛教绘画设色风格。在整体设色上，画师较好地利用各种色彩的平衡搭配，在水墨淡彩的基础上薄施石青、朱砂等矿物颜料，在树叶等处加金色点勾。画面中人物的头光有的用墨色带出，有的以青绿色头光搭配。主尊的身色为肉色，面部及前胸等处运用类似的“凹凸法”晕染，通过高光的设置表现出人体肌肉的起伏、骨骼的高下，使画面有较强的立体感，突出了释迦牟尼佛高大魁梧的体格。画面下部的动物瑞兽供养显得极为生动逼真，增加了画面的动感，其中孔雀的羽毛用藤黄加石绿点染，毛色极为艳丽逼真，老虎身上的花纹用藤黄加赭石并辅以石青色层层勾染，格外逼真。

画面主体色调为浅绿色和浅赭棕色，又辅以蓝色、白色和浅褐色，与涅槃的气氛非常吻合，显得清冷、肃穆。勾线与敷色并用，在对人物容貌和衣纹进行线描勾勒的基础上，注重填色和渲染，有的地方还直接用色描画，如释迦牟尼佛头下的圆枕、身上的袈裟，以及菩萨、弟子背后的娑罗树的枝叶等。主尊着绿色袈裟，眉毛和胡须为绿色，头光为深褐色带白色光环。迦叶的头光为绿色，身着蓝色僧衣。伎乐多为白色身形，主尊头后的菩萨服饰设色细腻，丰富多彩。可能是时间久远，菩萨的身色已褪变为深褐色了。

在整体笔墨设色上，充分变换各种墨色渲染模式，“运用色彩叠晕，线压色、色盖线，效果明艳醒目”①。画面表现出色彩柔和、笔触细腻的艺术效果，是同类作品中的佳作。

东千佛洞也有清丽淡泊风格的水墨淡彩山水画，第 5 窟的普贤变（图 5–3）画面中山势雄伟，气氛神秘，布局上继承了北宋范宽、郭熙的山水画法，画面饱满。画面上方山石用斧劈皴，并辅以浓淡相宜的墨色晕染，表现出山体远近、高低、凹凸的层次感，通过皴笔的方向、浓淡及留白，很好地表现了山体的肌理、质感，产生了一种独特的光墨效果；用淡墨渲染极富象征性的三角形小树和云蒸雾霭，使其看上去墨色淋漓、气势磅礴。画面中充满大面积梦幻般的葡萄状云朵，画师用极细的工笔和清淡的墨色一朵一朵细致地描绘着，使得整个画面如梦如幻，

① 张宝玺：《东千佛洞西夏石窟艺术》，载《文物》1992 年第 2 期。

神秘空灵，营造出飘忽律动的佛国世界。

东千佛洞的普贤变以水墨为主，略施淡彩，通过浅淡的墨色进行精致的构图，在人物的头光、身光、衣裙等处略施色彩，而且色不压线，正所谓“于焦墨痕中略施微彩”[①]，突出了线描对主要人物形象的造型功能。

高山岩石、天海云烟在多种笔法的精心勾勒下呈现出立体感、空间感，人物的手势、衣纹的刻画也细致入微。画面到处散逸着朵朵葡萄状云烟，大白象载着主尊缓缓前行，人物须发飘逸、图案华丽、祥云流动，这一切表现出强烈的装饰美和律动美，共同衬托出普贤菩萨之高雅圣洁。

总体来说，东千佛洞西夏绘画艺术在笔墨技法，尤其是绘画敷色上已经突破了当时敦煌各大石窟寺一派“绿壁画”的特点，色彩饱满含蓄，水墨淡彩，亦真亦幻，突出藏传佛教绘画明艳醒目的特点，营造出一幅灵山多秀色、空水共氤氲的佛界景象。

第六节　东千佛洞壁画的装饰图案及其功能

东千佛洞的装饰图案内容丰富，形式多样，画面精美，在承袭唐五代、吸收宋瓜沙地区汉风余绪的基础上，又深受密教绘画的影响，形成了精致、生动、凸显密教母题的装饰图案，也是东千佛洞最具代表性的壁画母题元素。装饰图案主要集中用于窟顶、石窟窟脚及各铺壁画间的分割线上。

这些精美的边饰是连接洞窟中不同铺面壁画的桥梁和纽带，窟顶的图案多为金刚界坛城，以大日如来说法为中心的五方佛大型说法坛城位居覆斗顶中央，统摄着全窟。

东千佛洞大量地使用密宗坛城取代窟顶藻井平棋图案。挑高的窟顶绘就充满神秘色彩的密宗坛城，愈加突显窟内威严神圣的佛国意境。东千佛洞几个西夏洞窟的窟顶及中心柱侧壁几乎都绘有坛城图，如第2窟窟顶的大日如来金刚界坛城（图5-17），坛城中央的大日如来与东南西北四方佛一起构成了藏传佛教密宗中的五佛五智象征。东千佛洞还有一种五佛五智是绘在主尊上方的五个方格内，如第2窟绿度母的上方、十一面观音上方等。另外，在窟顶以外的其他壁面也有曼荼罗，如第2窟前壁窟门两侧对称分布的尊胜佛母曼荼罗与圣妙吉祥文殊曼荼罗，南北壁对称分布的绿度母救八难曼荼罗与十一面观音救八难曼荼罗等。

---

① 汤垕撰：《画鉴》，北京：人民美术出版社，1963年。

图 5–17　大日如来金刚界坛城
（东千佛洞第 2 窟窟顶及部分四披）

在中心柱上绘制曼荼罗是东千佛洞壁画装饰图案中密教风格的体现。第 5 窟中心柱右侧的毗沙门天王坛城，左侧对称分布金刚界坛城；第 7 窟中心柱左右两侧分布的十一面观音曼荼罗与顶髻尊胜佛母曼荼罗。

石窟里的坛城图能够帮助僧众集中精力冥想本尊神及其象征的本尊佛国世界。坛城的大量出现，体现出东千佛洞浓郁的藏传佛教艺术风格，说明藏传佛教密宗信仰在当时十分流行。

西夏占领河西，对当地的吐蕃、回鹘多采取羁縻政策。北宋之后，北方的民族关系也日趋缓和下来，西夏就曾出现仁孝中兴的局面，为佛教的发展提供了良好的内外部环境。西藏的佛教当时正处在蓬勃发展的后弘期前期，吸纳着来自印度、克什米尔、尼泊尔及我国中原地区的佛教艺术，并随着丝绸之路传播到了沙州、瓜州等地。东千佛洞西夏佛教艺术中出现的藏密风格正是受其影响所致。

东千佛洞第2窟窟脚与壁画主体部分被一些边饰图案分割开，被分割的长方格内绘有婀娜多姿、翩翩起舞的伎乐天（图5-18），她们有的手持乐器，有的手捧供品，极度夸张扭曲的舞蹈身形，高耸的发髻，三角形装饰的头冠，带有特殊花纹（菱形格、弓形纹等）的超短裙，波罗菩萨高鼻、弯眉、宽下巴等，极具特点。

图5-18 伎乐天（东千佛洞第2窟窟脚）

甬道、门道顶部，主题壁画的背景处，不同母题壁画分界线（框）及衣冠服饰、莲座、背龛、头光、背光等部位的装饰主要有各种精美的植物花草纹、几何图案、山石树木图案、云气纹、火焰纹；在窟顶坛城四披常绘充满生机的祥瑞动物供养。另用千佛、各种花草纹、串珠纹、几何花纹等边饰区分坛城的内外城，或为分界框，以区分不同母题壁画，或衔接洞窟中不同位置的壁画。

植物花草纹主要有卷草莲花纹、忍冬莲花纹、五色莲瓣纹、八瓣莲花纹等。

几何纹样主要分布在主题壁画的背景中，如三角形的充满象征意义的树木，不规则菱形带漩涡状的小风洞，或长条状的五彩山石，作为主尊绿度母背景中出现的佛、菩萨、天人等元素的分界框。东千佛洞第5窟主尊绿度母（图6-9）背龛如意钩上的连珠纹珠帘，分界框红色腰线处的八瓣莲花及其下部红白相间的小灯珠花纹、葡萄状的云气纹，等等；第5窟的绿度母中使用了各种富有象征意义的装饰图案，这样的画面布局与西藏棋格式布局相比，显得更为自然、生动，画面设色也比较艳丽柔和，与黑水城出土的缂丝绿度母唐卡中条状五彩山岩极为相似，应该出自相同的造像粉本。

东千佛洞覆斗顶坛城图的四隅频频出现龙、凤、大鹏鸟、妙音鸟（图5-19）、孔雀等祥瑞动物。在妙音鸟或孔雀的周围勾染绿色的大型卷草莲花纹，妙音鸟的翅膀和尾翼绘制得精细入微，展翅欲飞，其造型与笔者在拉萨大昭寺金顶、泰国大皇宫所见到的比较接近，只是东千佛洞人脸鸟身的妙音鸟拥有党项人的面孔与波罗式的菩萨衣冠造型。此外，东千佛洞还常常使用千佛纹作为边饰，多出现在坛城的内外城之间。

动物、花卉图案种类繁多，花纹细致。龙、凤（图 5-15）、孔雀、妙音鸟、狮子等毛发润泽细密，几欲展翅腾空；荷花、忍冬、卷草等鲜花怒放，争奇斗艳。整个洞窟生机盎然、熠熠生辉。

图 5-19　妙音鸟
（东千佛洞第 2 窟窟顶四披之一隅）

装饰图案纹样复杂多变，精美绝伦，在甬道顶及窟顶藻井四披中绘制各种祥瑞动物，营造出生动祥和的佛国祥瑞意境。

头光、背光及背龛样式、莲座样式，勾画的莲花座（图 5-21）与勾染的莲瓣样式，形式多样。佛母、菩萨、伎乐等穿戴的有特殊花纹服装（图 5-18）等都突出表现了东千佛洞装饰图案的特色。

东千佛洞第 5 窟前壁（图 5-21）中出现的麦穗状莲座式样，只是用线描勾边，有的平涂与背景色相同的白色或浅土色，这是东千佛洞莲座的主要样式。第 2 窟几乎所有的主尊也是这样的莲座，而且画面背景用大面积白描的卷草莲花纹衬托，更加凸显石窟乃修行圣地。观音背龛两侧腰线上的葡萄云气也很有特色。榆林窟和敦煌莫高窟几乎没有这种麦穗形的莲座样式，也没有如此大面积地使用卷草莲花纹。所以说，这应该是东千佛洞在装饰图案上的一大特色，大量的白描图案使整个画面设色清淡优雅，突出了汉风底蕴。

图 5-20　莲花坐佛纹饰（东千佛洞第 2 窟甬道顶）

东千佛洞装饰图案中最为出彩的还要数人物的背光。人物背光向两极化发展，既有环环相套、多层

图 5-21 莲座、背光、背龛、坛城、界框边饰等装饰图案（东千佛洞第 5 窟前壁）

的背光，背光外沿飘浮着丝丝云纹（图 3-38），如桃形、椭圆形、圆形外带霓虹彩带加卷勾云纹的背光（图 5-22 八大菩萨的身光造型）；又有趋于简淡、透明的身光（如第 2 窟的水月观音），还有呈一团火焰形状的火焰身光（也叫瑜伽火焰纹）（如第 6 窟、7 窟忿怒金刚的身光造型）。

最为华丽繁复的身光造型要数东千佛洞第 2 窟十一面观音（图 3-38）了。主尊十一面观音由若干个圆形层层叠加而形成的葫芦形头光相围，葫芦形的头光又嵌在由马蹄纹、串珠纹、火焰纹等组成的更庞大的背光里，复杂多变，足以代表东千佛洞西夏壁画装饰图案的极高水准了。

图 5-22　八大菩萨曼荼罗·虚空藏菩萨之莲座、背光、伞盖装饰（东千佛洞第 7 窟）

西夏晚期是佛教艺术高度发展和创新的时期。壁画中的藏传佛教密教绘画母题及画风、波罗风格的菩萨造型、典型的党项人物形象、回鹘供养人像等，折射出东千佛洞的壁画是在承袭唐五代中原绘画风格的基础之上，吸取了宋代佛画世俗化的倾向，同时将山水画、人物画、界画技法相结合，综合运用于大型经变画中。各种线描交替使用，线条粗细有致，富于变化[①]；色彩饱满含蓄，浓淡相宜，充满诗情画意；藏密色彩浓郁醒目，人物造型夸张、神秘、威严。

东千佛洞西夏壁画吸收、融合了汉、藏、回鹘、党项等民族的绘画艺术精华，形成具有鲜明党项特色的多元化艺术风格；其绘画艺术生机盎然，气势恢宏，简约疏朗，诗意与禅意并存；神、僧、俗人物同窟，具有人物画、山水画、花鸟画、唐卡艺术等多元化的艺术特征。

正如段文杰先生认为的那样，河西走廊西端的敦煌莫高窟、瓜州榆林窟、东千佛洞等处留存有大量的西夏时期壁画，具有显密杂呈、汉藏兼具的佛教思想和艺术特色；西夏石窟艺术风格特色主要是：中原画派——继承中原线描画法；西藏画派——重色不重线，大量使用红、蓝、绿、棕等对比色；综合画派——色彩和线描并重，形象多变。[②]

① 陈育宁、汤晓芳著：《西夏艺术史》，上海：上海三联书店，2010 年。
② 段文杰：《榆林窟党项蒙古政权时期的壁画艺术》，载《敦煌研究》1989 年第 4 期。

第六章　东千佛洞西夏佛教绘画艺术与周边地区佛教艺术的关系

佛教发源于古代印度，汉代传入我国，佛教艺术也随之流播各地。在其传播的过程中发生两种情况：其一是，佛教源头及其上游的佛教艺术，必将给下游的佛教艺术带来重大的具有“原型范式”力量的冲击。其二是，在佛教艺术的传播过程中，必将与不同民族文化相互碰撞，从而产生出一种新的涵盖当地民族文化色彩的佛教艺术形式。①由于这种巨大的上游冲击力，推动其一路东传、北传，沿途吸纳了回鹘、吐蕃、汉等民族的文化，在与西夏党项民族相遇后，又巧妙地融入了党项民族的审美情趣。西夏佛教艺术博采各家之长，经过继承、变化、发展三个时期，最终在西夏晚期形成了民族新风格。②11—13 世纪，我国出现了一道充满党项族魅力的多元化西夏佛教艺术风景线。

东千佛洞西夏的壁画有的表现出鲜明的中原风格，有的突显浓郁的藏传佛教密教风格，有的呈现汉藏双修风格，还有一些在尼泊尔才能见到的佛画样式。这里既有表现西域回鹘风格的供养人造像，也有体现印度犍陀罗风格、迦湿弥罗（克什米尔）风格、波罗艺术风格影响的度母、菩萨造像，尤其是尼泊尔风格的妙吉祥文殊说法会这一独特的佛画题材，更加拓宽了东千佛洞西夏壁画艺术的渊源。有时一幅作品中竟然糅合了多种艺术风格。这些来源不同、风格特色有别的佛教绘画艺术在东千佛洞相融相合，这是西夏善于向周边各民族学习交流，并与之友好往来的最佳例证。

东千佛洞西夏壁画与周边地区在佛教艺术上到底存在怎样的关系呢？

---

①② 陈兆复：《中国少数民族史》，北京：中央民族大学出版社，2001 年。

第一节 东千佛洞西夏绘画艺术与吐蕃佛教绘画艺术的关系

党项与吐蕃的交往由来已久，从公元 7 世纪到 13 世纪，在这长达 600 余年的历史中，他们先后经历了交往、战争、结盟三个阶段。吐蕃对西夏的影响是方方面面的，藏传佛教对西夏佛教发展的影响更为深远，甚至延续到了元代，而西夏对藏传佛教的东传、北传也起到了积极的推动作用。

据《夏圣根赞歌》载，党项的始祖曾娶吐蕃女为妻，而吐蕃首领松赞干布也曾娶弥药王女为妃[①]，说明党项早在内徙前就已与吐蕃在政治上建立起密切的关系。之后，西夏为谋求向西发展并控制河西地区，与吐蕃长期争战。西夏早期曾与吐蕃唃厮啰政权敌对，中期双方关系有了明显的改善，由不断的战争转变为结盟友好。[②]

这两个民族皆属羌系，族源较近，语言同系，地域相接，山水相连。所以说留居青藏高原及河湟一带的党项吐蕃化了[③]，进入沿边的吐蕃则有明显的党项化趋势。经过了数百年，党项和吐蕃形成你中有我、我中有你的水乳交融关系。西夏后期，随着藏传佛教在西夏的发展和日益兴盛，瓜、沙一带的石窟中出现浓郁的藏传佛教密宗风格壁画，尤以东千佛洞西夏洞窟最为突出。

唐末，吐蕃统治敦煌地区的瓜、沙二州，节度使设在瓜州，此时的吐蕃正处在前弘期[④]，周边地区的佛教都比吐蕃发达。随着多种信仰流入吐蕃，并与吐蕃原始宗教苯教结合形成了藏传佛教，所以说藏传佛教从一开始就呈现出多元化的特点。

印度佛教密宗大师莲花生首先将印度大乘密宗引入吐蕃，与吐蕃苯教结合后形成了藏传佛教的密宗。然而由于前弘期末吐蕃赞普朗达玛大举灭佛，对本来就根基不固的西藏佛教造成了毁灭性的打击，直接导致前弘期的佛教遗存几乎消失殆尽，之后的百年间被称为西藏佛教史上的“灭法时期”。

吐蕃佛教的蓬勃发展开始于后弘期前期（11—13 世纪），这一时期藏传佛

---

① 《贤者喜宴》载：唐代吐蕃首领松赞干布就曾娶弥药王之女茹雍妃法莫尊为妃。“弥药”是吐蕃对党项的称呼。

② 杜建录著：《西夏史论集》，上海：上海古籍出版社，2016 年。

③ 邓广铭、郦家驹等主编：《宋史研究论文集》，郑州：河南人民出版社，1984 年。

④ 吐蕃统治西藏高原时期分为前弘期（7—9 世纪中叶）与后弘期（10—15 世纪）。吐蕃藏传佛教对西夏佛教影响主要是在吐蕃后弘期前期（11—13 世纪）。

教不断吸纳着来自不同地方（印度、克什米尔、尼泊尔和我国中原地区等）的佛教艺术，流行于东印度波罗王朝（8—12 世纪）的佛教艺术随着后弘期吐蕃佛教的再度兴起而传入，并产生了广泛影响。经过了不断融合发展的藏传佛教艺术，随着丝绸之路传播到了瓜、沙等地，东千佛洞西夏壁画正是受其深刻影响的佛教绘画艺术杰作。

西夏后期，由于统治阶级的大力倡导，藏传佛教在河西地区广泛传播，到仁孝时期已很有影响。当时来自吐蕃传法的高僧噶玛噶举派创始人都松钦巴的大弟子格西藏索瓦、波罗显胜等人后来都被尊为西夏的上师、帝师。吐蕃高僧不仅带来了大量的佛教经典，而且带来了新的佛教绘画范本，其中就包括大量密宗题材的绘本。此时正值西夏佛教文化高度发展的时期，西藏波罗艺术风格给东千佛洞、黑水城及西夏统治中心区等地的佛教绘画打上了深深的烙印。

那么吐蕃佛教绘画艺术到底有怎样的艺术特色呢？东千佛洞西夏佛教艺术与之有怎样的联系呢？

一、吐蕃佛教绘画艺术的主要特征

从时间上看，西夏晚期的佛教艺术应主要与吐蕃后弘期前期的佛教艺术相联系。事实上，党项羌族与吐蕃的交往由来已久，早在前弘期，由于族源相近、地缘毗邻、信仰相似，这两个民族就长期杂居，且风俗习惯、社会发展都比较接近，党项与吐蕃一样都较早地接受了佛教的影响。所以早期的党项自然也受到藏传佛教的影响。

随着吐蕃王朝的瓦解，佛教在后弘期蓬勃发展。来自东印度波罗王朝的佛教艺术以泥婆罗（尼泊尔）为中转站输入到吐蕃[①]，这样就可以解释为什么东千佛洞第 5 窟出现了尼泊尔样式的妙吉祥文殊说法会大型壁画。

波罗风格指绘画和雕塑中印度波罗王朝时代（8—12 世纪）的艺术样式。这一风格反映在人物造型上的突出特征是：[②]

1. 正侧面的脸多呈斜方形，下巴突出宽大，下唇厚突，正面的脸形上宽下窄，双眉和眼线为弓形。

① 实际上吐蕃的佛教多是通过吐蕃—泥婆罗道传入的。详见霍巍著：《西藏西部佛教文明》，成都：四川人民出版社，2000 年。

② 于小冬著：《藏传佛教绘画史》，南京：江苏美术出版社，2006 年。

2. 人物头多戴三叶冠或六叶冠，冠上的叶状花饰较小。

3. 人物造型方正直立，无婀娜姿态，双臂较长，手足较大，足趾齐整简单，趾尖无上卷肉，多直线而少曲线。

4. 主尊式构图中有迦楼罗鸟、侍立弟子和异兽白象，平直的单层莲座间有异兽和象的头部，莲座的方形花瓣内饰双重卷曲纹，周边饰以棋格状排列的菩萨，主尊背光暗蓝色中可见巨大卷草暗花。

公元 8 世纪中叶至 12 世纪末叶，处于孟加拉地区的波罗王朝是佛教在印度的最后避难地，波罗王朝与西藏关系密切，在政治上甚至一度依赖西藏的支持。波罗王朝灭亡后不少佛教徒逃到尼泊尔和我国西藏，因而波罗王朝的佛教和艺术传到吐蕃也就不足为怪了。

图 6–1　绿度母（热振寺唐卡 11 世纪 · 巴尔的摩福特藏）

西藏佛教绘画接受了波罗艺术风格的影响。但只有西藏波罗风格具有工整细严的画风，本来就有的吐蕃时代波罗艺术传统成为西藏地区发展波罗风格的基础，对后世的影响也更为深远。[①]

我们先来分析几幅这个阶段的吐蕃佛教绘画作品，看看有哪些基本特征。

第一，断代为 11 世纪热振寺绿度母唐卡（图 6–1）和 12 世纪的不空成就佛与八大菩萨唐卡（图 6–2）是两幅比较典型的藏传佛教绘画作品。整个画面呈现出典型的棋格式布局特征。画面的上、下、左、右被分割成小的方格，一般上部方格内绘五方佛、七佛，还有多佛的，左右及主尊下方的格

① 于小冬著：《藏传佛教绘画史》，南京：江苏美术出版社，2006 年。

图 6-2 不空成就佛与八大菩萨
（西藏 12 世纪唐卡・纽约大都会博物馆藏）

内多为八大菩萨和印度大成就者，底部两角绘上师或供养人像，中间绘空行母和其他护法神灵。中央主尊绿度母的形象很大，几乎超过画面的一半，成为整个画面的中心；画面为满构图，几乎不留白。这种按内容分割成若干棋格的构图模式是西藏早期绘画的一大特色。东千佛洞有好多壁画是这样的布局，如第 2 窟的绿度母、十一面观音和第 5 窟的八塔变等。

第二，早期西藏绘画中还出现了一种高而狭长、被涂以不同颜色的山石图案，绿度母（图 6-1）背后及周围的山岩被涂以红、黄、绿色，并排相叠。这种象征性的山岩往往构成画面上分割主尊与眷属胁侍的界框，在西藏的寺院中多见，是西藏典型的绘画母题。东千佛洞第 5 窟的绿度母背景中也出现了类似的象征性山岩。

另外，西藏早期唐卡中还常出现以五色莲瓣、五色长方条图案为棋格式构图的分界线（图 6-6），东千佛洞第 2 窟前壁的圣妙吉祥文殊、绿度母壁画中其也被用作分界框图案。

第三，从主尊造像上来看，多是正面像（图 6-2），主尊为佛时，一般面部较宽，呈长方形或蛋形。眼睛下弯，偏上。有的为印度式的低垂眼睑。有的突出眼部线条，显得眼睛炯炯有神，更像是尼泊尔风格的佛或菩萨。一般鼻子较长，红色的薄嘴唇，手掌和脚掌也施以红色，身色多为黄与白，多着红色袈裟。

主尊两侧的胁侍菩萨（图 6-2、6-3 的波罗菩萨造像）双脚并向主尊一侧，身体呈三分面弯曲，身姿扭转，脸形比较方，宽下巴，束高发髻，头冠（三叶冠）与臂饰都有三角形的装饰图案，着波罗式超短裙，外披透明的纱衣，表现出典型的波罗艺术风格。纽约大都会博物馆藏 12 世纪西藏波罗风格的不空成就佛与八大菩萨唐卡（图 6-2）、印度早期波罗风格的文殊曼荼罗造像（图 6-4），以及西藏阿基寺的波罗菩萨（图 6-3），人物形象、头冠和臂饰及画面设色都与印度的波罗菩萨造型基本一致，只是融入了吐蕃人的外貌特征和审美喜好。印度的文殊曼荼罗（图 6-4）中的文殊菩萨还糅合了印度早期犍陀罗菩萨的健美身姿。

第四，西藏早期绘画的色彩变化较多，画面以红色为主，比较热烈、偏暖（图 6-1、6-2、6-3、6-5），由于背景中大面积地使用蓝、绿色，又使整个画面传递出冷色感，冷暖色彩之间的对比较为强烈，敷色艳丽，具有浓郁的装饰效果。

第五，从主尊的背光、背龛、莲座看，大部分的主尊背龛都是宫殿龛门建筑样式（三叶拱门，如图 6-1、6-2、6-6）；背光多为马蹄形，有深蓝色或石绿

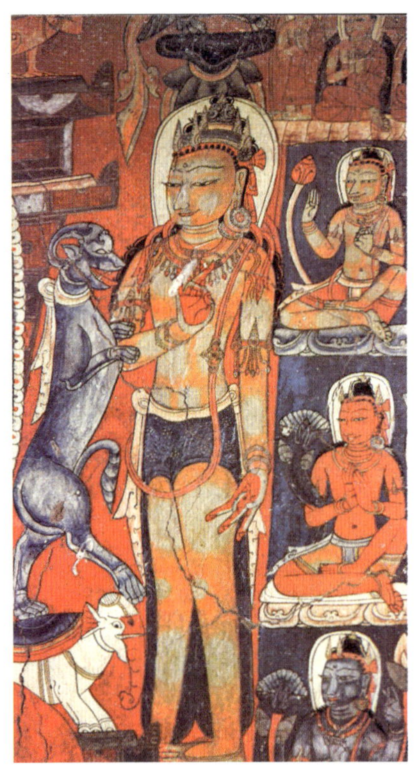

图 6-3 波罗菩萨（阿基寺壁画）

图 6-4 文殊曼荼罗（纽约大都会博物馆藏） 笔者拍摄

图 6-5　释迦佛说法图（扎塘寺 12 世纪壁画·西藏博物馆）

色且带有浅色卷草纹图案（图 6-4）；头光有的为桃形，有的为马鞍形，并在外圈绘五彩条纹（图 6-2、6-6、6-7）；佛陀顶部多为迦楼罗（金翅鸟），左右两侧多为金鹅，在背龛两侧的立柱边多为狮羊踏象；有的背龛位于一座或五座佛塔之内。塔顶有璎珞垂下，塔顶两侧有二位持明童子立于云端，周围有热带树林点缀。[①]主尊的莲座主要有两种：一种为双瓣的多彩勾边仰覆莲花座（图 6-1、6-2、6-4、6-7），一种是只画上面的单瓣多彩勾边的莲花座（图 6-3、6-5、6-8）。

第六，扎塘寺的释迦说法图（图 6-5）是西藏早期佛画构图的一种形式，与棋格式的规整布局不同，我们且称之为自由式。主尊释迦牟尼佛位于画面中央，胁侍菩萨弟子分列两侧，从下往上按组依次分布供养人、菩萨、弟子等。两侧胁侍呈半圆形收合于主尊上方的吉祥花卉，这样的位置布局显得灵活自由，更具有亲和力。

这种自由式的画面布局方式在西夏的佛经插图及东千佛洞壁画中也频频亮相。在东千佛洞第 2 窟的释迦说法图、释迦降魔图、十一面观音图中，观音周

① 谢继胜著：《西夏藏传绘画——黑水城出土西夏唐卡研究》，石家庄：河北教育出版社，2002 年。

图 6–6　西藏喇嘛（11 世纪唐卡・纽约大都会博物馆藏）

围的胁侍都是这样的布局，而十一面观音外围的观音救八难、绿度母外围的度母救八难则绘制在棋方格内（图 5–8）。所以，东千佛洞将这两种画面布局方式有机地结合起来。这种布局方式在第 5 窟的八塔变中也都有体现，从中反映出东千佛洞西夏壁画受藏传佛教绘画艺术影响之广泛，并且西夏还贵在“妙能自创”。

由于西藏早期受到来自中原汉传佛教回传的影响，所以壁画中仍然有一定的汉传佛教绘画母题特色，如画面色彩柔和、线条舒缓细腻、人物造型优雅等。位于大昭寺二楼的西藏早期壁画——无量寿佛图（图 6–8），主尊无量寿佛身着明显中原风格的衣冠服饰，背景中的花卉图案与唐代以来中原佛教寺庙中的天顶花卉图案相似，主尊的面相也与唐代释道图中的人物接近，面阔而圆。整个画面设色柔和淡雅，表现出安静、吉祥的意境。

总之，西藏早期绘画风格呈现出多元化的特点，其主要特点是主尊居画面中

图 6–7　释迦说法图（东千佛洞第 2 窟）

图 6-8　无量寿佛（大昭寺壁画）　笔者拍摄

央（图 6-2），形象较大，四周的小方格内多护法神、八大菩萨及诸佛，造型简单，身体僵硬，饰物沉重感强，以暖色为主，严格遵守藏传佛教绘画仪轨，色彩艳丽，强调二维空间效果。

二、西夏晚期东千佛洞绘画与西藏早期绘画比较

下面就以东千佛洞的绿度母壁画（图 5–8、6–9）为例，与西藏早期的藏传佛教绘画（图 6–1、6–2、6–3、6–5、6–7）相比，试图找到二者间的关系。

东千佛洞第 5 窟绿度母（图 6–9）中出现西藏早期的那种高而狭且具有装饰效果和分界线作用的山岩；主尊整体造型相似，姿态优美；莲座都为双莲瓣基座，不同的是东千佛洞的莲座只是勾边，基本未见渲染的麦穗形莲瓣；二者皆着透明的纱衣，是典型的波罗菩萨风格。主尊身后的背龛大致类似，只是东千佛洞第 5 窟绿度母的龛顶有璎珞垂下，并悬挂在背龛两侧的如意钩上，周围用象征性的三角形树木代替黑水城绿度母唐卡中的热带树林点缀。这些区别说明二者的图像渊源可能相同，但是形成了具有各自地域性特征的绘画风格。绘画内容基本一致，但在整个画面的构图布局上有差别，西藏早期的绘画严格遵循藏传佛教棋格式的绘画仪轨，用山岩作分界线框，而东千佛洞第 5 窟的这两幅绿度母是自由式的，没有明显的棋格式分界线，只是用山岩将诸佛、胁侍及天人等分开，属于像西藏早期扎塘寺的那种自由式布局样式；第 2 窟的绿度母是综合了西藏棋格式与自由式而形成的一种混搭风格，是在继承的基础上又加以演绎后的西夏构图范式。

从画面人物的衣冠服饰上看，东千佛洞第 2 窟绿度母及胁侍菩萨的外貌与热振寺的绿度母、阿基寺的波罗风格菩萨基本一致，发髻、头冠又与纽约大都会博物馆藏 12 世纪的八大菩萨（图 6–2）几乎一模一样，都戴有三角形倒楔状的三花冠，环状高髻，上臂饰以三角形饰品，着波罗式超短裙。这些都是当时印度流行的样式，也是西藏早期承袭并流行的式样。西夏画师几乎是把西藏波罗风格的度母、菩萨范本直接照搬到了东千佛洞。

从画面的设色来看，第 2 窟的绿度母与热振寺的基本一致，色彩艳丽，多用对比度强的红、绿、蓝色。而东千佛洞第 5 窟的绿度母则具有西夏河西地区固有的特色，主尊绿度母的头冠和服饰明显具有中原佛画特征。整个画面设色也比较柔润和谐，饱满含蓄，布局自由轻松，营造出山水画意境，带给人们完全不一样的视觉体验。

总之，热振寺绿度母代表西藏早期的绘画风格，而东千佛洞第 2 窟的绿度母及度母救八难则继承和改良了西藏绿度母的风格，是一种融入西夏党项族审美意识的综合艺术表现，第 5 窟的绿度母具有明显的中原风格。其实黑水城出土的绿度母唐卡更接近西藏热振寺的绿度母，某种程度上东千佛洞的壁画有的

图 6-9　绿度母（东千佛洞第 5 窟）

可能直接来自吐蕃藏传佛教，有的是通过西夏黑水城间接输入的，有的甚至直接来自印度、尼泊尔。为什么会出现这样的情况呢？我们将在下文分析讨论。

第二节 东千佛洞西夏绘画艺术与黑水城及西夏统治中心区佛教绘画艺术的关系

黑水城，俗称黑城子，蒙古语称为哈喇浩特，是西夏时期十二监军司之黑水镇燕军司驻地，现位于内蒙古额济纳旗境内。西夏时期利用居延路（黑水城）经营河西丝绸之路贸易与文化交流，所以居延路是西域进入辽、金的最佳路线，当时西域各国通过高昌（西州回鹘）经居延路到辽上京（丰州）或金都城朝贡。

景祐三年（1036 年），元昊击败沙洲回鹘，袭取瓜、沙二州，之后在瓜州置西平监军司治所，扼守河西走廊西部咽喉要道。瓜州为西夏监护河西的重镇，是瓜、沙一带的政治、军事中心。[①]河西地区自古以来就是多民族集散地，各民族互相学习，友好往来，西夏统治瓜、沙以后，为了保障丝绸之路贸易的畅通，采取了宽松的羁縻政策，随着西夏后期夏金关系的逐步稳定，西北民族关系缓和下来，河西的丝绸之路畅通了，东西之间的贸易、文化交流不断繁荣，佛教艺术也沿着丝绸之路东传西达，成就了沿线的敦煌莫高窟、瓜州榆林窟、东千佛洞西夏佛教艺术的盛况。

从西夏与周边地区的地理位置上看，西夏东千佛洞离敦煌莫高窟、榆林窟更近一些，但经过相应图像的研究比对，发现东千佛洞的绘画风格应属于西夏黑水城系统。为什么说东千佛洞和黑水城同属于西夏黑水城艺术系统呢?

笔者认为这里面主要有两点需要说明：一是由于吐蕃统治敦煌时期（781—848 年）是西藏佛教发展的前弘期末期，吐蕃赞普朗达玛对西藏佛教进行了毁灭性的打击，导致藏传佛教还没得到充分发展就戛然而止了，所以也就不会对敦煌的壁画风格造成影响。

二是西夏对瓜、沙实行较为宽松的羁縻政策。西夏为了发展丝路贸易，开通居延路，当时西域各国通过高昌（西州回鹘）取道居延路（黑水城）前往辽。吐蕃也从敦煌绕道前往辽，河西北部的贸易文化繁荣。吐蕃的商旅、僧人将大量的

---

① 约在 1030 年，敦煌地区曹氏归义军瓦解了，党项人于 1036 年攻取瓜、沙，但实际统治是在 1052 年了，前后有 30 年左右的时间实际上是由沙州回鹘统治地区的，西夏对其采取了宽松的羁縻政策。此时西夏境内和周边还有大量的吐蕃人，总之西夏时期的河西地区就是一个多民族融合汇聚的“大熔炉”。此问题可参考汤开建、马明达：《对五代宋初河西若干民族问题的探讨》，载《敦煌学辑刊》1983 年第 4 期。

藏传佛教艺术品（唐卡、佛像等）带到了黑水城，同时又带往西夏各地，包括西夏贺兰山京畿及瓜州东千佛洞等地。所以就不难理解为什么东千佛洞与黑水城同属一个体系了。

黑水城出土的唐卡一是以藏传佛教风格为主的作品，二是以汉传佛教风格为主的作品，三是以汉藏合璧风格为主的作品。下文通过几幅图比较一下黑水城与东千佛洞在藏传佛教绘画风格上的承续关系。

黑水城的胁侍菩萨与东千佛洞第 2 窟的胁侍菩萨（图 6-10）造型都属于西藏波罗风格。其共同的特点是：二者都是两侧胁侍菩萨，双脚朝向主尊；菩萨的

图 6-10　左边为黑水城胁侍菩萨（黑水城出土西夏唐卡），右边为东千佛洞的胁侍菩萨（东千佛洞第 2 窟）

图 6-11　绿度母（黑水城出土唐卡）

手形一样，菩萨的衣冠服饰正如前文描述："高耸环状的发髻，头戴饰有珠宝的三叶冠，臂上的三角形装饰，双眉和眼线为弓形，双臂较长，手足较大，方正直立，无婀娜姿态。"东千佛洞的菩萨画面设色较为清淡，身形也更为丰满些，有点印度、尼泊尔菩萨细腰丰乳的外形特征，面部更加接近尼泊尔的"童颜面孔"，也更加世俗化。

下面再比较分析一下黑水城与东千佛洞的绿度母在造像上的特点与联系。

东千佛洞的绿度母无论是主尊的头光、背龛、身姿、设色，还是具有装饰性的山岩，都与黑水城的缂丝绿度母唐卡（图 6–11）极为相似，只是东千佛洞的植物是象征性的三角形北方耐旱小树，而黑水城绿度母上方都是些热带的植物花卉，说明其样本可能直接来自尼泊尔，体现出佛画题材的世俗性趋向。另外，东千佛洞的绿度母没有波罗菩萨的三叶头冠，外貌也具有党项人的特征，显得更加世俗化。

通过对比，东千佛洞绿度母很可能直接以黑水城的绿度母为创作原型，其间又融入了西夏党项人的一些审美情趣，因此产生了一些民族性、地域性的变化。这幅壁画更像一幅汉藏混搭风格的作品。

下面以黑水城出土的大势至菩萨唐卡（图 6–12）与东千佛洞第 2 窟中心柱后壁涅槃变中佛头前的二身供养菩萨（图 6–13）、第 7 窟八大菩萨之一的虚空藏菩萨（图 6–14）为例，比较分析东千佛洞与黑水城佛画作品的关系。

从画面看，两地菩萨的取材都是典型的中原佛画样式，人物外貌表情也十分相似，黑水城大势至菩萨（图 6–12）的线条更为细腻，尤其在菩萨的衣裙、头冠、头顶华盖的描绘上可谓极为用心，画面五彩缤纷。

画面中大势至菩萨背靠透明身光，绿色带有蛇状的火焰纹头光，身色为金黄色。菩萨面呈男相，脸形长圆而饱满，眼睑低垂，弓眉，眉间有白毫，项上有两三道横褶，双唇上下分别绘八字与蝌蚪状胡须。这是因为唐代以前的菩萨多为男相。菩萨头戴宝瓶高花冠，长发梳理成四环髻，置于花冠顶，余发披于两肩，身披红绿色璎珞，并于胸前绾结，下着粉红色、带有木耳边花纹、点缀着小花的长裙，项、臂、腕皆有精美的饰物。菩萨结单跏趺坐于单瓣花纹莲座上，菩萨上方的云端飘着鲜花般的华丽伞盖。

黑水城的大势至菩萨唐卡，人物形象华美优雅，笔墨设色细腻柔润，用高古游丝描画表现人物须发的飘逸，折芦描表现裙摆的蜿蜒曲折，圆润劲挺的铁线描勾勒出菩萨圆润曼妙的优雅身姿，整个造型十分精美，是不可多得的佛画精品。

图 6–12　大势至菩萨
（俄藏黑水城出土唐卡）

与东千佛洞第 2 窟涅槃变佛头前的两身供养菩萨（图 6–13）相比，不难看出大势至菩萨和供养菩萨的衣冠、服饰、外貌、头光、表情几乎无二致，只是头冠略有不同。

与东千佛洞第 7 窟八大菩萨之一的虚空藏菩萨（图 6–14）比较，我们发现黑水城菩萨与东千佛洞虚空藏菩萨的外形、衣冠服饰、莲座、画面设色等也极为相似。通过以上比对，我们不难发现东千佛洞与黑水城的这一时期的佛画作品基本取自同样的范本。

按照上文的分析，从时间上来说，东千佛洞波罗样式的菩萨应该是继承了黑水城的造像范式，当然也有来自西夏统治中心区的范本。

瓜、沙一带是多民族聚居的地区，西夏早期的佛教艺术受到唐宋风格和吐蕃风格的影响，中期受到回鹘风格的影响，晚期又有来自黑水城藏传佛教风格及河西走廊东端汉传佛教风格的多重影响，还融入了党项人的艺术审美情趣，最终形成了西夏特有的佛教绘画艺术风格。东千佛洞的藏传佛教绘画风格主要形成于 11 世纪。藏传佛教被传入黑水城，后又回传至瓜、沙一带，东千佛洞佛教绘画当然也受包括西夏京畿地区回传至瓜、沙一带的藏传佛教的影响。

西夏京畿地区的佛经插图多为藏传风格，东千佛洞的一些经变画构图布局也多遵循这些佛经插版画的构图样式。东千佛洞的释迦说法图（图 3–2）、释迦降魔图（图 3–2、3–3）、绿度母、十一面观音等的画面布局都与《观弥勒菩萨上生兜率天经》卷首版画（图 6–15）中的人物布局基本一致。在宁夏贺兰县出土的一幅胜乐金刚唐卡（图 6–16）与东千佛洞的忿怒金刚（图 6–18）外形很接近，只是东千佛洞的不是双修图，原因有待进一步考证。

以上对比说明东千佛洞的西夏壁画创作与西夏中心区的藏传佛教风格具有直接的继承关系，由此更加明确了东千佛洞西夏佛教艺术的传承是沿着西夏统治中心区→黑水城→西夏东千佛洞而展开的。因此，从地理位置上东千佛洞距离敦煌更近一些，但实质上从绘画内容和整体风格来看，东千佛洞西夏绘画艺术更应该隶属于西夏黑水城绘画艺术系统。

图 6-13 供养菩萨
（东千佛洞第 2 窟涅槃变局部）

图 6-14 虚空藏菩萨·八大菩萨之一
（东千佛洞第 7 窟）

图 6-15 观弥勒菩萨上生兜率天经
（卷首版画）

图 6-16 胜乐金刚唐卡
（宁夏贺兰宏佛塔出土）

西夏统治瓜、沙以后，政治中心遂东移至瓜州，瓜州多为历代地方行政治所，因此东千佛洞的藏传佛教风格壁画中糅进了些许的汉传佛教风格。东千佛洞西夏绘画是在继承中求发展、在发展中求变化，通过不断推陈出新，创造出了别具一格的东千佛洞西夏绘画艺术。

随着对东千佛洞壁画研究的不断深入，个别洞窟壁画的来源被重新考订，不排除有些题材直接来自印度、尼泊尔和我国西藏等地，如东千佛洞第 5 窟的妙吉祥文殊说法会就源自尼泊尔，而圣妙吉祥文殊曼荼罗源自印度。

第三节　东千佛洞西夏绘画艺术与敦煌莫高窟、榆林窟绘画艺术的关系

莫高窟建于前秦建元二年（366 年），榆林窟开凿于初唐，而东千佛洞开凿于西夏晚期（大约在 12 世纪后期）[①]。虽然三者时间跨度较大，但从地域和风格上来说，东千佛洞与莫高窟、榆林窟同属于敦煌石窟艺术体系，是大框架下的分支；从艺术发展史的角度看，三者的艺术传承应该是莫高窟→榆林窟→东千佛洞，然而三者的关系并非总是单向的线性关系。

三者虽同属敦煌石窟体系，但三个石窟绘画艺术风格在敦煌大艺术体系之下发生了小变异，尤其西夏后期藏传佛教的蓬勃发展，又为敦煌地区的石窟寺融入了一些藏传佛教绘画艺术特色，其中东千佛洞最为显著。

从东千佛洞西夏晚期的佛教绘画艺术成就看，这种传承应该不只是单向的，在整个敦煌石窟艺术走下坡路之时，东千佛洞却大放异彩，不能不归功于西夏统治者对藏传佛教和佛教艺术的大力扶植，当然更离不开善于学习创新的西夏画师们，他们不仅很好地继承了敦煌固有的佛教绘画艺术风格，而且不断地吸纳了藏传佛教绘画艺术的精华，并在发展的过程中融入了党项人的审美喜好，终于形成了别具一格的东千佛洞西夏绘画艺术。通过丝绸之路上的文化交流，这种多元化的佛教艺术又被回传至敦煌的榆林窟、莫高窟及河西以外的地区。东千佛洞为藏传佛教东传起到了积极的作用，并为元代藏传佛教的发展打下了基础。

由佛教东传的路线可知，西夏的瓜、沙地区曾位于印度佛教北传北支的必经之路上，而河西地区又处在佛教北支北传与北支南传的交会带上，所以这些地区先后受到了汉传佛教与藏传佛教的双重影响。西夏中期又有西域回鹘佛教艺术的

---

① 也有说开凿于北魏，详见本书第二章第一节瓜州东千佛洞及其初创年代的相关论述。

传播，加之这一地区多民族交融，构成了整个敦煌地区佛教艺术的多样性。东千佛洞西夏晚期的佛教绘画艺术就是其中的代表。这里有反映敦煌自魏晋以来的汉传佛教风格，有受吐蕃藏传佛教深刻影响的西藏波罗艺术风格，有汉藏混合艺术风格，还有凸显回鹘艺术的风格。

下面我们分析敦煌莫高窟、榆林窟和东千佛洞不同风格的壁画作品，并来寻找它们之间的联系。

首先，我们分析几幅藏传佛教密教风格的作品，来看彼此间的传承关系。

莫高窟西夏晚期洞窟第465窟的喜金刚（图6-17）具有典型的藏传佛教艺术特征。金刚为藏传佛教密宗的本尊神，多为藏传佛教的保护神，喜金刚和大威德金刚是藏密的五大金刚。[①]此图为金刚佛母双修像，主尊喜金刚，身相为蓝色，焰髻结成球形，佩五骷髅头冠，腰间系虎皮短裙，颈挂人头瓔珞，胸前捧骷髅碗。主尊八面，各具三目，共十六臂，其中前置双臂抱住佛母，其余十四臂对称分布身体两侧，呈扇形依次展开。双腿一站立一弓步，足下踩仰卧人尸。背衬红、棕、浅蓝三色组成的三圈马蹄形身光。整个画面既表现出类似于“双人滑”的优美姿态，同时又充满了具有象征意义的令人畏怖的藏传佛教密教独特意境。画面中被主尊压在下面的人物，按照传统解释都是皈依佛门的印度教神祇，以此象征佛教的胜利，被战胜者不会死亡，而会重生，以便和胜利者融为一体。[②]金刚和佛母分别象征着智慧与慈悲。

图6-17 喜金刚（莫高窟第465窟）

东千佛洞第5窟的金刚菩萨（图6-18）造型与莫高窟第465

① 藏密五大金刚：大威德金刚、喜金刚、胜乐金刚、密集金刚、时轮金刚，为藏传佛教的保护神，也称密宗五本尊。

② 陈育宁、汤晓芳著：《西夏艺术史》，上海：上海三联书店，2010年。

图 6–18　金刚菩萨（东千佛洞第 5 窟）

窟的喜金刚基本一致，主尊身绿色，三面十二臂六腿，其中左边一臂已缺损。十二臂之中可见手举剑，持弯刀，举弓、箭等法器。六腿对应的作舒坐、依立、站立状。身体两侧依次展开的手形与莫高窟的基本一致，背衬桃形的黑底红色火焰纹身光。他们的身形、手形、整体造像极为相似，不过东千佛洞的金刚菩萨在线描绘制上没有莫高窟的喜金刚那么精细，色彩搭配也不及前者浓艳。这表现出东千佛洞密教绘画特有的浓淡相宜敷色特征。莲座的样式也有别，东千佛洞的金刚菩萨是近乎白描且略施淡彩的麦穗状双瓣莲座，被踩在脚下的象鼻天也做了省略处理；而莫高窟的则是西藏早期典型的勾边加晕染的五彩双瓣仰俯莲座，左右脚都踩有皈依佛门的印度教神祇，是典型的藏传佛教密教作品。

再来比较榆林窟第 3 窟大威德金刚（图 6–19）与东千佛洞第 5 窟的忿怒金刚（图 6–20）。从整体造像上看，二者在身形、手势、发饰、服饰上都极为相似，只不过身色、莲座、身光形状有差异。

图 6–19　大威德金刚（榆林窟第 3 窟）

东千佛洞这尊忿怒金刚位于宝藏神左侧，身相为白色，面作三目忿怒形，焰发竖立，佩戴耳珰、手镯、臂钏、项饰，胸挂人头瓔珞，腰间系虎皮短裙，龙蛇绕身，缠于胸腹、手臂及腿部，其中右面的一手上举拿曲刀，左面的一手胸前执金刚轮。其腿分开站立于麦穗状莲花座上。背衬熊熊燃烧的黑底红色火焰纹身光，表现出威猛无比的力量。

图 6–20 忿怒金刚（东千佛洞第 5 窟）

榆林窟第 3 窟是西夏晚期表现藏密题材的洞窟，大威德金刚是位于窟顶金刚界坛城四门中西门内的保护神，身蓝色，头生三目，项、腕、踝均着配饰，胸挂人头璎珞，腰间穿虎皮短裙。全身以龙蛇绕身，一手挽带，另一手曲臂上执金刚杵，左腿斜伸展，右腿弓立，整个造型和色彩呈现出强烈的藏密风格。

从这一组画面的分析来看，东千佛洞的这尊金刚应以榆林窟的为创作粉本，它们都遵循着统一的藏传密教造像仪轨，只是东千佛洞的忿怒金刚更多地融入了西夏党项人的审美倾向，壁画色彩的搭配较为清淡，更像是一幅藏密题材的中原风格作品。榆林窟的大威德金刚在敷色上是典型的西藏风格，红、绿、蓝强对比色的使用，使画面显得极为艳丽且更具厚重感。

榆林窟与东千佛洞都遗存有多幅中原风格的水月观音壁画。东千佛洞的水月观音从画面规模、构图、设色、造型等方面来说，是同期此类壁画中的佼佼者，深受五代、宋以来文人山水画的影响。

东千佛洞不仅有中原风格的水月观音，还有西藏波罗风格的十一面观音。东千佛洞第 2 窟整个前室绘满了西藏波罗风格的佛母、观音、胁侍菩萨等，如绿度母及度母救八难、十一面观音及观音救八难、妙吉祥文殊曼荼罗、尊胜佛母曼荼罗说法图等。

通过几组作品的比较分析，我们发现莫高窟、东千佛洞、榆林窟三者之间的关系并不只是单向的承袭，还有互动。莫高窟有的绘画母题在线描上略胜一筹；东千佛洞有的母题，尤其是西藏波罗风格的菩萨，更接近图像的源头；东千佛洞有些母题表现得更为宏大，甚至超越了莫高窟、榆林窟中的相关作品。

莫高窟的绘画风格多样，但还是以中原汉风为主。东千佛洞建于西夏晚期，受藏传佛教的影响，呈现出明显的藏传佛教特征。莫高窟与东千佛洞的关系是在继承的基础上又有局部的发展和演绎。东千佛洞有的图像直接来源于尼泊尔，如第 5 窟的妙吉祥文殊说法会大型壁画。

莫高窟、榆林窟、东千佛洞的佛教艺术是相互影响、共同提高的交流关系。东千佛洞的西夏汉传风格壁画主要受敦煌莫高窟、榆林窟等河西一带艺术风格及中原艺术风格的影响。而东千佛洞藏传风格壁画尽管是对莫高窟、榆林窟的传承，但是从图像学的角度比对研究后发现，其更应该属于西夏黑水城绘画艺术系统。

第四节 东千佛洞西夏绘画艺术与回鹘佛教绘画艺术的关系

史载，天圣六年（1028 年），“夏五月，德明使子元昊攻回鹘，取甘州”①。“夏大庆元年秋七月，攻回鹘，取瓜、沙、肃三州”②。从此，元昊尽有河西之地。西夏对河西地区采用了较为宽松的羁縻政策，进一步促进了河西地区佛教的发展。河西地区自古以来便是多民族聚集地和佛教文化艺术的荟萃之地。甘州曾是西夏佛教的中心，新建了许多寺庙，如著名的甘州卧佛寺建于西夏永安元年（1098 年），拥有目前我国最大的室内卧佛像。多民族文化交融交流造就了河西地区佛教艺术的多元化特色。

图 6–21　回鹘高昌王供养像
（柏孜克里克第 31 窟）

高昌在唐宋时期曾经是大乘佛教荟萃的中心，被誉为“中国佛教文化的摇篮”。龟兹曾是中国很早开凿佛教石窟的地方、西域佛教的中心，也是张骞所记“西域三十六国”中较早接受汉文化的地区，因此它也是早期佛教东传的中心节点，对西域乃至中原的石窟佛教艺术有着深远的影响。

① 吴广成撰，龚世俊等校证：《西夏书事校证》，兰州：甘肃文化出版社，1995 年；脱脱等撰：《宋史》，北京：中华书局，1977 年。

② 脱脱等撰：《宋史》，北京：中华书局，1977 年。

图 6-22　回鹘高昌王后供养像
（柏孜克里克第 20 窟）

回鹘在同周边民族的交往中不断传播佛教文化艺术，当佛教文化与西夏的原始宗教文化碰撞后，激发出一种新的涵盖回鹘特色和党项审美的混合风格艺术。

西夏崇奉佛教，前期多延请回鹘高僧前来弘法译经，将佛经翻译成西夏文①。回鹘高僧的到来为西夏佛教的发展做出了较大的贡献。谅祚生母没藏氏曾于兴庆府戒坛寺出家，后又修承天寺，“没藏氏好佛，因‘中国’赐《大藏经》，役兵民数万，相兴庆府西偏起大寺，贮经其中，赐额‘承天’。延回鹘僧登座演经，没藏氏与谅祚时临听焉”②。公元 1067 年，谅祚向辽国进贡回鹘僧、金佛及《梵觉经》，此经就是回鹘僧经过二十年才翻译完成的佛典。③回鹘僧人的佛教造诣深厚，他们在当时的辽、西夏都很有地位，有的被尊为上师。

图 6-23　沙州回鹘可汗供养像（莫高窟第 409 窟）

随着回鹘高僧对西夏佛经的不断演绎，佛经中的插图也在西夏各地传播流行，回鹘壁画主要有汉传佛教风格和希腊—印度混合的犍陀罗风格两种，具有明显的东西方文化交融的印迹。

柏孜克里克千佛洞位于吐鲁番市东北火焰山中的木头沟畔，曾是高昌回鹘王国的王家寺院，是新疆保留下来的著名的佛教遗迹之一。在此列举几幅高昌回鹘供养人壁画

① 史金波著：《西夏佛教史略》，银川：宁夏人民出版社，1988 年。
②③ 吴广成撰，龚世俊等校证：《西夏书事校证》，兰州：甘肃文化出版社，1995 年。

与西夏沙州回鹘供养人壁画。从西州回鹘高昌王、王后供养人壁画（图 6–21、6–22）和莫高窟第 409 窟中的沙州回鹘可汗供养像、可敦供养像（图 6–23、6–24）中可以看出，两者在壁画构图、色彩搭配及男女供养人的服装头饰等方面十分相似，表现出互相影响、互相学习借鉴的痕迹。

图 6–24　沙州回鹘可敦供养像（莫高窟第 409 窟）

回鹘佛教绘画艺术的突出特点是：佛画凹凸晕染，色泽艳丽，人物面形丰腴，线描简练，整体构图简约疏朗（图 6–25、6–26、4–8），表现出形色交错辉映的效果。回鹘绘画风格在沙州莫高窟的回鹘洞窟表现得十分突出，这些晕染技法被引入东千佛洞壁画的艺术创作中。东千佛洞第 7 窟涅槃变（图 6–26）中的主尊面部及上身即采用了凹凸晕染法，利用上颚、颧骨及胸部的高光设计，表现佛陀凹凸有致的面部立体感，以及佛祖伟岸雄健的身姿。

东千佛洞的壁画构图简约疏朗，这一特征受到了高昌回鹘和沙州回鹘的影响。如东千佛洞第 2 窟药师佛行道图（图 5–6）中人物稀少，人像比例被无形放大，充满画面，背景简单，整个构图体现出沙州回鹘构图简约疏朗的特点。

图 6–25　坐佛二身（柏孜克里克第 69 窟）

周边地区洞窟中为数众多的回鹘风格壁画无疑对东千佛洞西夏佛教绘画艺术产生过重要的影响，但是这种影响并非十分强势且持久的，而是随着瓜、沙一带政治中心的迁移，以及西夏后期藏传佛教的发展而逐渐弱化了。

龟兹曾是中国最早开窟造

图 6-26 涅槃图（东千佛洞第 7 窟）

像的佛教中心，龟兹著名的中心柱窟模式成为河西及中原石窟寺效仿的模板。东千佛洞的西夏中心柱洞窟主要是效仿 3—4 世纪西域龟兹的中心柱洞窟修建的，但是西夏又不是完全仿照龟兹的中心柱窟布局，而是将涅槃变单独置于中心柱背面，涅槃变中诸举哀的天人、弟子等人物的布局、敷色、线描、人物表情刻画都达到了前所未有的艺术高度，这是东千佛洞学习诸家之长，结合党项人的审美特长而形成的一种西夏晚期独有的佛教绘画范式。

东千佛洞有回鹘凹凸晕染特色的壁画、疏旷的构图布局，以及模仿龟兹石窟样式的中心柱石窟、犍陀罗式样的菩萨（图 6-27、6-28），都印证了西州回鹘与西夏党项在佛教艺术上的双向交流。

西夏与回鹘的双向交往主要表现在两个方面：一方面回鹘向西夏输入佛经、佛教艺术；另一方面，西夏译的佛经也曾传到西域高昌回鹘。吐鲁番出土西夏文佛经残片 10 余件，出土地点为吐鲁番的多处遗址，如柏孜克里克千佛洞、吐峪沟、胜金口、交河故城与高昌故城等地。[①]在今天的高昌石窟与敦煌石窟中留下了较

① 陈爱峰：《高昌回鹘与西夏佛教艺术关系考》，载《吐鲁番学研究》2010 年第 2 期。

图 6–27　龟兹菩萨（克孜尔石窟第 38 窟）

图 6–28 龟兹犍陀罗式样菩萨彩塑
（克孜尔石窟）

多的回鹘与西夏人开凿或改建的佛教洞窟，证明了佛教艺术交流频繁。

当然，东千佛洞西夏佛教艺术的形成也与辽（后期与金）之间的相互交流分不开。前面提到西夏曾向辽朝进贡佛经和回鹘僧。西夏前期，夏辽联盟抗宋，在政治上贡使往来不断。后期，夏金关系密切，辽夏、夏金彼此间在政治上的交往联盟同时促进了佛教文化上的交流。首先，夏辽的佛教交流是相互的，前文提到公元 1067 年，西夏“遣使进回鹘僧、金佛、《梵觉经》”。公元 1095 年，西夏再次向辽朝“进贝多叶佛经”。①后来辽朝的佛经也回赐给了西夏，西夏译宋《开宝藏》中的经典，又以辽《契丹藏》为底本对西夏文《大藏经》进行校勘。辽灭亡后，女真族入主中原，宋室南迁，夏金又成为近邻，夏宋关系逐渐被夏金关系取代。但女真族很快汉化，所以由金输入西夏的也多是汉文化。天盛六年（1154 年），西夏派使臣到金朝购买儒学和佛教书籍，《金史》记载：“九月辛亥朔，夏使谢恩，且请市儒、释书。”②

① 脱脱等撰：《辽史》，北京：中华书局，1974 年。
② 脱脱等撰：《金史》，北京：中华书局，1975 年。

西夏以党项羌族为主体，融合周边汉、吐蕃、回鹘、契丹、女真、蒙古等民族而形成少数民族政权，前后立国近二百年，一直与周边民族保持着密切的联系与文化交流。西夏时期，敦煌地区处在多民族融合交汇之地，同时又位于佛教北传北支与南支的交汇带上，所以西夏东千佛洞佛教艺术在形成、发展、创新的过程中不断汲取各民族佛教艺术的精华。在母题与构图方面，首先是对汉传佛教母题与构图的继承，继而又融入藏传佛教母题与构图元素，同时还受回鹘艺术的影响。整窟壁画体现出显密同窟、汉藏同窟的特点，突出藏传密教母题，同时又受到来自印度、尼泊尔等国家佛教艺术的影响。经学者研究发现，东千佛洞第 5 窟妙吉祥文殊说法会图像源自尼泊尔，而圣妙吉祥文殊曼荼罗的图像也可能直接源自印度，所以东千佛洞佛教壁画是各种绘画艺术的大熔炉。

文明的传播多是双向的，东千佛洞西夏佛教绘画逐渐形成较为成熟的范式和相应的艺术风格，同时又通过丝绸之路向周边传播，对藏传佛教的东传和北传做出了积极的贡献。

东千佛洞西夏佛教绘画艺术与周边地区的佛教绘画艺术之间不是简单的继承与发展，而是互相交融，彼此学习、借鉴的过程。这种关系可以从东千佛洞与周边地区佛教艺术关系示意图[①]（图 6–29）中大致表现出来。其中，有的是

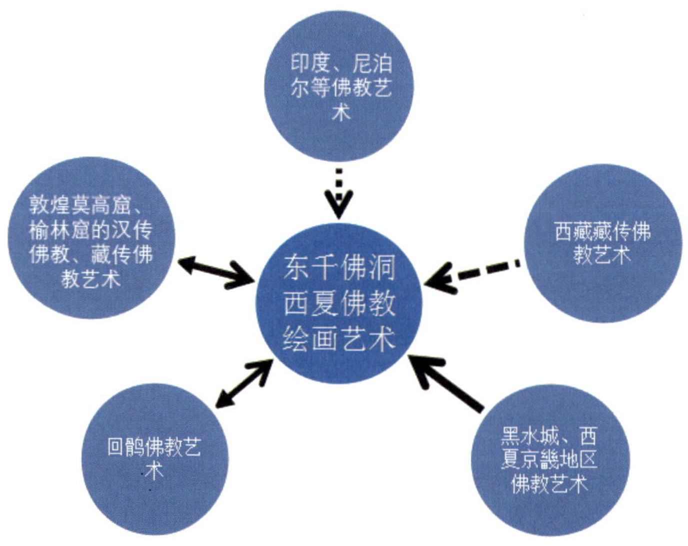

图 6–29　东千佛洞与周边佛教艺术的关系示意图

① 此图为笔者综合考虑多种情况后绘制的。图中虚、实的箭头分别代表着间接和直接的影响关系。

直接的交流，如东千佛洞西夏艺术与黑水城、敦煌、回鹘的佛教艺术；有的是间接的交流，如与印度、尼泊尔等国家，说明它们之间大部分是间接的艺术交流，但不排除小部分的直接交流，如东千佛洞第5窟的妙吉祥文殊说法会壁画来源于尼泊尔就是一个例证；还有的是双边的交流，如东千佛洞与敦煌莫高窟、榆林窟，以及与回鹘的佛教艺术交流。从东千佛洞西夏绘画艺术本身看，它与周边佛教艺术的交流应该是多边的，是多层次吸纳、融合、发展的关系。所以，在东千佛洞大家总能从一幅壁画中发现好几种艺术风格的影子。

结语 东千佛洞西夏绘画艺术的历史地位及其研究价值

一、东千佛洞西夏绘画艺术的历史地位及其研究价值

东千佛洞西夏绘画艺术属于敦煌石窟艺术体系，是西夏艺术的重要组成部分，在中国中古时期艺术史上具有承上启下的作用，具有独一无二、不可复制的艺术价值。东千佛洞西夏绘画艺术的历史意义和研究价值主要表现在以下几个方面。

第一，东千佛洞绘画艺术上承唐五代，下启元代，在中国古代艺术史的发展中起到了继往开来的作用，是我国佛教艺术史上不可或缺的一环。

第二，东千佛洞西夏绘画艺术以唐五代以来的中原汉风为基础，在发展中又受到藏传佛教的深刻影响，其间还吸纳了一些回鹘风格，并融合周边各民族的文化优势，形成了彰显党项人审美情趣的多元化艺术风格。综合深入的研究对于推动西夏艺术的全面、纵深发展十分必要的。

第三，东千佛洞西夏绘画艺术具有多民族文化的特性，是敦煌艺术的重要组成部分，是敦煌艺术由高潮步入低谷时形成的又一次佛教艺术的高峰。

第四，东千佛洞西夏绘画代表着西夏石窟绘画艺术的最高成就，东千佛洞是展现我国多民族绘画艺术的殿堂。东千佛洞西夏石窟的涅槃变、水月观音像及藏传佛教密教坛城画等，艺术水准超越了前代及同时期的作品，成为具有标志性的西夏艺术佳作，可以作为同期其他地区佛教壁画断代的图像依据。

第五，东千佛洞西夏佛教绘画笔墨技法精湛多样，内容丰富多彩，汉藏兼备，显密同窟，是不同绘画流派、不同艺术风格的荟萃，代表了我国民族绘画艺术的精髓。

第六，东千佛洞西夏佛教绘画是迄今为止较为集中地体现了西夏佛教文化艺术、社会生活、典章制度的历史资料，具有不可替代、无法复制的重要价值。

第七，东千佛洞西夏佛教绘画不仅具有极高的艺术欣赏价值与研究价值，而

且为推动藏传佛教艺术向中原的传播起到了积极的桥梁作用，同时也为汉传佛教向西回传做出了应有的贡献。

第八，东千佛洞西夏佛教绘画是多民族艺术的结晶，是我们认识了解回鹘、藏族、党项等民族文化艺术的窗口。[①]

总之，东千佛洞西夏佛教绘画艺术在时间上是连接唐宋至宋元的链条，在空间上贯穿起了汉、藏、回鹘、党项、契丹、女真等民族，是西夏与周边各民族相互交流与融合，互相借鉴、取长补短、不断推陈出新而形成的佛教艺术硕果，为后人留下了宝贵的精神财富，是西夏乃至中华民族佛教艺术的瑰宝。

二、东千佛洞西夏佛教绘画艺术的主要成因

任何一种艺术形式的产生都不可能是孤立的，总会与它所处的社会历史文化、地理环境、周边民族及其宗教信仰，以及当时主流社会的价值取向等有着千丝万缕的联系。同样，东千佛洞西夏佛教绘画艺术的产生也与其所处的社会历史文化、地理环境、民族构成、宗教信仰、价值取向分不开。它源自生活，又高于生活，是西夏人在与周边民族的交往、学习中，汲取这些民族的艺术精华形成的绘画艺术。

东千佛洞位于河西走廊西端的瓜州。瓜州历史悠久，文化底蕴丰厚。西夏统治的河西一带原本就有深厚的佛教基础。这里的人自魏晋南北朝以来就信仰佛教，因为这里曾是佛教东传的重要途经地。另外，西夏北边的蒙古族，东北面的契丹族和女真族也都不同程度地信奉佛教，这些地区曾是佛教北传南支的北方目的地。所以西夏兴起时，瓜州的佛寺已星罗棋布了。

吐蕃、回鹘都曾占领过瓜州，汉、吐蕃、回鹘、党项羌等在这里相融与共，共同创造了东千佛洞灿烂辉煌的西夏佛教艺术。景祐三年（1036 年），元昊击败沙州回鹘，袭取瓜沙二州[②]，将治所设在瓜州。位于河西走廊上的瓜州，正居于印度佛教北传北支与北传南支的交会带上，这里先后受到北传北支的汉传佛教、北传南支的藏传佛教的双重影响，与佛教结下了不解之缘，从而为西夏大众礼佛、瓜沙一带大量净土信仰壁画题材的涌现提供了先决条件。

---

① 俄罗斯国立艾尔米塔什博物馆、西北民族大学：《俄藏黑水城艺术品 I》，上海：上海古籍出版社，2008 年。以上观点参考此书中金维诺教授的相关文章。

② 脱脱等撰：《宋史》，北京：中华书局，1977 年。

东千佛洞西夏洞窟整体上呈现出显密同窟、汉藏同窟的特点，凸显藏传密教母题与构图布局，同时还融入了一些回鹘的绘画风格。其突出表现为类似于西域龟兹中心柱窟的窟形、回鹘风格的供养人壁画、藏密色彩浓厚的佛母造像和棋格式壁画布局等。东千佛洞西夏壁画正是西夏与周边地区、民族进行文化艺术交流的真实写照。

西夏之所以能与宋、辽（金）鼎足而立近二百年之久，正是因为与邻邦在文化上进行了积极交流，周边地区的佛教文化早已渗透进西夏人的精神世界。

西夏佛教前期主要来自汉传佛教，后期则来自藏传佛教。在西藏佛教发展的前弘期末，吐蕃赞普朗达玛掀起了大规模的灭佛活动，大量吐蕃佛教徒从青藏高原逃亡至河西走廊一带，吐蕃佛教及其艺术在此得以留存。北宋景祐元年（1034年），《开宝藏》印本传到西夏，元昊在兴庆府建高台寺，并请回鹘僧人在此演绎经文。10世纪初，契丹就建立了佛教寺庙。辽统和四年（986年）七月，“诏上京开龙寺建佛事一月，饭僧万人”[①]，由此看出契丹佛事活动之盛。周边民族及其宗教信仰为东千佛洞佛教绘画艺术的形成提供了先决条件。

西夏早期信奉汉传佛教，汉传佛教净土宗在西夏广为流传。从黑水城出土的汉文文献中得知，在皇室的倡导下，净土信仰在西夏民众中有着广泛的社会基础。仅乾祐二十年（1189年），在大度民寺举行的祈求升兜率天宫大法会上，一次就散发佛经二十万卷，如此盛大的法事活动足以证明佛教净土宗信仰是西夏皇室及民众的共同信仰。[②]

黑水城出土的唐卡中及东千佛洞、榆林窟壁画中为数众多的西夏净土信仰题材的佛教艺术作品，为后人研究西夏佛教及净土宗提供了珍贵的实物资料。我们从中进一步证实了当时西夏主流社会的宗教信仰观。这正是通过历史材料来分析佛教图像艺术，同时又借助佛教图像艺术来印证西夏佛教历史发展状况，是“研究历史的新视野”在宗教绘画艺术领域的一次综合运用。

一种艺术的蓬勃发展离不开统治阶级的大力扶持。北宋真宗景德四年（1007年）五月，德明母罔氏卒，李德明为母亲告哀于东京，在五台山修十寺为母祈福，由此可见他对汉传佛教的向往之情。这一庄严而又隆重的祭奠活动，可以看作是西夏王国佛事兴盛的又一次展示。

---

① 脱脱等撰：《辽史》，北京：中华书局，1974年。

② ［俄］孟列夫著，王克孝译：《黑城出土汉文遗书叙录》，银川：宁夏人民出版社，1994年。

西夏早期是向宋朝乞经的，仁宗天圣八年（1030 年），李德明向宋请求赐佛经一藏，遂开西夏向宋乞经的先河。至惠宗秉常时期，短短 43 年的时间内共乞经 6 次。加之河西地区原有的汉文化底蕴，致使东千佛洞的汉传佛教风格壁画在色彩上呈现出云淡风轻的特色。到了西夏晚期，随着统治阶级对藏传佛教的大力倡导，浓艳醒目、威猛神秘的藏传佛教风格壁画不断出现在东千佛洞。天盛十一年（1159 年），仁宗迎请吐蕃高僧格西藏索瓦来西夏讲经译经，并尊其为上师。这些吐蕃高僧不仅演绎佛经，同时也将藏传佛教的文化艺术传到西夏，最终将西夏晚期的藏传佛教绘画艺术推向巅峰。同时与宋、辽、金一起为元代佛教艺术的开启打下了基础。

西夏晚期，统治阶级对藏传佛教大力扶持，西夏佛教绘画艺术深受藏传佛教艺术之影响。东千佛洞西夏壁画正是在这样的历史背景下产生的，所以无论从壁画内容、画面布局还是设色上，都打上了藏传佛教的烙印。

东千佛洞壁画中频频出现的帝师、上师等西夏上层僧侣供养人的形象，从一个侧面说明西夏社会对上层僧侣的重视程度。帝师是西夏首开的一种僧官制度，帝师制的封设同时也抬高了佛教及僧官的地位，使之成为统治阶级的一部分，增强了佛教领袖对国家政治生活的影响。不仅如此，这些具有较高学识及威望的上层僧侣，为西夏佛教及艺术的发展也起到了巨大的推动作用。①

“佛教在各个阶层中的影响都很大，释迦牟尼及其弟子的说教渗透到人们的心灵，麻醉着人们的思想。”②西夏统治瓜、沙以后，为了稳定社会，扶持本地传统的汉文化，用宗教来束缚人们的思想，而广大的民众渴望过上安定的生活，希望法力无边的佛陀能给他们带来好运。西夏推行的佛教文化与民众的实际诉求一拍即合，因此瓜州地区香火旺盛。到了西夏晚期，社会动荡，在现实中无法找到解脱痛苦出路的西夏民众只好将希望寄托于强调转世轮回的佛教，人们深深地崇拜阿弥陀佛，以为只要潜心礼佛、积累功德，来世就可以往生西方极乐世界。于是，东千佛洞出现了闻名于世的接引佛题材壁画，东千佛洞还因此得名“接引寺”。黑水城那么多往生题材的唐卡随着佛教文化传播到东千佛洞，这些从图像中折射出来的宗教历史观，是从石窟绘画艺术的角度解读西夏佛教文化所得出的结论，极好地诠释了当时西夏社会各个阶层普遍的宗教信仰观，正所谓“家家阿弥陀，户户观世音”。

①② 史金波：《西夏文化》，长春：吉林教育出版社，1986 年。

以上各种因素相互制约、相互影响，共同造就了东千佛洞西夏佛教绘画艺术的多元化艺术风格。而所有这些影响因素中西夏自身对佛教的高度尊崇占主导地位。

结论与展望

东千佛洞西夏壁画画面精美，内涵丰富，具有浓郁的地域特征和民族特色，是反映西夏历史、宗教文化、民俗生活、宫殿建筑艺术最直观的珍贵资料，无论是在西夏艺术史上还是在佛教图像学及藏传佛教历史上，都具有独特的诠释意义和美学研究价值。然而，由于历史原因，大量的西夏史料散落亡佚。因此，散布于各地的石窟壁画就成了研究西夏佛教绘画艺术弥足珍贵的资料，其中就包括东千佛洞西夏的壁画。

综观学界对东千佛洞的研究成果，发现前贤们大多是针对遗址等展开的专题研究，较为全面、系统、综合性的绘画艺术研究仍然是西夏艺术研究中较为薄弱的环节，有待进一步丰富和深化。

笔者将东千佛洞西夏绘画艺术作为主要的研究对象，期望在前贤研究的基础上，从艺术史的角度出发，通过对最具代表性的东千佛洞西夏洞窟（主要涉及第 2、4、5、6、7 窟）的形制、壁画构图布局、线描敷色等进行较为深入的分析研究，梳理阐释东千佛洞西夏绘画艺术的审美意蕴和风格特征，揭示东千佛洞西夏绘画艺术的主要风格及特色，探讨东千佛洞西夏佛教绘画艺术与周边同期佛教绘画艺术之间的关系，总结归纳出东千佛洞西夏绘画艺术的历史地位及绘画艺术风格形成的主要原因。

将东千佛洞壁画艺术放在西夏历史的大背景下考察，梳理壁画内容、布局，分析其艺术渊源、审美特征，揭示其兼容并蓄的多元化艺术风格，这是一个新的尝试。

本书运用历史研究的新视野，通过佛教图像学解读来阐释西夏佛教绘画艺术的流变，依据历史背景分析图像的风格渊源、民族地域特征、艺术审美特色。结合新近刊布的西夏文献及图像资料，以及笔者近年来奔赴国内外著名的佛教艺术遗址、石窟寺院、各大博物馆等拍摄搜集的第一手图像资料，更深层次地挖掘梳理隐藏在图像中的绘画元素、艺术风格。

运用史论结合、论从史出、逐层推进的研究方法，从艺术史的角度出发，依据从相关佛教典籍爬梳的佛教造像学理论，分析厘定相关图像的源流，并通过与周边地区、民族佛教艺术关系的比较来探析东千佛洞西夏佛教绘画艺术的来龙去脉。运用综合比较研究方法，在较为全面地展示壁画艺术的特征和诠释壁画艺术的审美意识后，将东千佛洞壁画艺术放在中国绘画艺术发展史的大背景下考察其艺术流变。通过与相近时期同类佛画作品的比照与微观分析，明确东千佛洞西夏绘画艺术的渊源及流变。通过与印度波罗风格的八塔变石雕、尼泊尔风格的妙吉祥文殊壁画、西藏绿度母壁画、黑水城绿度母唐卡等已有明确断代作品的比对，来确定东千佛洞相关绘画作品的艺术风格与分期。

通过对东千佛洞西夏壁画中代表性作品的释读与解析，进一步揭示出东千佛洞西夏绘画艺术千姿百态、雄奇瑰丽、生机盎然、水墨淡彩、梦幻空灵、诗意与禅意并存的审美意蕴。

本书的研究具体剖析了东千佛洞西夏绘画艺术的母题与画面布局特征、艺术风格与审美意蕴。主要通过对西夏代表性洞窟第2、4、5、7窟详细的调查解析（包括洞窟形制、壁画布局、壁画内容、画面构图、绘画技法、笔墨设色、榜题诗文等内容），总结出东千佛洞西夏壁画在母题与构图方面，首先是对汉传佛教母题与构图的继承，继而又吸收藏传佛教母题与构图因素，同时还受回鹘艺术的影响，最终形成显密同窟、汉藏同窟，突出藏传密教母题与构图的特点。

笔者通过对西夏东千佛洞佛教艺术与周边佛教艺术的传播、交流等方面的分析，探讨了东千佛洞西夏佛教绘画的艺术传承及多元化的风格。

采用比较与图像史学相结合的方法，通过对东千佛洞绘画艺术与榆林窟、敦煌石窟绘画艺术的关系比较，东千佛洞绘画艺术与黑水城绘画艺术的关系比较，东千佛洞绘画艺术与西夏其他地区绘画艺术的关系比较，东千佛洞绘画艺术与同期西藏、回鹘绘画艺术的关系，总结出：东千佛洞壁画是在汉传佛教艺术、西域回鹘佛教艺术、吐蕃藏传佛教艺术等基础上相互吸收、借鉴、发展而形成的，且彰显党项族审美的多元化艺术风格，是将中原文人画淡泊意境、梦幻空灵的审美精神和藏密佛画威灵神秘、生动灵异的崇佛情集结于一体的艺术典范。

本课题研究中充分利用大量的图像资料，这些资料除了已有的和新近刊布的外，还补充了笔者赴布达拉宫、大昭寺、东千佛洞、榆林窟、敦煌莫高窟、麦积山石窟、五台山、云冈石窟、雍和宫、龙门石窟，韩国首尔景福宫、庆州佛国寺，泰国大皇宫，美国纽约大都会博物馆、芝加哥艺术馆等拍摄的第一手图像资料。研究从壁画艺术本身出发，依据图像史学和西夏历史文献资料，通过对为数众多的壁画、雕塑、唐卡等进行释读与分析展开论述，并融入自己新的认识和看法。部分图片做了图像学预处理，图像质量得以保证，具有较强的欣赏价值和研究价值。

目前关于东千佛洞的研究多为某个洞窟的专题研究，如某窟壁画的主题、装饰图案中的卷草纹、壁画中的器乐、石窟保护、壁画中的供养人身份考证、坛城考释等，或者是调查和叙录。而较为全面、集中、系统的关于东千佛洞西夏石窟绘画艺术研究，仍然是薄弱环节。因此，笔者对东千佛洞进行系统的研究有助于全面地了解西夏石窟的形制、内容、艺术的内涵特征，并在此基础上进一步解读西夏佛教文化，全面分析、揭示东千佛洞西夏绘画艺术的审美意蕴及多元化的艺术风格。

除了理论研究成果外，笔者还完成了瓜州东千佛洞洞窟的调查整理等工作，将以往专家学者调研的成果进行了梳理，并对原有西夏洞窟中壁画布局不清的和已不存的，以及壁画定名有异议的做了些新的调整和阐述。

通过地域上的横向比较、时间上的纵向分析，东千佛洞西夏佛教绘画艺术具有横贯东西、承上启下的作用，独一无二、不可复制的艺术价值，是中国古代艺术史上的一朵奇葩。

“这个雄踞于我国西北近两个世纪的西夏王朝，在文化上很有特点，仅在莫高窟、榆林窟壁画中就可以看出他们摄取了吐蕃、沙州、西凉的佛法，学习了北宋画家人物造型，辽朝的笔墨构图、回鹘人的色彩装饰，兼收并蓄，融汇贯通，被雄强的党项族精神铸为一体，成为我国美术史上一个新风格——西夏艺术。”①敦煌艺术专家史苇湘先生的这段评论恰到好处。当然，这些特点也同样适用于西夏晚期的绘画艺术，尤其是东千佛洞的西夏绘画艺术。

由于笔者的理论水平有限，对具体艺术特色的归纳、总结还有待于进一步提高和深化，在个别问题的理解上还不够深入或有失偏颇，在此恳请专家、读者不吝指正，以便修订。

① 史苇湘：《灿烂的敦煌壁画——莫高窟、榆林窟唐五代宋西夏元的壁画艺术》，见中国美术全集编辑委员会编：《中国美术全集·绘画编》，上海：上海人民美术出版社，1985 年。

参考文献

一、古籍文献

[1] 脱脱等撰:《辽史》，北京：中华书局，1974 年。

[2] 欧阳修撰:《新五代史》，北京：中华书局，1974 年。

[3] 薛居正等撰:《旧五代史》，北京：中华书局，1976 年。

[4] 脱脱等撰:《宋史》，北京：中华书局，1977 年。

[5] 脱脱等撰:《金史》，北京：中华书局，1975 年。

[6] 欧阳修、宋祁撰:《新唐书》，北京：中华书局，1975 年。

[7] 胡汝砺撰:《弘治宁夏新志》，上海：上海书店，1990 年。

[8] 吴广成撰，龚世俊等校证,《西夏书事校证》，兰州：甘肃文化出版社，1995 年。

[9] 张鉴著，龚世俊、陈广恩、朱巧云校点:《西夏纪事本末》，兰州：甘肃文化出版社，1998 年。

[10] 李焘撰:《续资治通鉴长编》，北京：中华书局，2004 年。

[11] 罗福苌、罗福颐集注，彭向前补注:《宋史夏国传集注》，银川：宁夏人民出版社，2004 年。

[12] 王概等编:《芥子园画谱》，北京：印刷工业出版社，2011 年。

[13] 张彦远著:《历代名画记》，上海：上海人民美术出版社，1964 年。

二、著作

[1] 谢稚柳著:《敦煌艺术叙录》，上海：古典文学出版社，1957 年。

[2] 敦煌文物研究所整理:《敦煌莫高窟内容总录》，北京：文物出版社，1982 年。

[3] 中国美术全集编辑委员会编:《中国美术全集·绘画编》，上海：上海人民美术出版社，1985 年。

[4] 史金波著:《西夏文化》，吉林：吉林教育出版社，1986 年。

[5] 敦煌研究所编著:《中国石窟·敦煌莫高窟》，北京：文物出版社，1987 年。

[6] 史金波、白滨、吴峰云编:《西夏文物》，北京：文物出版社，1988 年。

[7] 史金波著:《西夏佛教史略》，银川：宁夏人民出版社，1988 年。

[8] 巴卧·祖拉陈哇著，黄灏译:《贤者喜宴》，北京：中国社会科学院民族研究所，1989 年。

[9]〔美〕巫鸿著，柳扬、岑河译:《武梁祠：中国古代画像艺术的思想性》，北京：生活·读书·新知三联书店，2006 年。

[10]〔法〕海瑟·葛尔美著，熊文彬译:《早期汉藏艺术》，北京：中国藏学出版社，1994 年。

[11] 杜建录著:《西夏与周边民族关系史》，兰州：甘肃文化出版社，1995 年。

[12] 敦煌研究院编著:《中国石窟：安西榆林窟》，北京：文物出版社，1997 年。

[13] 李蔚著:《简明西夏史》，北京：人民出版社，1997 年。

[14] 张宝玺编著:《甘肃石窟艺术壁画编》，兰州：甘肃人民美术出版社，1997 年。

[15] 季羡林主编:《敦煌学大辞典》，上海：上海辞书出版社，1998 年。

[16] 李范文主编:《首届西夏学国际学术会议论文集》，银川：宁夏人民出版社，1998 年。

[17] 方广锠著:《宁夏西夏方塔出土汉文佛典叙录》，《藏外佛教文献》第 7 辑，北京：宗教文化出版社，2000 年。

[18] 颜廷亮著:《敦煌文化》，北京：光明日报出版社，2000 年。

[19] 胡之主编:《甘肃安西东千佛洞石窟壁画》，重庆：重庆出版社，2000 年。

[20] 敦煌研究院编:《敦煌研究文集·敦煌石窟经变篇》，兰州：甘肃民族出版社，2000 年。

[21]〔德〕大卫·杰克逊，向红笳、谢继胜、熊文彬译:《西藏绘画史》，拉萨：西藏人民出版社，济南：明天出版社，2001 年。

[22] 韩小忙、孙昌盛、陈悦新著:《西夏美术史》，北京：文物出版社，2001 年。

[23] 陈兆复主编:《中国少数民族美术史》，北京：中央民族大学出版社，2001 年。

[24] 敦煌研究院编，卢秀文编著:《中国石窟图文志》，兰州：敦煌文艺出版社，

2002 年。

[25] 陈万里著，杨晓斌点校:《西行日记》，兰州：甘肃人民出版社，2002 年。

[26] 贾应逸、祁小山著:《印度到中国新疆的佛教艺术》，兰州：甘肃教育出版社，2002 年。

[27] 史苇湘著:《敦煌历史与莫高窟艺术研究》，兰州：甘肃教育出版社，2002 年。

[28] 谢继胜著:《西夏藏传绘画——黑水城出土西夏唐卡研究》，石家庄：河北教育出版社，2002 年。

[29] 汤晓芳主编:《西夏艺术》，银川：宁夏人民出版社，2003 年。

[30] 徐庄编著:《异形之美——西夏艺术》，银川：宁夏人民出版社，2003 年。

[31] 魏迎春著:《敦煌菩萨漫谈》，北京：民族出版社，2004 年。

[32] 史金波著:《史金波文集》，上海：上海辞书出版社，2005 年。

[33] 杜建录著:《〈天盛律令〉与西夏法制研究》，银川：宁夏人民出版社，2005 年。

[34] 赵声良主编:《敦煌壁画风景研究》，北京：中华书局，2005 年。

[35] 陈育宁著:《民族史学概论》，银川：宁夏人民出版社，2001 年。

[36] 薛正昌著:《宁夏历史文化地理》，银川：宁夏人民出版社，2007 年。

[37] 任继愈主编:《佛教小辞典》，上海：上海辞书出版社，2006 年。

[38] 刘晓路主编:《中华艺术通史・五代两宋辽西夏金卷》，北京：北京师范大学出版社，2006 年。

[39] 田青主编:《中华艺术通史・三国两晋南北朝卷》，北京：北京师范大学出版社，2006 年。

[40] 于小东著:《藏传佛教绘画史》，南京：江苏美术出版社，2006 年。

[41] 胡玉冰著:《传统典籍中汉文西夏文献研究》，北京：中国社会科学出版社，2007 年。

[42] 曲世宁撰文:《唐卡中的佛、菩萨、上师》，西安：陕西师范大学出版社，2007 年。

[43] 牛达生著:《西夏遗迹》，北京：文物出版社，2007 年。

[44] 俄罗斯国立艾尔米塔什博物馆、西北民族大学、上海古籍出版社编:《俄藏黑水城艺术品 I》，上海：上海古籍出版社，2008 年。

[45] 张迎胜著:《西夏人的精神世界》，银川：宁夏人民出版社，2009 年。

[46] 高春明主编，上海艺术研究所、宁夏民族艺术研究所著:《西夏艺术研究》，

上海：上海古籍出版社，2009 年。

[47] 吴天墀著:《西夏史稿》，北京：商务印书馆，2010 年。

[48] 陈育宁、汤晓芳著:《西夏艺术史》，上海：上海三联书店，2010 年。

[49] 漆侠主编:《辽宋西夏金代通史》，北京：人民出版社，2010 年。

[50] 张宝玺主编:《瓜州东千佛洞西夏石窟艺术》，北京：学苑出版社，2012 年。

[51] 杜建录著:《西夏史论集》，上海：上海古籍出版社，2016 年。

三、论文

[1] 王静如:《敦煌莫高窟和安息榆林窟中的西夏壁画》，《文物》1980 年第 9 期。

[2] 胡开儒:《东千佛洞走访记》，《阳关》1983 年第 2 期。

[3] 张伯元:《东千佛洞调查简记》，《敦煌研究》1983 年第 3 期。

[4] 汤开建、马明达:《对五代宋初河西若干民族问题的探讨》，《敦煌学辑刊》1983 年第 4 期。

[5] 段文杰:《晚期的莫高窟艺术》，《敦煌研究》1985 年第 3 期。

[6] 史金波:《西夏佛教的流传》，《世界宗教研究》1986 年第 1 期。

[7] 张光福:《略谈西夏的美术》，《中央民族学院学报》1986 年第 4 期。

[8] 段文杰:《榆林窟党项蒙古政权时期的壁画艺术》，《敦煌研究》1989 年第 4 期。

[9] 万庚育:《敦煌壁画中的构图》，《敦煌研究》1989 年第 4 期。

[10] 张宝玺:《东千佛洞西夏石窟艺术》，《文物》1992 年第 2 期。

[11] 王惠民:《安西东千佛洞内容总录》，《敦煌研究》1994 年第 1 期。

[12] 刘永增:《敦煌莫高窟隋代涅槃变相图与古代印度、中亚涅槃图像之比较研究》，《敦煌研究》1995 年第 1 期。

[13] 周维平:《东千佛洞石窟述论》，《社科纵横》1996 年第 3 期。

[14] 杜建录:《论西夏与周边民族关系及其特点》，《民族研究》1996 年第 2 期。

[15] 张元林:《从阿弥陀来迎图看西夏的往生信仰，《敦煌研究》1996 年第 3 期。

[16]Stevens · Kossak, and Jane Casey Singer · Sacred Vision—Early Paintings from Central Tibet · The Metropolitan Museum of Art · Abrams, Inc · New York ·

1998。

[17] 熊文彬:《从版画看西夏佛教艺术对元代内地藏传佛教艺术的影响》,《中国藏学》2000 年第 1 期。

[18] 筱洲:《“西夏佛教在藏汉佛教交流中的地位与作用”学术讨论会综述》,《中国藏学》2001 年第 1 期。

[19] 史金波:《西夏的藏传佛教》,《中国藏学》2002 年第 1 期。

[20] 谢继胜:《黑水城出土唐卡研究述略》,《民族研究》2002 年第 1 期。

[21] 谢继胜:《黑水城唐卡中的护法与空行母图像考》,《西北民族研究》2002 年第 3 期。

[22] 李玉珉:《黑水城出土的西夏弥陀画初探》,《故宫学术季刊》第十三卷第四期。

[23] 杨国学:《安西东千佛洞取经壁画新探》,《南亚研究》2002 年第 2 期。

[24] 谢继胜:《莫高窟第 465 窟壁画绘于西夏考》,《中国藏学》2003 年第 2 期。

[25] 王艳云:《西夏壁画中的药师经变与药师佛形象》,《宁夏大学学报》2003 年第 1 期。

[26] 周伟洲:《陕北出土三方唐五代党项拓拔氏墓志考释——兼论党项拓拔氏之族源问题》,《民族研究》2004 年第 6 期。

[27] 杜建录:《西夏〈天盛律令〉的历史文献价值》,《西北民族研究》2005 年第 1 期。

[28] 刘永增:《安西东千佛洞第 5 窟毗沙门天王与八大夜叉曼荼罗解说》,《敦煌研究》2006 年第 3 期。

[29] 陈悦新:《西夏佛教卷轴画艺术风格》,《北京理工大学学报》(社会科学版)2006 年第 2 期。

[30] 张先堂:《瓜州东千佛洞第 2 窟供养人身份新探》,《敦煌学辑刊》2006 年第 4 期。

[31] 郭佑孟:《东千佛洞壁画探秘》,《历史文物》2006 年第 5 期。

[32] 陈爱峰、杨富学:《西夏与辽金间的佛教关系》,《西夏学》(第 1 辑),2006 年第 1 期。

[33] 汤晓芳:《阿尔寨石窟的密宗壁画及其年代》,《宁夏大学学报》(人文社会科学版)2006 年第 2 期。

[34] 陈爱峰:《西夏与丝绸之路关系研究》,《北方民族大学学报》2007 年

2 期。

[35] 赵晓星，寇甲:《吐蕃统治敦煌时期的密教源流与艺术风格——吐蕃统治敦煌时期的密教研究之三》,《敦煌学辑刊》2007 年第 4 期。

[36] 牛达生:《西夏石窟艺术浅述》,《宁夏社会科学》2007 年第 2 期。

[37] 杨蕤:《漫谈西夏文化中的“唐风”》,《华夏文化》2007 年第 3 期。

[38] 王艳云:《西夏黑水城与安西石窟壁画间的若干联系》,《宁夏社会科学》2008 年第 1 期。

[39] 顾颖:《西夏时期敦煌壁画的变调与创新——敦煌壁画研究中被忽视的方面》,《文艺研究》2008 年第 10 期。

[40] 刘玉权:《敦煌西夏石窟研究琐言》,《敦煌研究》2009 年第 4 期。

[41] 陈爱峰，杨富学:《西夏印度佛教关系考》,《宁夏社会科学》2009 年第 2 期。

[42] 刘永增:《敦煌石窟八大菩萨曼荼罗图像解说（上）》,《敦煌研究》2009 年第 4 期。

[43] 刘永增:《敦煌石窟八大菩萨曼荼罗图像解说（下）》,《敦煌研究》2009 年第 5 期。

[44] 陈爱峰:《高昌回鹘与西夏佛教艺术关系考》,《吐鲁番学研究》2010 年第 2 期。

[45] 陈育宁:《西夏艺术研究及特征认识》,《西夏研究》2011 年第 1 期。

[46] 杜建录:《夏州拓跋部的几个问题——新出土唐五代宋初夏州拓跋政权墓志铭考释》,《西夏研究》2013 年第 1 期。

[47] 刘永增:《敦煌石窟尊胜佛母曼荼罗图像解说》,《故宫博物院院刊》2013 年第 4 期。

[48] 常红红:《论瓜州东千佛洞第二窟施宝度母图像源流及相关问题》,《故宫博物院院刊》2014 年第 2 期。

[49] 刘永增:《瓜州东千佛洞的图像源流与历史价值——兼谈东千佛洞的初创年代》,《故宫博物院院刊》2016 年第 4 期。

附录：书中插图和图版出处

[1] 中国美术全集编辑委员会编:《中国美术全集·绘画编》，上海：上海人民美术出版社，1985 年。

[2] 敦煌研究院编著:《中国石窟·敦煌莫高窟》(三)(四)(五)，北京：文物出版社，1987 年。

[3] 张宝德、徐有武绘图，业露华文:《中国佛教图像解说》，上海：上海书店，1992 年。

[4] 敦煌研究院编著:《中国石窟：安西榆林窟》，北京：文物出版社，1997 年。

[5] 张宝玺编著:《甘肃石窟艺术壁画编》，兰州：甘肃人民美术出版社，1997 年。

[6] 胡之主编:《甘肃安西东千佛洞石窟壁画》，重庆：重庆出版社，2000 年。

[7] 汤晓芳主编:《西夏艺术》，银川：宁夏人民出版社，2003 年。

[8] 于小东著:《藏传佛教绘画史》，南京：江苏美术出版社，2006 年。

[9] 刘晓路主编:《中华艺术通史·五代两宋辽西夏金卷》，北京：北京师范大学出版社，2006 年。

[10] 田青主编:《中华艺术通史·三国两晋南北朝卷》，北京：北京师范大学出版社，2006 年。

[11] 俄罗斯国立艾尔米塔什博物馆、西北民族大学、上海古籍出版社编:《俄藏黑水城艺术品 I 》，上海：上海古籍出版社，2008 年。

[12] 高春明主编，上海艺术研究所、宁夏民族艺术研究所著:《西夏艺术研究》，上海：上海古籍出版社，2009 年。

[13] 苗欣宇、梁璐璐著:《传世唐卡》，北京：中国画报出版社，2010 年。

[14] 张宝玺主编:《瓜州东千佛洞西夏石窟艺术》，北京：学苑出版社，2012 年。

[15] 互联网、百度图库。

[16] 笔者在韩国景福宫、佛国寺，甘肃东千佛洞、莫高窟，内蒙古黑水城，西藏博物馆、拉萨布达拉宫、大昭寺，北京雍和宫，云冈石窟，五台山，龙门石窟，美国纽约大都会博物馆、芝加哥艺术馆等地的实拍图。

（笔者对原图版作者表示衷心感谢。）

后　记

《东千佛洞西夏绘画艺术研究》从课题立项、材料收集、理论研修、田野调查、书稿创作、结题验收到最终完成书稿，前后历时约七年。2011 年读博期间，我申请了国家社科基金项目。2013 年夏，我在博士论文基础上，针对导师组专家提出的相关意见做了深入细致的修改，补充完善后报送国家哲学社科办进行结题验收。2014 年夏，项目验收，并获良好的评价，之后又针对课题结题时盲审专家们提出的宝贵意见，逐条进行补充修改完善。在修改结题成果期间，我于 2014 年秋申请到了国家留学基金委出国访学的基金资助，带着完成的初稿来到美国，并于 2015 年秋至 2016 年秋赴美国西密歇根大学人文学院历史系做访问学者。

留学期间，我再次针对课题结项时专家提出的修改建议，一条条、一段段逐一修改，其间查阅了一些之前未曾阅读的研究成果，并及时地补充进来，将一些欠妥的看法和结论加以改正，按专家的意见修改完善，还补充了一些研究过程中新的想法，以及这么多年来国内外田野调查和外出拍摄的图片。

通过多年来的博士专业学习和课题研究工作，我经历了一次人生、学术的难忘之旅。回首来路，我得到了许多专家、学者、老师、朋友及亲人们的关心和帮助，此刻我的内心充满了感激，留存在脑海里的记忆宛如莫高窟壁画，一幅幅浮现眼前，在此我愿精选几幅与大家一起分享。

首先我要感谢我的博士生导师、长江学者、西夏学专家杜建录教授。导师勤奋、严谨、务实的治学态度和工作作风始终激励着我，无论遇到多大的困难也要坚持下去。杜老师长期以来对我们严格要求，在百忙之中及早地与我们分析确定论文研究的方向和研究的主要内容，并且要求和鼓励我们及时地总结前期研究成果，积极地申报国家和地区的科研项目，为我们提供宝贵的研究资料。在本课题结题后的书稿修改阶段，杜老师又及时地把他新出版的专著《西夏史论集》及其他几本论著一并给我，我一边研读老师的成果，一边把受到启发后萌生的新想法和见解融入书稿的修改中，通过不断的学习掌握本领域的新成果、新发现，提高自己在西夏历史、西夏艺术史方面的认识水平。

在书稿修改过程中，我又从头开始深入到各个章节，细致地修改、补充新的想法，完善某些章节的内容和图像造像学理论依据，增加了新近拍摄的一些博物馆佛教艺术品图片，添加新的图片释义与解读。在行文的修辞和逻辑上重新推敲，删减了重复的描述，精减了部分内容，突出了重点章节的叙述和总结归纳。

在课题研究期间，我随西夏学研究院师生赴西夏故地陕西靖边西夏统万城，内蒙古宥州古城、黑水城遗址，宁夏西夏王陵，甘肃武威等地参观考察学习。其间我还到访过西藏布达拉宫、大昭寺、林芝，杭州灵隐寺、飞来峰，以及东千佛洞、敦煌莫高窟、麦积山石窟、须弥山、雷台汉墓、天梯山石窟、雍和宫、云冈石窟、五台山、河南洛阳龙门石窟等。此外，我远赴韩国景福宫、佛国寺，泰国的大皇宫、四面佛寺、海龙寺等。通过多年来对国内外佛教石窟寺院文化遗址的考察，我收集、整理、拍摄了研究所需的第一手资料。

我还利用到美国访学的机会，深入美国各地博物馆参观学习，尤其是寒暑假期间，我和同事奔赴芝加哥、纽约、华盛顿的各大博物馆参观学习。我们访问了美国最为知名的三大艺术馆中的两个，一个是芝加哥艺术研究院博物馆（Art Institute Chicago），另一个是纽约大都会博物馆（Metropolitan Art Museum），另外还参观了华盛顿的美国国家美术馆(National Gallery of Art)和SACKLER ART博物馆。

纽约大都会博物馆和SACKLER ART博物馆是史密森博物馆学院旗下的博物馆，馆藏十分丰富，内容包罗万象。通过在亚洲艺术展厅的参观学习，我深刻地感受到了佛教艺术的博大精深。

参观考察期间，我拍摄了大量的佛教艺术史研究资料，包括雕塑、壁画、青铜制品等。这些艺术品内容丰富，题材多样，分别按地区、年代、风格陈列，作品年代从上古、中古直至现代，最为突出的是相当多的犍陀罗风格、笈多风格、波罗风格的作品，还有北魏、北齐、唐朝等的佛像及大型壁画。

在研究和学习期间，我参加了西夏学研究院和中国社科院西夏所组织的多次西夏学国际研讨会，同时还参与了多次学术会议交流与学术讲座，有幸得到专家们的指导，并感受到他们身上浓郁的学术风气。他们的研究成果为我开阔了研究的视野，拓展了专业知识，明确了研究方向。尤其是著名的西夏学家史金波先生，他博学、严谨、求实的工作作风深深感染着我，史先生的学术经历时刻鼓舞着我在今后的科研和工作中不断努力。另外特别值得一提的是长期从事东千佛洞及周边小石窟艺术研究的张宝玺先生，张先生多年来研究硕果累累，为我们多方位地研究东千佛洞提供了丰富、翔实、极具价值的资料，在此我要特别感谢张宝玺先生。

我还要由衷地感谢史苇湘先生、吴天墀先生、段文杰先生、刘玉权先生等老一辈西夏学专家，学术先贤们披荆斩棘，为我们后学的研究开拓了道路。通过反复研读他们在西夏历史、佛教艺术史等方面的著作，我仿佛在西夏艺术史研究的黑夜里找到了一盏明灯。

还要感谢导师组陈育宁教授、汤晓芳教授的热情帮助和提携，尤其是汤老师抱病期间，还为我的论文提出了许多宝贵的修改意见和写作方法上的指导，给予了我真诚的鼓舞和无私的帮助，在此向二位老师深深致谢。

感谢导师组的各位专家、教授及博士答辩时的外聘专家，是你们的博学与崇尚科学求实的精神激励着我勇于开拓进取。

感谢同行的专家学者在课题研究和学习期间给予我的帮助。

感谢少数民族史专业给我们上过课的全体老师，以及西夏学研究院、科技处、研究生院的老师们，是你们的辛勤工作和大力支持促使我的博士学业能够如期完成，科研课题顺利开展，按时结题。

还要感谢我的家人，因为有了你们的理解，长期支持、鼓励、帮助，我才能够完成这项十分艰巨的科研任务，今后我要加倍努力，来回报大家。

虽然书稿完成了，但是此时此刻的我心情却难以平复，并未感到丝毫的轻松。对于西夏艺术的研究工作可以说才刚刚拉开序幕，我还需要进一步深入持续做下去。

另外需要一提的是，通过本人的实地考察，发现东千佛洞个别洞窟的保护存在问题，壁画剥蚀严重，亟需救治，希望得到相关部门的足够重视。

记得高考完的那个夏天，我和同学一起兴致勃勃地登上了我家附近的西夏承天寺大塔，远望了一回，不曾想身居“兴庆府大院”的我如今已与西夏艺术结下了不解之缘，似乎到了梦寐以求、恋恋不舍之境。纵然百般追寻，但见伊人若飞天，似近却远……我唯有仰望碧空，以夸父追日的坚毅、精卫填海的执着，逐梦艺苑。

笔者于宁夏银川南苑康晨寓所

2018 年 1 月